シルクロード 1万5000キロを往く

下 西域南道・河西回廊

―仏の道とオアシスの街―

今村遼平・中家惠二・上野将司 編著

古今書院

目　次

第Ⅳ編　河西回廊　111

【上巻目次】

私たちの旅行ルート

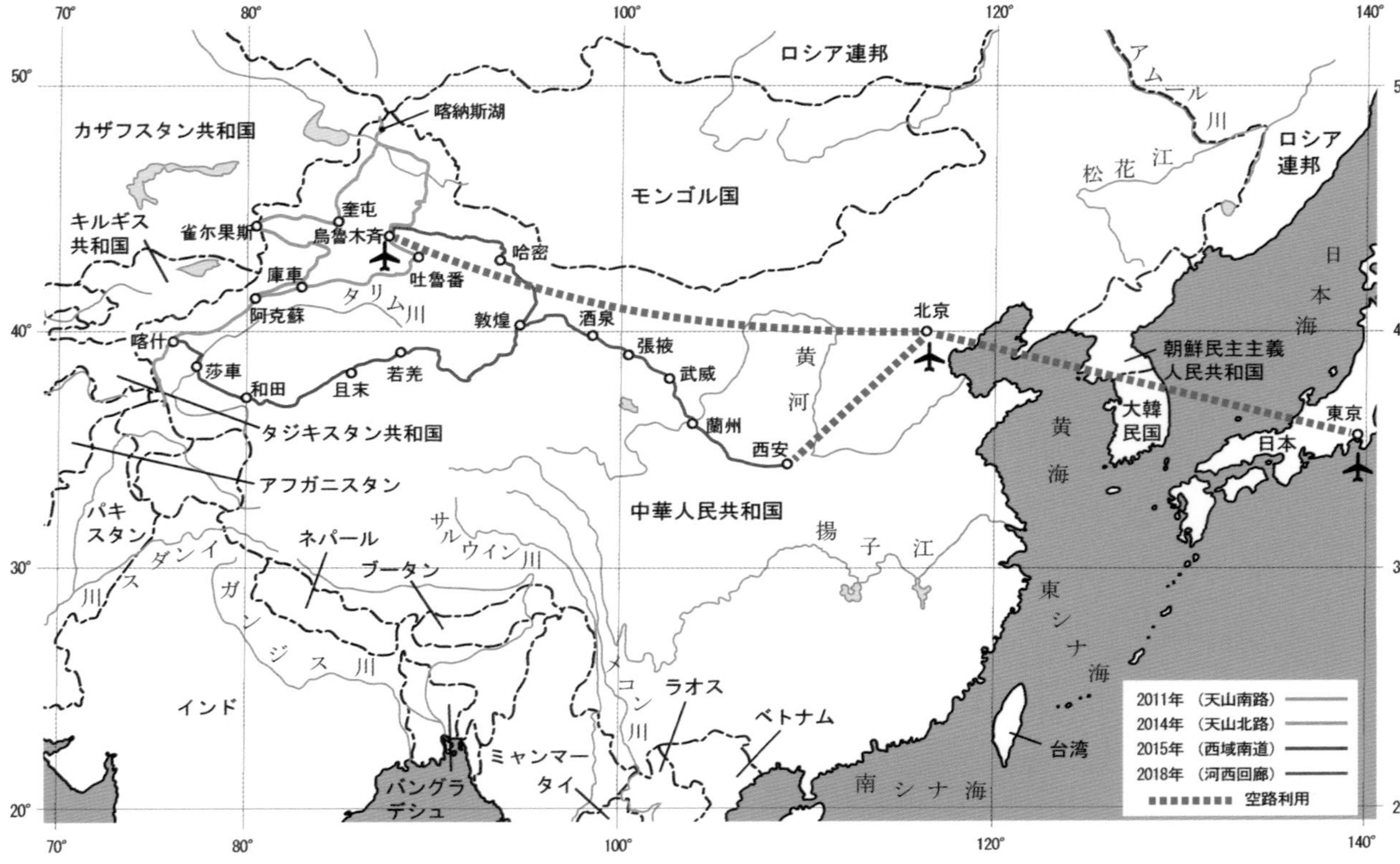
ロシア連邦
カザフスタン共和国
喀納斯湖
モンゴル国
キルギス共和国
雀尓果斯
奎屯
烏魯木斉
吐魯番
哈密
庫車
阿克蘇
タリム川
喀什
莎車
和田
且末
若羌
敦煌
酒泉
張掖
武威
蘭州
西安
北京
黄河
タジキスタン共和国
アフガニスタン
パキスタン
インダス川
ネパール
ブータン
サルウィン川
中華人民共和国
揚子江
ガンジス川
インド
メコン川
ラオス
ベトナム
ミャンマー
タイ
バングラデシュ
南シナ海
東シナ海
台湾
黄海
大韓民国
朝鮮民主主義人民共和国
日本海
日本
東京
アムール川
松花江
ロシア連邦
2011年（天山南路）
2014年（天山北路）
2015年（西域南道）
2018年（河西回廊）
空路利用

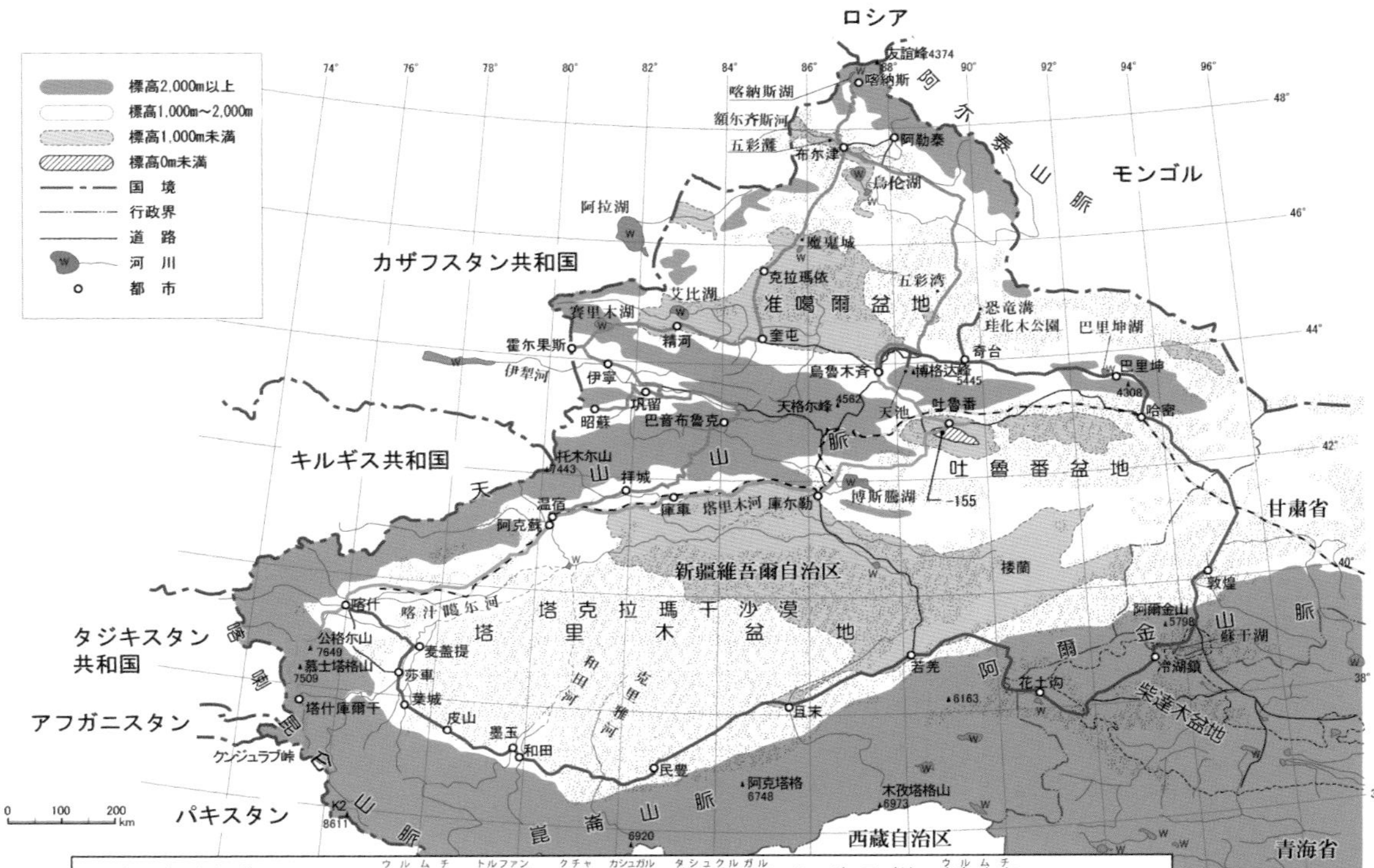

2011年	（天山南路）	―	烏魯木斉《ウルムチ》→吐魯番《トルファン》→庫車《クチャ》→喀什《カシュガル》→塔什庫爾干《タシュクルガル》→クンジュラブ峠→烏魯木斉《ウルムチ》
2014年	（天山北路）	―	烏魯木斉《ウルムチ》→阿克蘇《アクス》→巴音布魯克《バインブルグ》→鞏留《ゴンリュウ》・昭蘇《ショウソ》→霍尔果斯《ホルゴス》→奎屯《クイトン》→喀納斯《カナス》→烏魯木斉《ウルムチ》
2015年	（西域南道）	―	烏魯木斉《ウルムチ》→奇台《キダイ》→巴里坤《バリコン》→敦煌《トンコウ》→花土沟《カドコウ》→若羌《チャルクリク》→且末《チャルチャン》→和田《ホータン》→麦盖提《マイガイテイ》→喀什《カシュガル》→烏魯木斉《ウルムチ》

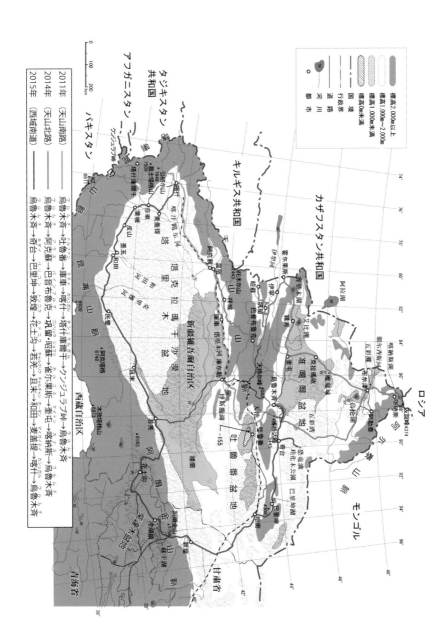

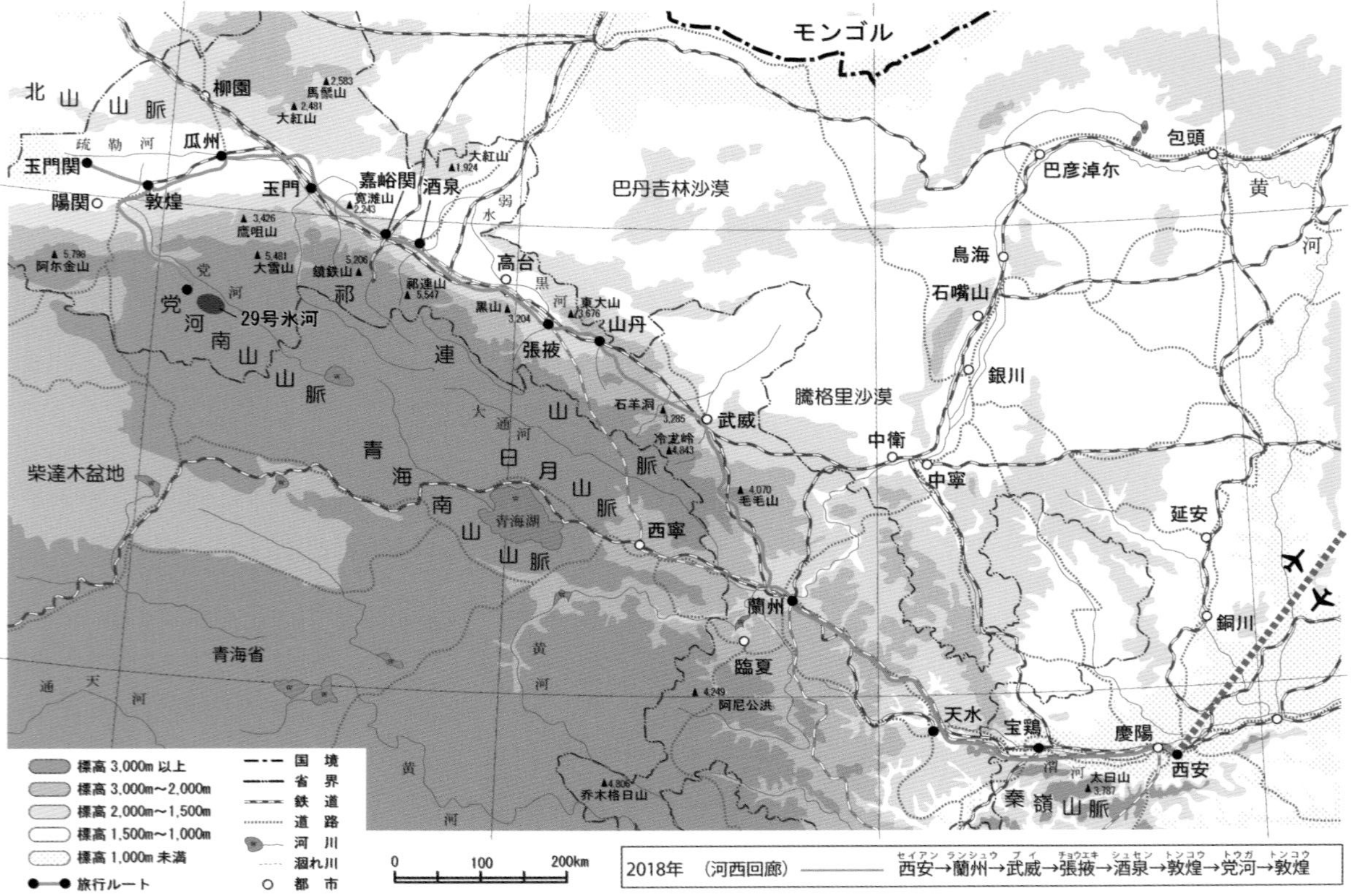

2018年（河西回廊）——西安《セイアン》→蘭州《ランシュウ》→武威《ブイ》→張掖《チョウエキ》→酒泉《シュセン》→敦煌《トンコウ》→党河《トウガ》→敦煌《トンコウ》

第Ⅲ編

西域南道

胡楊樹の群落（スケッチ：今村）

青海省の柴達木《チャーダム》盆地から氷河を戴く阿尓金《アルトゥン》山地を望む

雄大な沙漠のヤルダン地形とハイウェイ（青海省柴達木《チャーダム》盆地）

且末《チャルチャン》のバザール（乾燥棗《なつめ》がおいしい）

山と積まれた本場の哈密《ハミ》瓜

電動単車で買い物？の笑顔の老人

堅いナンは私たちのワインの友

花土溝近くのバルハン型砂丘で遊ぶ（砂はサラサラで足跡はすぐに消えてしまう）

陽関の漢代の烽火台（「陽関を出ずれば故人無からん」と詠まれた沙漠への入口）

1　苦難の西域南道へ

♣西域南道と旅行ルート

今回私たちが旅したシルクロードは、オアシスルートの一つである西域南道である。西域南道は、崑崙《クンルン》山脈の北側を通ってオアシスをたどる。主として法顕（３３９？―４２０？）がインドへ行くときに通ったルート（図１）で、敦煌《トンコウ》↓楼蘭《ローラン》↓和田《ホータン》などを経て、パミール高原から西北インドへ至るルートである。

なお、西域南道には、敦煌―玉門関―楼蘭《ローラン》―且末《チャルチャン》―和田―莎車《ヤルカンド》―喀什《カシュガル》のルートを「南道」とする考え方もあるようだが、現在は、敦煌―陽関―米蘭―若羌《チャルクリク》―且末―和田―莎車―喀什のルートを「南道」とする見方の方が多く、今回の私たちの「西域南道」の旅もこのルートに従っている。

旅は２０１５年7月30日～8月10日。いよいよ最

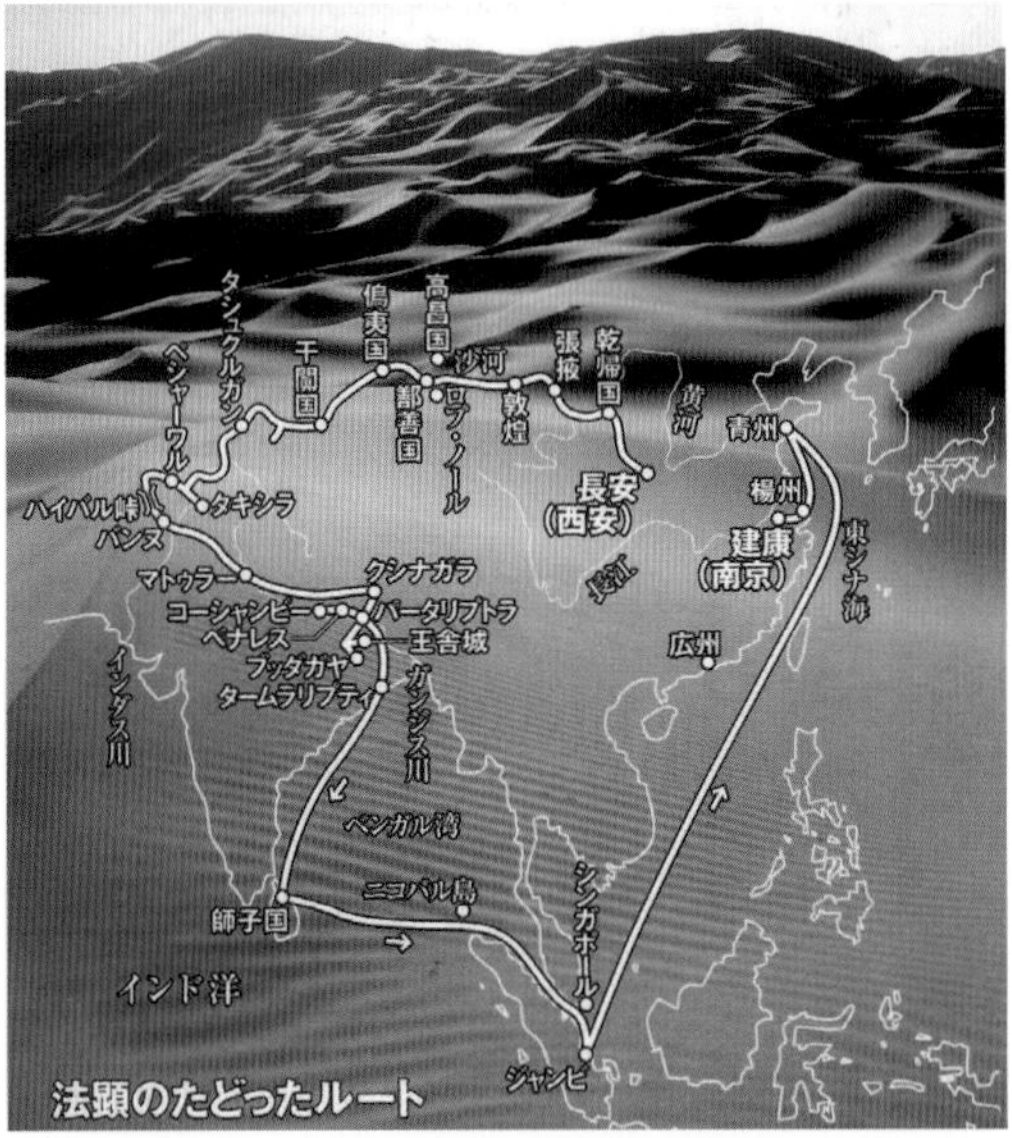

図１　法顕のたどったルート（14年間仏典を求め歩んだ足跡）

も問題が多く、過酷と思われる「西域南道」の旅が始まった。この旅行には、２０１４年天山北路の旅行中に天山山脈の南域で会った、和田から来たという3世代の大家族（如責《ルズ》さん）や、２０１１年に喀什を案内してくれた美人ガイドのグリ・チヒラさんとの再会も含まれていた。

こうした期待も含めて、私たちは1年ぶりに烏魯木斉《ウルムチ》空港に降り立った。北京地方の大雨で機は北京空港を5時間遅れで飛び立ち、２０１１年と同様、烏魯木斉空港に着いたのは真夜中の午前1時であった。このため、当初予定の隣町の阜康《フーカン》市のホテルまで行けずに（午前1時から5時までは交通規制）、空港正面の「天縁酒店」泊まりとなった。午前1時過ぎというのに、空港内も外も人でごった返していた。こうしたことから、皆、明日からの旅行に不安を覚えながらベッドに潜り込んだ。

♣西域とは

西域とは中国人が中国の西方（中央アジア・西アジア・インドなどを含めた地域）を指した総称であり、狭義には塔里木《タリム》盆地（東トルキスタン）を指す。古来、塔里木盆地の塔克拉瑪干《タクラマカン》沙漠縁辺のオアシスを中心に、多くの民族国家が興っては消滅してきた。

西域についての系統的な記述の最初は『漢書』西域伝第六十六（上）で、次のように記されている。

> 西域は孝武帝のとき初めてこれと交通し、もと三十六カ国あったが、その後しだいに分かれて五十余カ国となり、いずれも匈奴の西、烏孫《うそん》の南に所在した。その南北に大山脈があり、中央には塔里木河があって、東西六千余里、南北千余里にわたっていた。東は漢に接している

が、玉門関と陽関とで塞がれ、西は葱嶺《そうれい》（パミール高原）に限られていた。その南山は東のかた金城郡に出、漢の南山（長安の南の終南山）まで連なっている。その河には源流が二つあって、一つは葱嶺の山から出ており、他は于闐《うてん》国（いまの和田）から出ている。

西域は古来、漢の力が衰えるとイラン系諸族やトルコ系諸族、モンゴル系諸族、羌《きょう》族などが分散・定住しては、興亡を繰り返してきた地域である。

♣なぜ新疆ウイグルが問題か？

新疆ウイグル自治区は西蔵《チベット》と共に清朝に最後まで抵抗を続け、乾隆帝のとき（１７５９年）にやっと清朝に編入された。１７１９（康熙58）年に康熙帝が中国全土の詳しい地図『皇輿《こうよ》全覧図』（上巻第1編、図1）を完成させたものの、西蔵と新疆ウイグル地区はまだ清朝と交戦中で、この地域の地図は作成されないままであった。その後１７５５（乾隆20）年にこれらの地区も平定され、１７６２（乾隆27）年には、ヨーロッパが驚く『皇輿全覧図』が完成している。このように新疆地区は中国（清朝）に最後まで抵抗した地区で、その後１９３０～１９４０年代に独立政権「東トルキスタン共和国」成立が宣言された経緯もあり、もともと独立志向の強いところである。その余韻がまだ続いているのか、あるいは漢民族の西進と国の経済的支配に危機感を募らせているためか、いまだに漢民族とウイグル族との間にはトラブルが絶えない(1)。

そのため、北京空港でも安全検査はきわめて厳しい。手荷物検査はもちろんのこと、身体検査ではベルトをはずし靴を脱ぐだけではだめで、足の裏まで丁寧に調べられる。カメラの電池を調べられたメンバーもいた。さらに搭乗機に入る直前には火薬類の反応の検査をしている。係官に問うと、小さな試験紙を手荷物にかざすと、火薬類があると反応して色が変わるという。こんな試験紙の反応で火薬類の所在がわかるのだろうか？　ともかく身の安全のためだから仕方が無いものの、安全検査には時間がかかるから、かなり早めに空港に着いていないと大変だ。

［注］

（1）現在、新疆ウイグル自治区にはイスラム教を信仰するウイグル族が約９４０万人いるが、中国政府は漢族の移住を進めており、自治区に占める割合は半分以下になっている。

2　西域南道（塔克拉瑪干《タクラマカン》沙漠）の自然

新疆ウイグル自治区の地勢は「疆」の字が物語るように（上巻第I編、９ページ参照）、「三山挟二盆」の地形を成す。北から阿尔泰《アルタイ》山脈、天山山脈、崑崙山脈の三大山脈が東西に位置し、山脈の間に準噶尔《ジュンガル》盆地、塔里木《タリム》盆地がそれぞれ沙漠をなす。二大盆地は5億年前には海に囲まれた陸地であったが、中世代の地殻変動に伴い海が次第に後退し、新生代古第三紀始新世前期（約５５００万年前）に周囲の海底が隆起して阿尔泰・天山・崑崙《クンルン》山脈が形成され、陸域は準噶尔と塔里木の二大盆地に分割されて現在に至っている（図２）。

今回旅したルートは天山山脈東端から祁連《チーリエン》山脈北麓に至り、阿尔金《アルトウン》山脈、崑崙山脈北麓に広がる塔里木盆地を西方に走破したものである。広義の崑崙山脈はパミール（葱嶺《そうれい》）高原・カラコルム山脈・崑崙山脈・阿尔金山脈の総称で、平均高度5000m以上の高山が連なっている。パキスタン国境のチョゴリ峰（K2）は8611mとエベレストに次ぐ世界第2位の高峰である。7000m以上の高峰は10座を越え、公格尔《コングール》峰は7649mである。2011年に遠望した慕士塔《ムスタ》格《グアタ》峰（7509m）は別名「氷山の父」と呼ばれ、いずれも阿克陶《アクト》県内に位置する。阿尔金山脈は全体にやや低く、最高峰は6303mである。

塔里木盆地は中国最大の盆地（東西約1500km・南北約600km、平均標高約1000m）で、地勢は西高東低、盆地底部の面積は53万km²である。地貌は盃状になっており、外周から中心部まですべて高山帯に属し、前山・洪積台地・沖積平

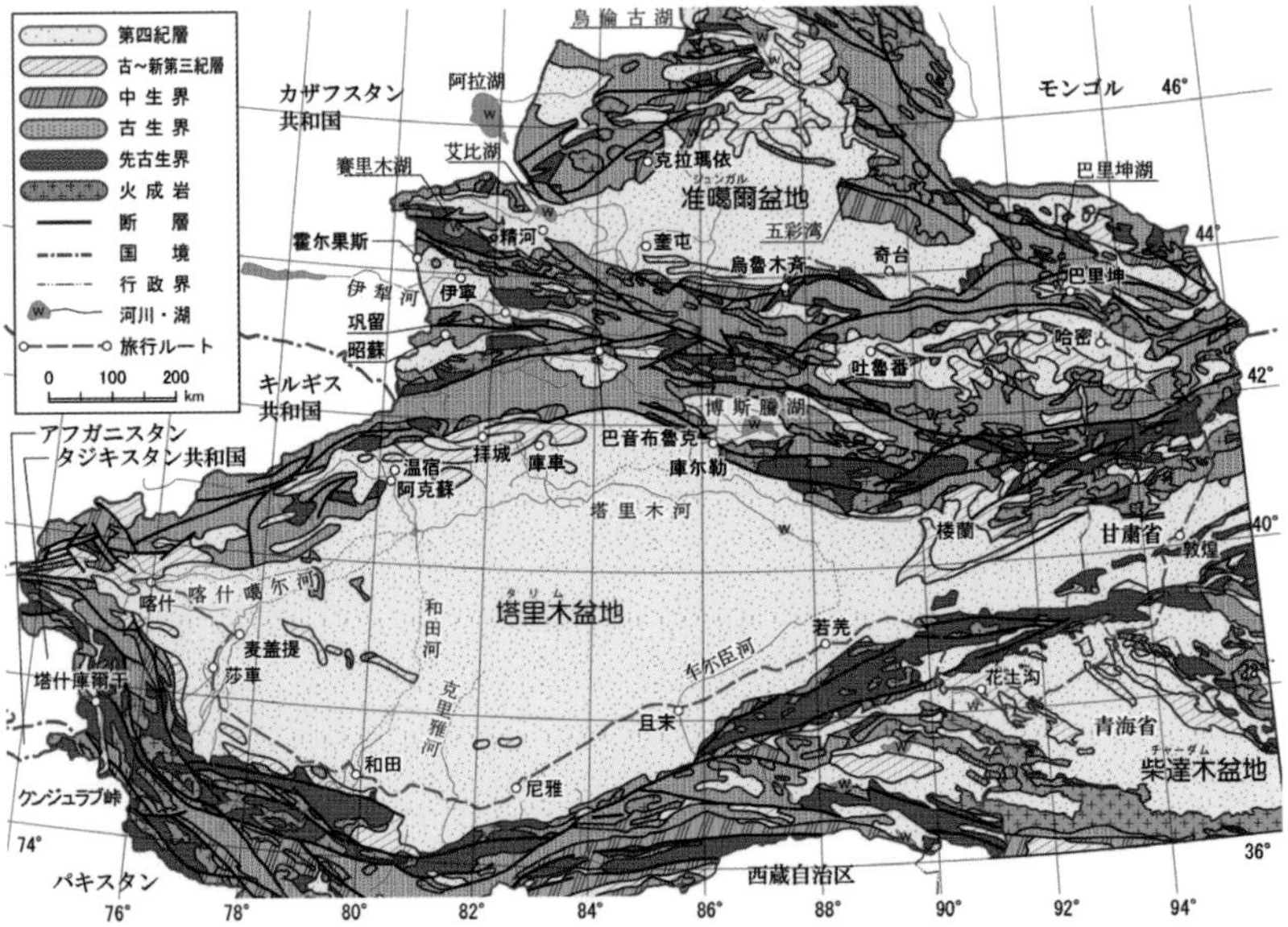

図2　西域南道周辺の地質図

野・沙漠に区分される。塔克拉瑪干《タクラマカン》沙漠は盆地の中核を成し、面積は32・4万㎢で中国最大、世界第2位の移動性沙漠である。大部分を新月型の移動性砂丘が覆い、砂丘の高さは100〜150mもある。移動砂丘は沙漠総面積の60％を占める。砂丘の緑谷間の間には檉柳《ぎょりゅう》・揚柳（タマリスク）などが生育している。これらは小砂丘を固定する働きをしており、「紅柳包」と俗称され、小山の高さは2〜4mになる。

3　烏魯木斉《ウルムチ》から奇台へ

7月31日、北京からの便が5時間遅れ、烏魯木斉空港前の「天縁酒店」（標高900m）に泊まった。ここは〝勝手知ったる〟ホテル（2014年にも宿泊）で、何かと便利であった。

8月1日、朝出発するや、現地ガイドの黄さんは「ヤクシモセイス。ウイグル語でおはようございます（こんにちは、も同じ）です。覚えておいてください」と言う。今日はまず烏魯木斉を出て天山山脈の北側、つまり准噶尓《ジュンガル》盆地の南縁（天山北路）を天山山脈を右手に見ながら東に走る（図3）。

9時頃、本当は昨夜泊まる予定であった阜康《フーカン》市を通過する。ここは2011年の天山北路の旅では、烏魯木斉に帰り着く直前、准噶尓盆地の北から来て東西に走る国道G216号に直角に合流する地点であった。その記憶は定かではなかったのだが、右手の天山山脈の雪に覆われた高山・博格達《ボゴダ》峰を見たときに、はっと記憶がよみがえった。

♣烏魯木斉市《ウルムチ》

ウイグル語で「美しい草原」の意味である烏魯木斉市は、新疆ウイグル自治区の省都で、面積1・38万㎢、人口222万人（2019年）の大都市である。2014年に都心に泊まった経験からすると、東京の新宿より高層ビルが多い。80％は漢民族で、20％がウイグル族ほか少数民族が占めるという。この付近は乾燥気候帯で烏魯木斉は年間300㎜の降雨があるが、その南の塔里木《タリム》盆地に位置する吐魯番《トルファン》は16㎜だと言う。「火焔山」のある土地なのだ。今村は、2011年の吐魯番での靴の底が焼けてパカッとはげた暑さを思い出す、とつぶやく。気温は45℃だが地上温度は60度以上になるという。

天山山脈の南側には広大な塔里木盆地（53万㎢）に塔克拉瑪干《タクラマカン》沙漠（32・4万㎢）が広がる。塔克拉瑪干とは「入ったら出られないところ」という意味だと、ガイドの黄さんが教えてくれた。もともとウイグル語で「タッキリ・マカン」と言う。タッキリとは「死滅」

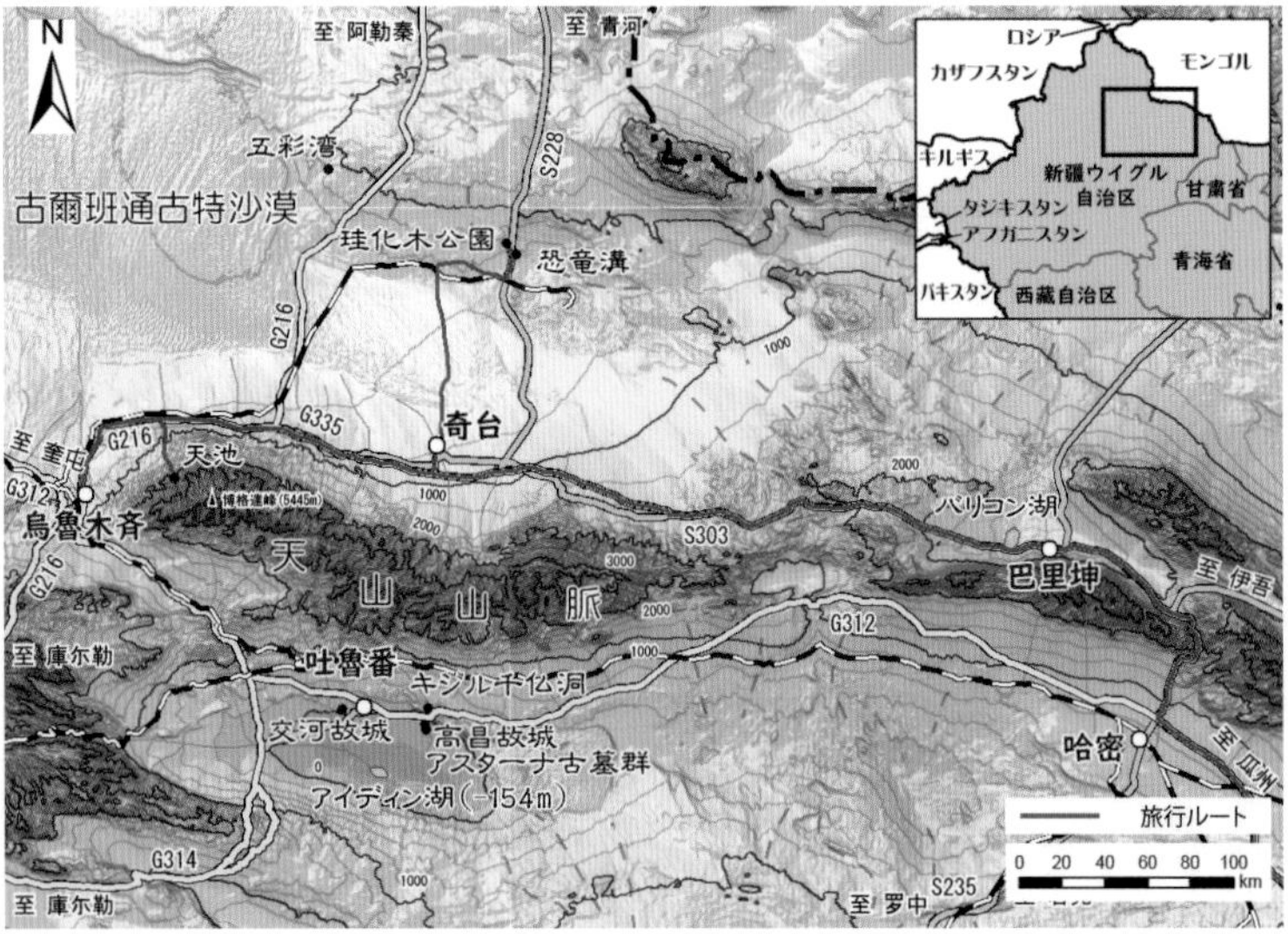

図3　烏魯木斉周辺地形図

のこと、マカンとは「果てしなく広い」という意味だそうだ。

ここは実際には北京と2時間ほど時差があるのだが、中国は全国の時刻を北京時間で統一しているため、この地方では役所や企業など一般に、①10時出勤、②午後2時昼食（午後の仕事が始まるのは午後4時）、③午後8時夕食、そして、④午後10時頃やっと暗くなるというライフサイクルだとのこと。

街路の両側には一番外側にポプラ、その内側（車道側）には槐《エンジュ》(1)や柳、沙棗《すなつめ》が多い。郊外に出ると高層マンションが林立している。この付近の住宅は1㎡が5000～8000元で、約30坪のマンションを買うと約50～80万元（日本円で約800万円～1280万円）とのこと。市内中心部のところどころに停車場のある新交通システムBRTが発達しているのは、前年（2014年）天山北路から帰り着いてよく見た。現在、空港から市内まで約18㎞の区間は地下鉄1号線が工事中であり、2018年に完成するという。

高速道路G216号を東行すると、郊外には麦畑やひまわり畑が多く、綿花畑もところどころにある。ウイグル族の人々は「ラグ麺」（堅めの手打ちうどんに豊富な野菜と肉の入った麺）をよく食べるし、料理に使う油はひまわり油だというから、これらの畑の多いのが理解できる。ウルムチの郊外には油田や火力発電所がある。

♣天山天池

9時30分、国道G216号からバスは右（南）に直角に折れて、天山山脈の山中に入る。天池《てんち》は国道から南へ27㎞のところにある。国道から10分ほど行ったところで、まず現地の専用バスに乗り換えて、山中を南行する。車中では男性の、ゆっくりと、しかも低音できれいな中国語での「天池」について解説が続く。その後、別の専用バスに乗り換えて観光サイトへ到着する。そこから歩くのかと思ったが（1・5㎞なので歩いている人も多い）、今度は12人乗りカート（図4）に乗り換えて天池の湖岸に着く。空気が清浄で涼しい。天池の水面標高は1910mで、湖の正面には重なり合った山々の一番奥に、この付近の天山山脈最高峰の雪を被った博格達峰《ボゴダ》（5445m）がくっきりと見える。

天池は、天山山脈からの氷河がもたらしたモレーン（氷堆石）の末端部（終堆石）によって堰止められてできた氷河湖である。長さ3・4㎞、最大幅1・5㎞、面積4・9㎢の人工貯水池のような形をした湖で、最大水深は155mだという（図5）。古来、「西王母（中国神話・伝説の女神）の風呂場」といわれている。

天山山脈の雪山を背景にした、周囲に緑の多いしっとりとした天池の風景は、沙漠とは全く別世界である。今回の旅で、樅の大木が林立し緑に囲まれた山地はここだけであり、旅を振り返るとなんとも印象的であった。湖岸には、当然のことながら中国人観光客が多い。湖面には遊覧船が3隻浮かんでいた（図6）。

♣沙漠の形相：ゴビの中の横列砂丘

私たちは連日、広大な准噶尔《ジュンガル》盆地の古尔班通古特《グルバンジュンギュト》沙漠や塔里木《タリム》盆地の

図4　天池へ向かうカート

図5　終堆石で堰止められた天池を左岸より望む
左下の盛り上がりが終堆石.

塔克拉瑪干《タクラマカン》沙漠周辺を旅し、沙漠の地形学的な特徴を自分の目で確かめ、地形区分をしてみたいと2011年の天山南路の旅以来思っていた。一般的な現地調査ではなく車を駆っての観察であるから、正確な区分には限界があるが、何らかの特徴は把握したい。今回の旅行で准噶尔盆地の南縁を走り、その後、敦煌から陽関に至る観察で、明らかに一つの特徴を見出した。それはゴビ沙漠の「横列砂丘」（図7）とでもいうべきものである。

『地形の辞典』[2]では横列砂丘とは「卓越風に対して直角の方向、すなわち横に細長く配列する砂丘」などと説明されている。この砂丘列は日本で見るような砂だけの小規模なものではない。地形サイクルは200～300mくらいの規模で続くゴビで、[3]急傾斜部は40～50度くらいあり、緩傾斜部はほとんど平坦ともいえるが、200～300mサイクルで盛り上がりを見せ、その先はまた急傾斜となる。急傾斜部は崖というほどではないが、あえて図示すると図7の平面図のような横方向の広がりを見せている。だが、この形は、衛星画像でくっきり見えるほどの大規模なものではなく、地上でも注意してみないと見過ごしてしまうような微妙なものである。

♣恐竜溝と桂化木公園

烏魯木斉の東150㎞に位置する奇台（昌吉州奇台県）は、ほとんど漢民

図6　天山天池の上流側を望む
左奥の雪山は博格達峰.

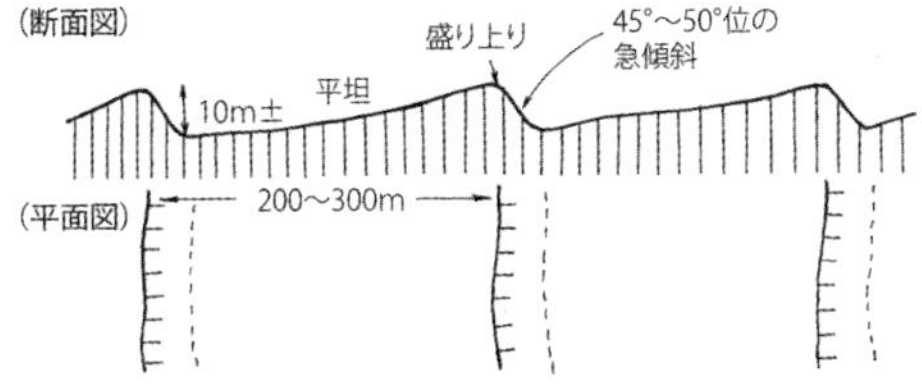

図7　ゴビの横列砂丘の断面図と平面図

族の住む新しい町である。そこからさらに北１５０kmのところに、ジオパークの「恐竜溝」と「硅化木公園」（いずれも２００５年国内指定）があり、観光サイトとなっている（図８）。

「恐竜溝」は将軍戈壁《ゴビ》と呼ばれる一帯（平均海抜６１７ｍ）の台地を刻む浅い溝状の谷にあり、ジュラ紀中葉（約１億７０００万年前）の砂岩・泥岩・砂質泥岩互層の地層が分布する。そこから算出した恐竜の化石が、天然の地層に似せ

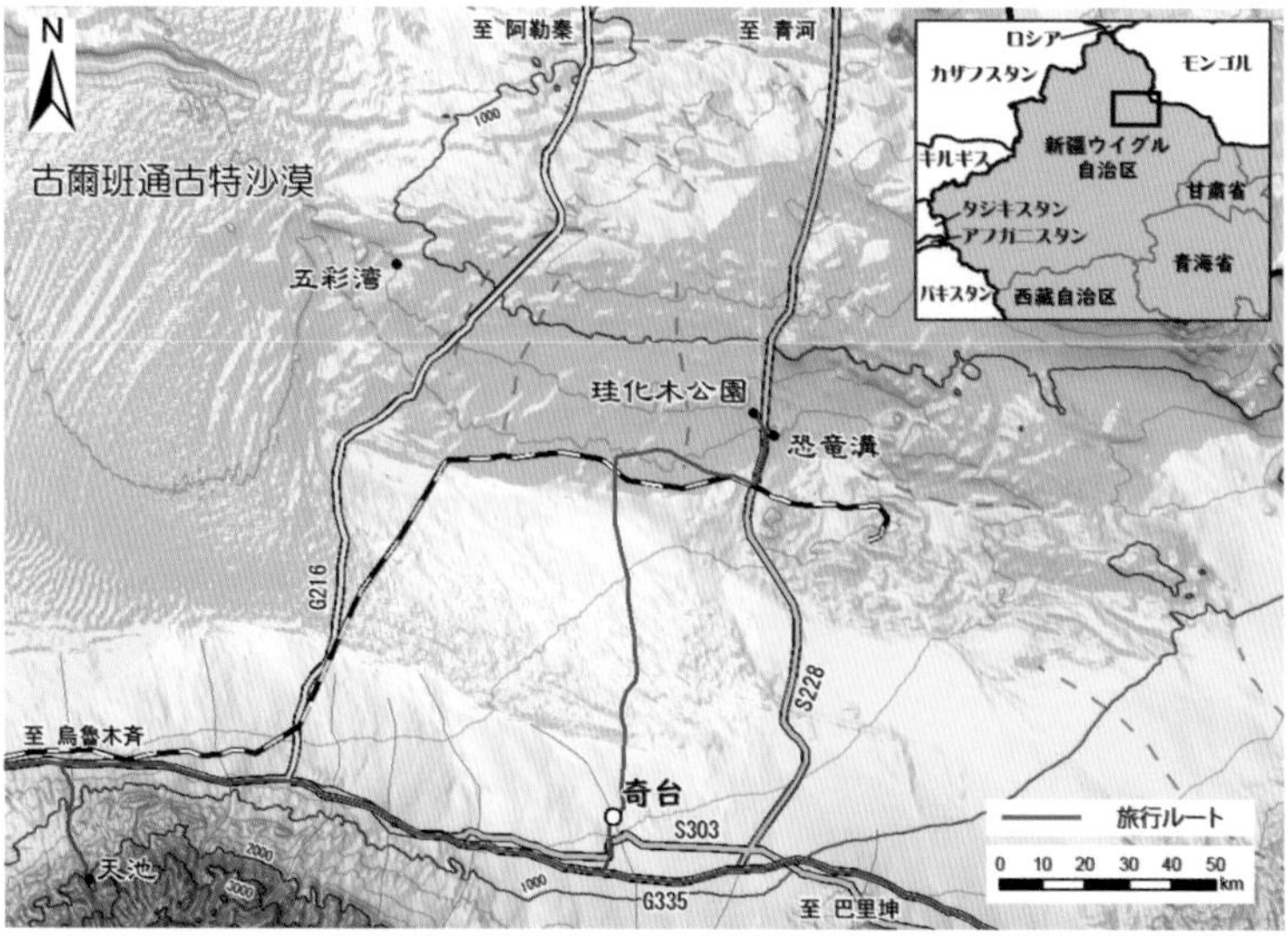

図８　「恐竜溝」「硅化木公園」周辺地形図

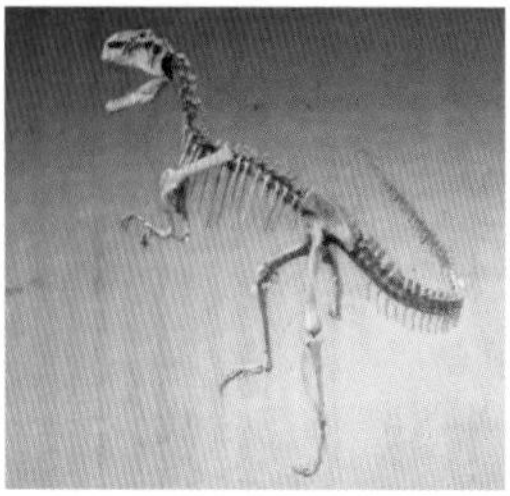
図10　化石館の将軍戈壁竜
（ポスターによる）

図９　恐竜化石館の全貌

て造った「恐竜化石館」（図9）の内部に展示されている。
説明板によれば、1930年、奇台県の北77㎞の沙漠で、形態の完全な骨格を持った体長14mの恐竜の骨が発見された。著名な地質学者（袁復礼）をはじめとする調査団により発掘された草食の恐竜は「奇台天山竜」と名づけられた。そこからは後に、「麦里竜」や「馬門渓竜」、「江氏単峭竜」なども発見された。1987年8月28日に出土した恐竜「将軍戈壁竜」（図10）は体長30・4m、高さ10m余、重さは60トン余あったと推定されている。アジアで第1、世界で第2の大きさの恐竜化石で、今は北京に展示されている。

この化石館に展示されているのは上記のような大きな恐竜の骨格ではなく、発掘された骨格の一部の、いわば破片のような小さなものに過ぎない（図11）。恐竜の卵も出土したが、無知な農民が安く叩き売ってしまったという。ジオパークとはいえ館の中は整備されていないし、資料類もほとんどない。ジオパークとしてはきわめてお粗末だ。現在この谷を囲む台地（約1㎢）を巡回できるように、板張りの木道が建設途上にある（図12）。これは風景を見るだけのもので、研究に役立つものではなさそうだ。

恐竜溝から西へ約8㎞、その間の十字路に交わる道路を一つ隔てた反対側に「珪化木公園」がある（図13）。かつての森林が、そのまま化石（珪化木）化したものである。珪化木は直立したり、倒れて分布しており、恐竜溝と同じジュ

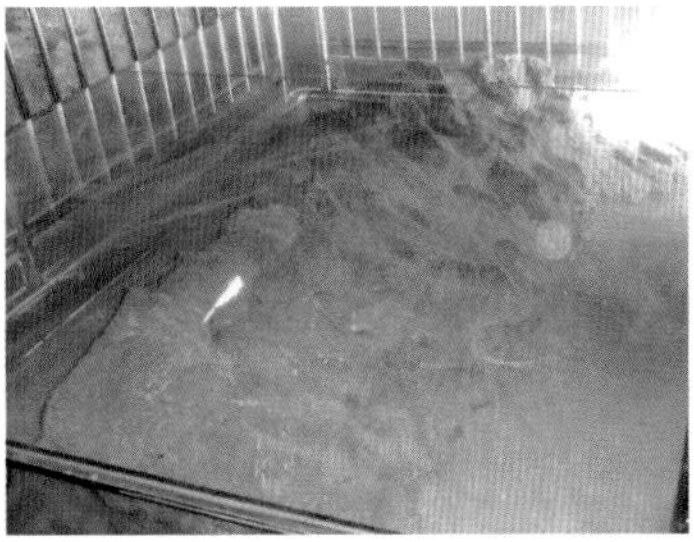
図11　展示されている恐竜の背骨の化石

図12　恐竜溝を囲む台地の上

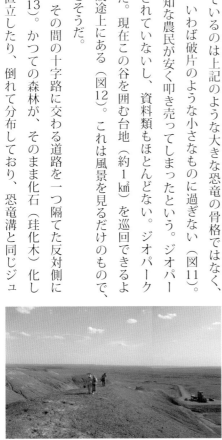

ラ紀の森林と考えられている。ここには全部で104本の珪化木があったとのことで、私たちにも容易にかつての森林の景観を想像することができる。

最大の樹木の大きさは直径2・8m（案内板による）で、大人5人が手を回してやっと囲める大きさである。最長のものは26mで（世界で2番目だという）[4]、これは台地の溝の上に橋をかけたように見えるため「石樹橋」と呼ばれていたが、今では残っていない。盗掘されたという。珪化木をよく見ると、たしかに珪化した部分は色彩豊かで、ある部分は碧玉、ある部分は紅色の瑪瑙のようで、全体が宝石の塊をした岩石であるから盗掘にあったのだろう。今では直立木は不細工な鉄柵で囲われている（図16）。

数km^2の地域の台地上の珪化木を見て回ることができるように木道が作られており、なかなか見ごたえのあるジオパークである。これまで十分に調

図13　珪化木公園の全景

図14　珪化木見学周回路

図15　そそり立つ珪化木

図16　柵に囲まれた珪化木

査されているかどうかはわからないが、地形・地質を詳細に調査すれば、当時の古地理や古気象、古植物学、あるいは硅化木の形成メカニズムなどを正しく知ることができよう。午後9時30分、私たちは奇台の「奇台華東酒店」に着き、すぐに夕食となった。

〔注〕
(1)中国原産のマメ科の落葉高木。日本でいうハリエンジュは、全く別種で、ニセアカシヤのこと。
(2)日本地形学連合編(2017)『地形の辞典』朝倉書店。
(3)中国語では「戈壁」と書き、蒙古語で「草の生育の悪い荒地」という意味の普通名詞であって、固有名詞ではなく、砂地とか砂丘地帯といった意味は含まれていない。将軍戈壁は奇台県の地名。
(4)「世界で2番目」の好きな国である。1970年代の中国民航にあったマオタイ酒の宣伝文句に「世界で2番目においしい酒」とあった。本当は「世界で一番」と書きたいところだが、それではあまりに嘘めくので、「世界で2番目」としたのだろうか?

4　奇台から巴里坤《バリコン》へ

奇台の町の並木には槐《エンジュ》と柳が多い。8月1日、町を出て高速道路G335号に乗る。右手25㎞くらいのところに天山山脈を望み、左手に准噶尔《ジュンガル》盆地を眺めながら、この日の目的地「巴里坤《バリコン》」(地元の人は「バルクル」と呼んでいる)へと向かってひた走る。バリコンというのは「虎の前足」という意味だとガイドの黄さんが教えてくれた。この付近の阿尔泰《アルタイ》地区にはカザフ族(カザフとは「放浪」という意味だそうだ)が、主に遊牧をして生活している。2014年にも准噶尔盆地でよく見た光景だ。駱駝の放牧も多い。この付近はゴビとはいえ、放牧するくらいだから、草もかなりある。同じ沙漠でも概して天山山脈の北側は、南側に比べると植生が豊かである。

♣サービス・エリアでのハプニング

10時半頃、木塁付近に建設中のサービス・エリアがありトイレ休憩をした。その建物が変わっていて、中国の宮殿の形をしている（図17）。建設中のため、がらんとしていて、トイレ以外はまだ使われていない。ただ、トイレは自由に使用できるが、掃除があまりなされておらず臭い。道路の反対側は山岳地となっている。

サービス・エリアの入口には人のよさそうな監視員が一人、机と椅子を置いてぼんやりと坐っていた。中家はその監視員に交渉して、黒い警棒と茶褐色の盾とヘルメットを借りて、男性メンバー各人が思い思いにポーズをつけて写真を撮った（図18）。盾に書かれている「民兵応急分隊」という文面からすると、このサービス・エリアで突発的な事件が起きたら、応急的にこの監視員が対応して治めることになっているのだろう。しかし、この人のよさそうに見える隊員では、それもおぼつかない気がする。それとも、外見に似ず凄腕の兵士なのだろうか。私たちが勝手に警備用具を借りて好き勝手にポーズをとっていても、終始ニコニコしているだけだ。「日本人観光客のために、精一杯サービス」をしてくれているのかもしれない。中家が〝悪人〟の格好が一番うまい。これは地

図17　宮殿の形をした未完成のサービス・エリア

図18　サービス・エリアで遊ぶ

で行っているのかも知れないとは、多くのメンバーの意見だ。

♣三十里大墩《トン》を見る

11時30分、「巴里坤まであと１９０km」と書かれた看板のところで高速道路は終わり、そこからは省道Ｓ３０３号となる。高速道路ではないが、同じくらいよく舗装されているから、走行は快適で高速道路と変わらない。ここから天山山脈を越えて、その南側・塔里木《タリム》盆地側にある哈密《ハミ》に出るのである。

山越えの前、高速を降りて7～８km行ったところに「三十里大墩《トン》」があるので、降りて見学した（図19）。「墩」というのは、一般には土地を台状に盛り上げた人工構築物のことだが、この墩は唐代の「烽燧台《ほうずいだい》」（狼煙《のろし》台）のことである。ガイドの黄さんにどこから30里（唐代は1里＝約５９０ｍだから約18km）なのか聞いても、起点がよくわからない。木壘あたりからであろうか。それとも30里ごとに造られた烽燧台なのか。

烽燧台は粘土で固めた版築造りで、高さ10ｍ×幅６ｍくらいと割と小さく、かなり破損している。烽燧台は昼間は狼の毛を燃やして白い煙を出し、夜には火を燃やして合図にした。当時速い情報伝達手段は狼煙しかなかったのである。

烽燧台には我々以外には、子供を連れた3世代家族が見学に来ていた。10歳くらいの子どもの白いTシャツには、「好好学習《ハオハオシューシ》！　天天向上《ティエンティエンシャンシャン》！」という

図 19　「三十里大墩」（烽燧台）

図 20　子どもたちのＴシャツに注目

毛沢東の言葉が赤く染め抜かれていた（図20）。

烽燧台を過ぎて10㎞、奇台の穆斯林《ムーシーリン》飯店で昼食にラグ麺を食べた（図21）。田舎の食堂であるが、すぐにその場で麺をこね、繰り返し引き伸ばしてはだんだん細くし、ちょうど讃岐うどんくらいの太さにするが、腰はもっと強い。麺に3、4種類の具を好きなだけ掛けて食べるのである。昼間はこのラグ麺が我々にはちょうどよい。とはいえ、ここの麺のボリュームは多く、四苦八苦した。ここから、いよいよ天山山脈の山岳地帯に入る。

巴里坤に近くなると、清代の烽燧台が頻繁に見られるようになる。巴里坤湖の横で見た清代の烽燧台は高さ18ｍ×幅15ｍほどの大きさで、形がかなりよく保存されている（図22）。この烽燧台も細かい角礫を含んだ粘土を固めた版築造りで、表面に見える横筋から、層状に順次固めていったことがわかる。ただ、部分的に最近補修されており、その部分は色は同じでもやや細粒になっていて、ガラス質である。

♣天山山脈の北側には草原が

奇台で昼食を摂った後、午後2時頃、高原を走る。草原自体が標高１６００m以上と高いので、天山山脈の山々も草原の先に低く見える。前回（２０１４年）も十分体験したことだが、天山山脈の北の准噶尔《ジュンガル》盆地側には、緩い傾斜をした

図21　昼食のラグ麺（ビールは欠かせない）

図22　清代の烽燧台

草原が広がり、駱駝や馬の放牧が多い（図23、24）。同じ沙漠といっても、天山山脈南側の喉の渇く風景とは大違いだ。
ゆったり波打つ広大な高原の草原。２０１４年に訪れた巴音布魯克《バインブルグ》と同様、緑の多い草原である。遠くの低く見える２０００m級の山々の上には、マリンブルーの青空が広がる。その光景は、場所は少し違うが、南北朝時代・北朝・斉の歌謡「勅勒《ちょろく》の歌」の光景を彷彿とさせる。

勅勒《ちょろく》の川　陰山《いんざん》の下《もと》
天は穹廬《きゅうろ》に似て　四野《しや》を籠蓋《ろうがい》す
天は蒼蒼《そうそう》たり　野は茫茫たり
風吹き草低《た》れて、牛羊を見る

天山山麓はこの詩歌の最後の一節ほど草丈は高くないし、放牧されているのは牛や羊ではなく主に駱駝や馬だが、草原と空の青さはこの歌によく合う。天山山脈の手前の草原と蒼々としたマリンブルーの空がこの歌を思いおこさせる。

♣天山山脈からの水の集まる巴里坤湖《バリコン》へ

清代の墩台《トン》を見学した後、そこから５～６㎞行くと巴里坤湖（塩水湖）が見

図 23　駱駝の放牧

図 24　馬の放牧

える（図25）。「巴里坤湖」とは清代以降の名称であって、漢代には「浦塁海《プーレイハイ》」と呼んでいたという。西半分はすでに塩が厚く堆積していて塩の採掘場になっている。その上には陽炎が立っていた。東半分は白っぽく濁った塩水湖である（図26）。

湖への降り口を捜して湖水に近づくと、観光のための入口は新設されたばかりで、まだ一部は建設中であった。湖自体が最近観光地化されたのだろう。入口を入ると、陸側から葦の茂る湖岸や湖水の上には、プラスチック製の青い四角なブイ（60㎝四方くらい）を横方向に5、6個連結して並べた長さ200ｍほどの即席の橋が作られていて、湖の上まで行けるようになっている（図27）。プラスチックの上を靴で歩くものだから人体には静電気が充満していて、手で何かに触れるとパチッと火花が飛び、人と人との指先でも火花が飛ぶ。湖水を舐めて見ると塩辛く、あまりきれいではない。遠くには蜃気楼が見られ、皆、驚嘆の声をあげた。

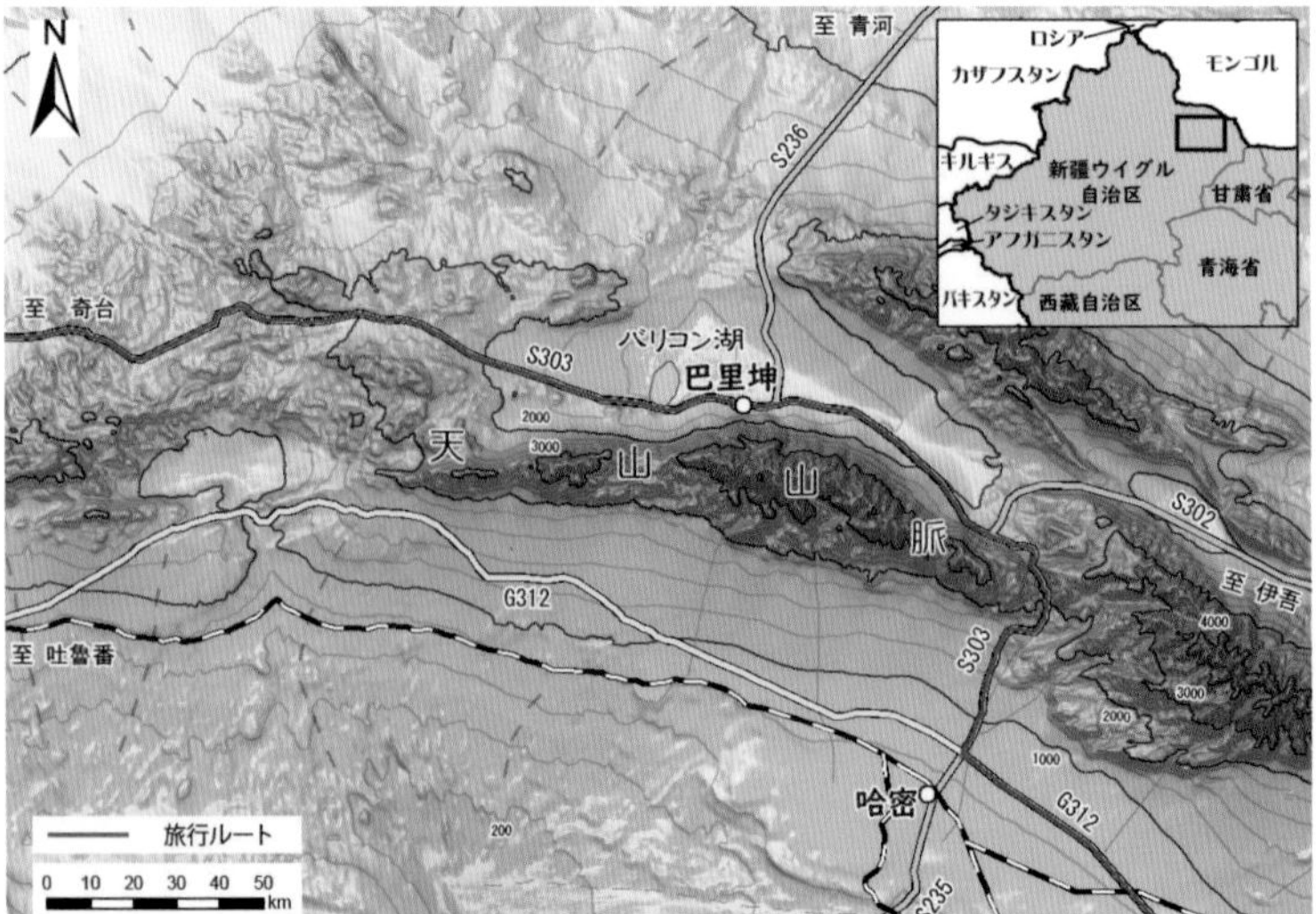

図25　奇台〜巴里坤周辺地形図

午後2時10分、巴里坤湖の東側延長に当たる大草原（標高1610m）を訪れたが、天山北路の巴音布魯克《バインブルグ》などと比べかなり見劣りがする。巴音布魯克では高台からの眺望であったのに対して、ここでは草地と同じレベルから眺めである。しかも近辺に畑地が多かったのも、イメージを悪くしたのかも知れない。

巴里坤を含む地区は、天山山脈からの扇状地性堆積物が横方向に連続した地域で、扇状地自体はほとんど無植生に近いゴビ灘《タン》（ゴビの〝海〟）である。天山山脈からの地表水の多くは伏流して、扇状地の下端に近い国道の少し上流側付近から湧出し、上述の植生のある低地を形成している。特に巴里坤湖付近は、南側の天山山脈と北側の支脈の山地沿いの扇状地からの湧水が集まるところである。大草原もその東の延長に当たる。両側山脈からの伏流水は塩類を含み、それが濃縮されたのが巴里坤湖であろう。そう考えると（単純ながら）、塩湖である巴里坤湖の形成過程がよく理解できる。

♣カザフ族の割礼祝いに参加

巴里坤湖への道路脇の民家の庭がお祭り騒ぎの様子で、子供たちもきれいに着飾ってはしゃいでいる。それを見てガイドの黄さんが「結婚式が行われているようなので、見学させてもらえるよう交渉してみましょう」と言う。聞くと、結婚式ではなくカザフ族の子ども（男10歳、女13歳）の割礼式[1]のお祝いに、親

図26　巴里坤湖

図27　巴里坤湖畔への即席通路

戚や村人たちが集まっているのだという。身の丈１９０㎝くらいの恰幅のいい50歳くらいの人（後で村長さんだとわかった）が大きな声でゼスチャーたっぷりに「どうぞ、どうぞ…」と勧めてくれる。私たちがそれに応じてゾロゾロと庭に入っていくと、踊っていた村人たち（老若男女）も大歓迎。私たちはカザフ語はわからないが、各人が思い思いに挨拶を交わすうちに、家の中に入るように勧められた。

部屋の一番奥に案内されると、床の敷物の上には菓子や乾し蒲萄・乾燥無花果《いちじく》などが一杯広げられており、私たちは皆、靴を脱いで上がった。めぼしい村人たちも上がりこむ。村長さんの大声での演説めいた挨拶や、割礼式を済ませた男の子（今は病院で割礼をすますという）と女の子（彼女の場合はきれいなイヤリングをつける儀式らしい）を紹介され、さらに彼らの両親を紹介された。カザフ語のわからない我々のために、英語がわかるという村長の息子が駆り出されたが、あまり上手ではなく、これではスルー・ガイドの王さんの中国語での対応の方がよくわかる。

王さんの通訳によると「出されたご馳走は、少しでも食べるのがここの習慣だ」と言うので、菓子類を食べ始めたところに、割礼をした子どもの父親が馬肉を山盛りにして運んできた。村長はそれをナイフで丁寧に細かく刻んで、我々に供してくれる。塩だけの味付けであまり美味いとはいえないが、せっかくな

図 28　割礼式を終えた少女と父親

図 29　村長（左から２人目）を囲んで談笑

のでご馳走になる。村長は終始大声で指示したり演説したりしている。王さんの話では、今の季節に馬肉を出すのはお祝いの席だからだという。確かに、この地方では、普通なら羊肉だろう。

村長の演説が続くが、通訳なしでもわかるのは「日本人とカザフ族の友好のために万歳…」と繰り返したことだ。我々も、言葉の意味は解さなくとも、かれらの心からの親密な歓迎の態度に、その心は十分に通じると思った。やや背の低い頑丈な老人が私たちの中に入り、肩に手を掛けて話しかけてくる。カザフ語がわかるわけではないが、「日本人とカザフ族との友好…」と繰り返し言っていることは確かなようだ。私たちもそれに応じる。こういうときに言葉は通じなくともよい。気持ちがお互いに通じればいいのである。私たちはそれぞれに相手の気持ちを忖度しながら、自分の言葉で勝手に語りあった。酒は無いが宴は盛り上がり、楽しいひと時であった。

その後、外に出て、村人たちと、老若男女を問わずに一緒に踊った（図30）。テンポの速い調子のいい音楽は、村人の一人が生演奏している。酒を飲まないが、皆、酔いしれたように踊った。1時間ほどの後、村長や多くの人々と記念写真を撮って、別れを惜しんだ（図31）。村長は道路に止めた私たちのバスの入口まで送ってくれた。思いがけず地元カザフ族の村人たちと楽しい交流ができたことが、無性にうれしかった。出来合いの旅ではなく、こういう心のふれあ

図30　村人たちと踊る

図31　村人たちとの記念撮影

いのある旅を私たちは忘れないだろう。中家は帰国後、記念写真と共に日本のお土産を贈ったという。どこでもこういった彼の心遣いは、人と人とを深く結びつける。

[注]

（1）イスラム教徒などが陰茎包皮を環状に切り取る風習。女子は陰核の一部を切除することもあるらしいが、現在、ここでは耳に穴をあけてイヤリングをつける習慣だという。

5　巴里坤《バリコン》から哈密《ハミ》・敦煌へ

8月2日は巴里坤《バリコン》を出て、天山山脈中の広い谷の山麓を走る省道S303号を東行し、巴里坤から65㎞のところから真南へと、天山山脈の一番南側の支脈（峠の標高2180m）を横断する。この天山山脈を越える南北の道路は、古来、「匈奴《きょうど》の道」とか「突厥《とっけつ》の道」などと呼ばれている。北方民族が中国侵攻によく使った道ということだろう。塔里木《タリム》盆地側の平地の哈密《ハミ》に出て、さらにそこから東南方向に敦煌まで合計528㎞を走る予定である。この間とくに立ち寄る遺跡などは無さそうで、天山山脈とその南側に降りた塔里木盆

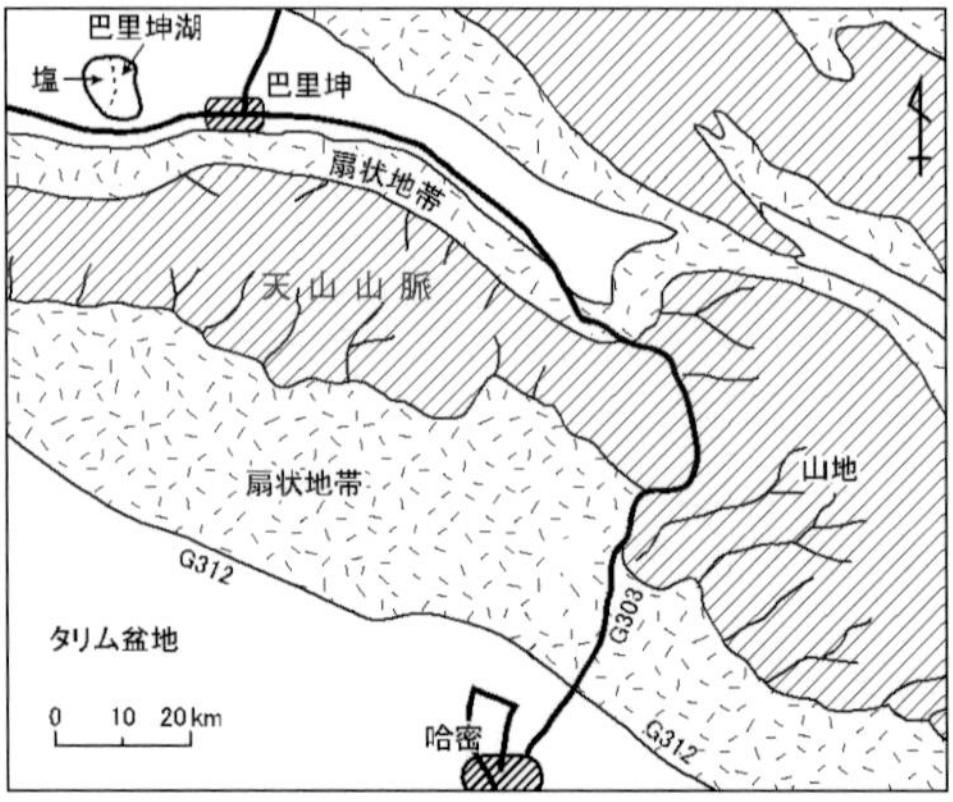

図32　巴里坤－哈密間の地形状況

地の地形（図32）や風景を楽しむだけになりそうだ。

♣天山山脈の裏（巴里坤《バリコン》側）も表（哈密《ハミ》側）も扇状地帯

巴里坤を出て5～6㎞のところで車を停めて、奥に雪を被った天山山脈を眺める。この辺の低平地は麦畑が多い。麦は通常6月に収穫するが、このあたりは標高が高いため8月頃になるとのこと。雪山の手前の山頂部分にはきれいなカールがあり、その内側の谷が少し盛り上がってモレーン（氷堆石）が認められる（図33）。この付近から見る天山山脈には、このような山岳氷河で削られたカール地形が多い。標高２８００ｍ前後のあたりから上部は完全な裸地だが、２８００ｍから１６００ｍ前後の間は、帯状にきれいな濃い緑の針葉樹林帯が続く。上野は、この種のゾーン形成は日本の山岳植生と似ているという。

森林地帯末端付近からは見事な扇状地帯が続く（図34）。このゾーン（扇頂から平地の幅は7～8㎞ある）は、山脈に沿って１００㎞以上も続く。

天山山脈の北側、高山の雪山を背に進むバスの行く手に一人の老婆が立ち塞がった。老婆は長い棒切れを杖にし、羊飼いをしている。歯のない笑顔で、道一杯に広がった羊たちに「道をあけろ、道をあけろ」と促す。それでも羊たちは老婆の言葉を無視して道をさえぎり、眼前の草を忙しく食

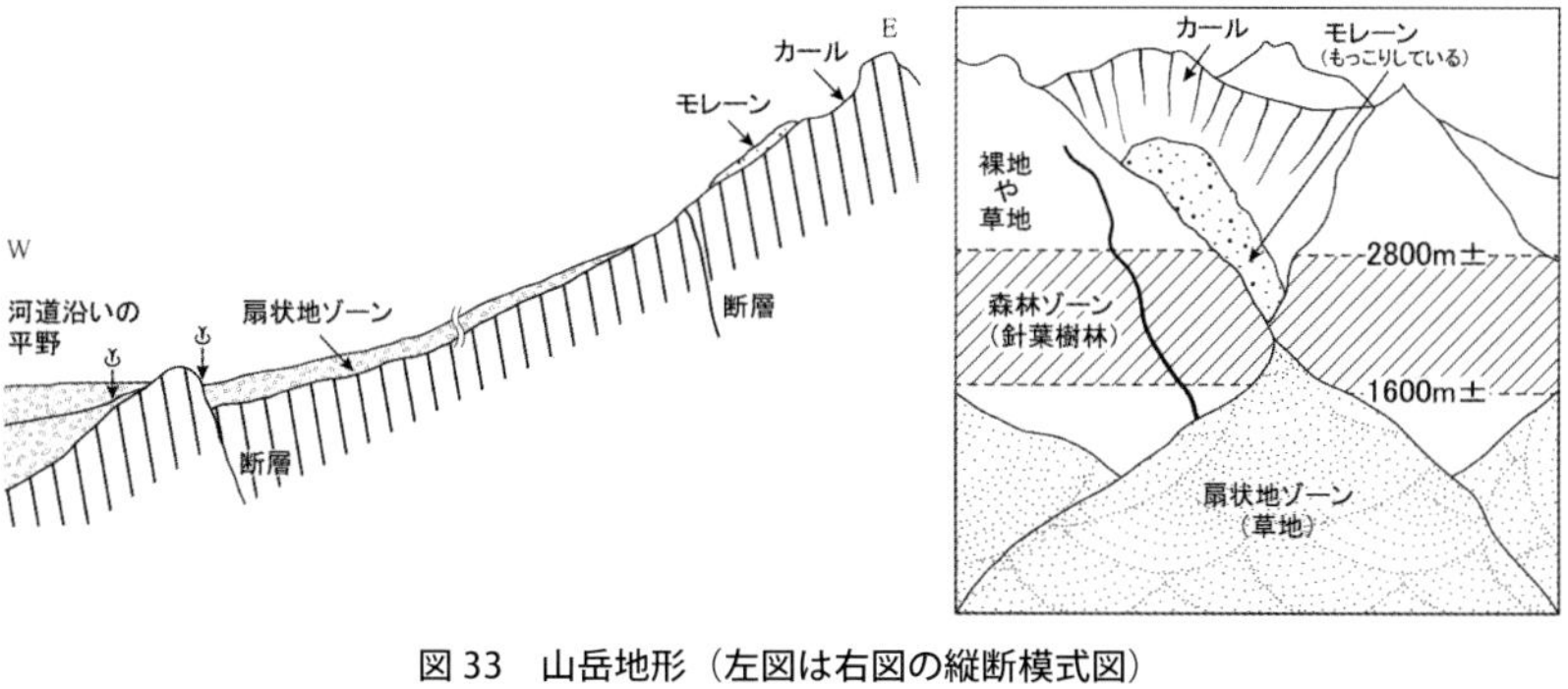

図33　山岳地形（左図は右図の縦断模式図）

む（図35）。老婆は羊たちに満ち足りた目を注ぎつつも、羊を促す。彼女は羊たちと共に穏やかな時間の流れの中で生活を楽しんでいるのだろう。

その間、天山山脈の雪山の上に眼をやれば、羊飼いや牧童たちが永年眺めてきた白い雲を浮かべた空が広がる。私たちはそれを「ジュンガル・ブルー」と呼んだ。しばしバスは、老婆と羊たちが通り過ぎるのを半ば楽しみながら気長に待つ。准《ジュン》噶《ガ》尓《ル》盆地にはそんな「牧歌的風景」がふさわしい。

11時40分ころ、峠（標高２１８０ｍ）を下り、天山山脈から哈密側への広大な（最大幅40㎞）扇状地帯に出る（図32）。まぎれもなく天山山脈からの扇状地なのだが、越えてきた山を振り返ると、扇状地の海に天山山脈の山々が浮いているように見える。それほどまでに天山山脈からの扇状地は広大で、美しくさえあるゴビだ。省道Ｓ３０３号は扇状地の流下方向に直交する方向なのだが、少しでも山側の水路にあたる部分には、やはり導流

図35　道路をふさぐ羊たち

図34　氷河地形と山麓の扇状地群

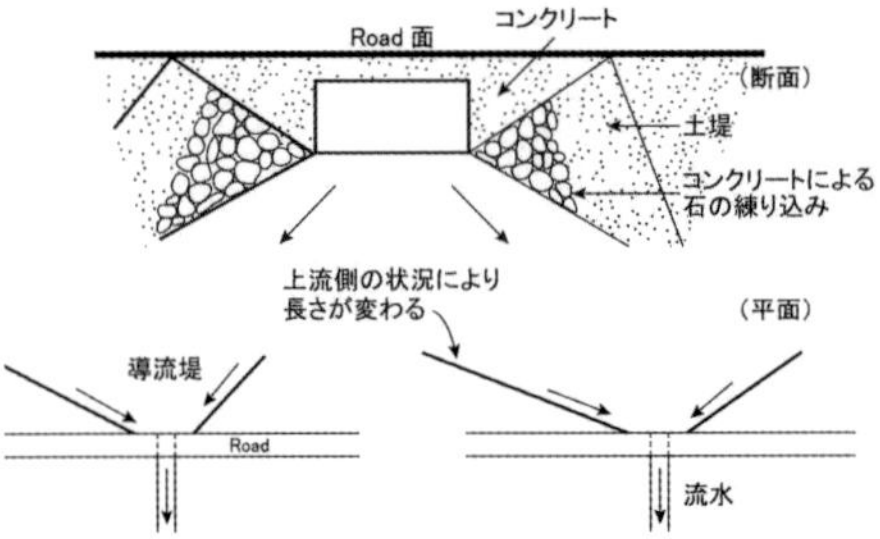

図37　扇状地における導流堤の模式図

図36　導流堤と天山山脈

堤が連続して作られている（図36）。路面の下はコンクリート製のボックスカルバートが多く、道路より下流側は両面張りのこともある。導流堤部分は逆ハの字型の土堤だけである（図37）。

哈蜜の町を中心とするオアシスの緑地も巴里坤の緑地帯と同じで、天山山脈からの広大な扇状地の末端付近の湧水帯に形成された都市である。扇状地が広大なゴビ灘《タン》である点は、巴里坤の南側の扇状地部と同じだ。もっと広域的にいえば、烏魯木斉《ウルムチ》から東方のオアシスの町─阜康─奇台なども、やはり天山山脈の扇状地末端の湧水帯に形成された都市だ。

♣本場で味わう哈密《ハミ》瓜

12時10分、哈密（昔は「伊吾《イゴ》」と呼ばれていた）のサービス・エリアに着く。今回の旅で女性たちが一番楽しみにしていた食べ物に哈密瓜がある。早速、女性達は甘い物にたかる蟻のように、哈密瓜に吸い付けられて行く（図38）。

哈密瓜は新疆ウイグルの各地で売られていて、必ずしも哈密だけの特産品というわけではないが、「名称発祥の地で食べてみなくては…」などと理屈をつけてたくさん食べる（図39）。大変甘い。1個10元くらいか。やはり気持ちのせいか、一番うまいように思われる。

8月から9月にかけて塔里木《タリム》盆地は果物の季節で、ブドウやスイカ・メロン・

図38　山と積まれた哈密瓜

図39　哈密瓜はこうして食べる

ザクロ・桃・梨…などたくさんの果物が実る。特に哈密瓜はオアシスを代表する果物で、日本語で哈密瓜、英語でHami meron、中国語で哈密瓜（Hami gua）、ウイグル語でコーグン（Qoghun）という。オアシスで「Hami gua」というと、売人にムッとされる。哈密瓜はウイグル族の名産品であり、「コーグン」と正しく発音しなくてはならないのだ。

哈密瓜のいわれは、清の時代に哈密の王が乾隆帝にコーグンを送った際、乾隆帝は美味であると褒め、家臣に果物の名を尋ねた際に、家臣は哈密王の贈り物としか知らなかったため「哈密瓜」と答えたという。たかが哈密瓜とコーグンの呼称の違いであるが、こうしたことにも漢族との対立をうかがい知る。国道に眼をやると、哈密瓜を満載した大型トラックがひっきりなしに通過していく。甘粛省に行くと、このあたりの3、4倍の値段になるという。

哈密のサービス・エリアのトイレには、次の貼り紙がある。中国にはこの種の貼り紙は多いのだが、漢字の国ならではの、なんとも大げさな、しかし、なかなかしゃれた「現在の中国人向き」の一文と言えようか。

温馨提示（やんわり一言申します）
向前小一歩（前に一歩出るのは小さな一歩に過ぎませんが）
文明一大歩（文明にとっては大きな一歩ですよ）

12時40分、哈密の中心街より手前（山側）で右折して、越えて来た雪の見える天山山脈を左手に見ながら、南西方向へ制限速度の80㎞でひた走る。扇状地地域は相変わらずゴビ灘《タン》の沙漠である。広大な扇状地地帯を過ぎて山岳地に入る（図40）。

天山山脈は過ぎているのだが、敦煌との間にあるもう一つの山岳地（北山と称する標高２０００ｍあまりの山岳地）に入り、その谷間にある星星峡鎮（標高１８２５ｍ）で昼食を摂る。ラグ麺だ。やはり注文を受けてから、すぐに引き伸ばして麺を作るその速さには驚く。昨日のラグ麺は量が多すぎて食べるのに四苦八苦したが、今日のラグ麺は日本人好みの量だ。

星星峡鎮を過ぎると甘粛省に入る。北山の山岳地が省界になっているのだ。14時40分、この境界で、やはり公安の検査を受ける。この山岳地を過ぎると、敦煌の低地（北山と南側にある祁連《チーリエン》山脈に挟まれた低地）で、古くは「沙州」と呼ばれていた地域に入る。北山を降りたところ（柳国鎮付近）で、嘉峪関《かよくかん》―哈密―吐魯番《トルファン》―烏魯木斉を通る新疆ウイグル地区の幹線鉄道を横断した。ここは、現在6両の新幹線（図41）が走っ

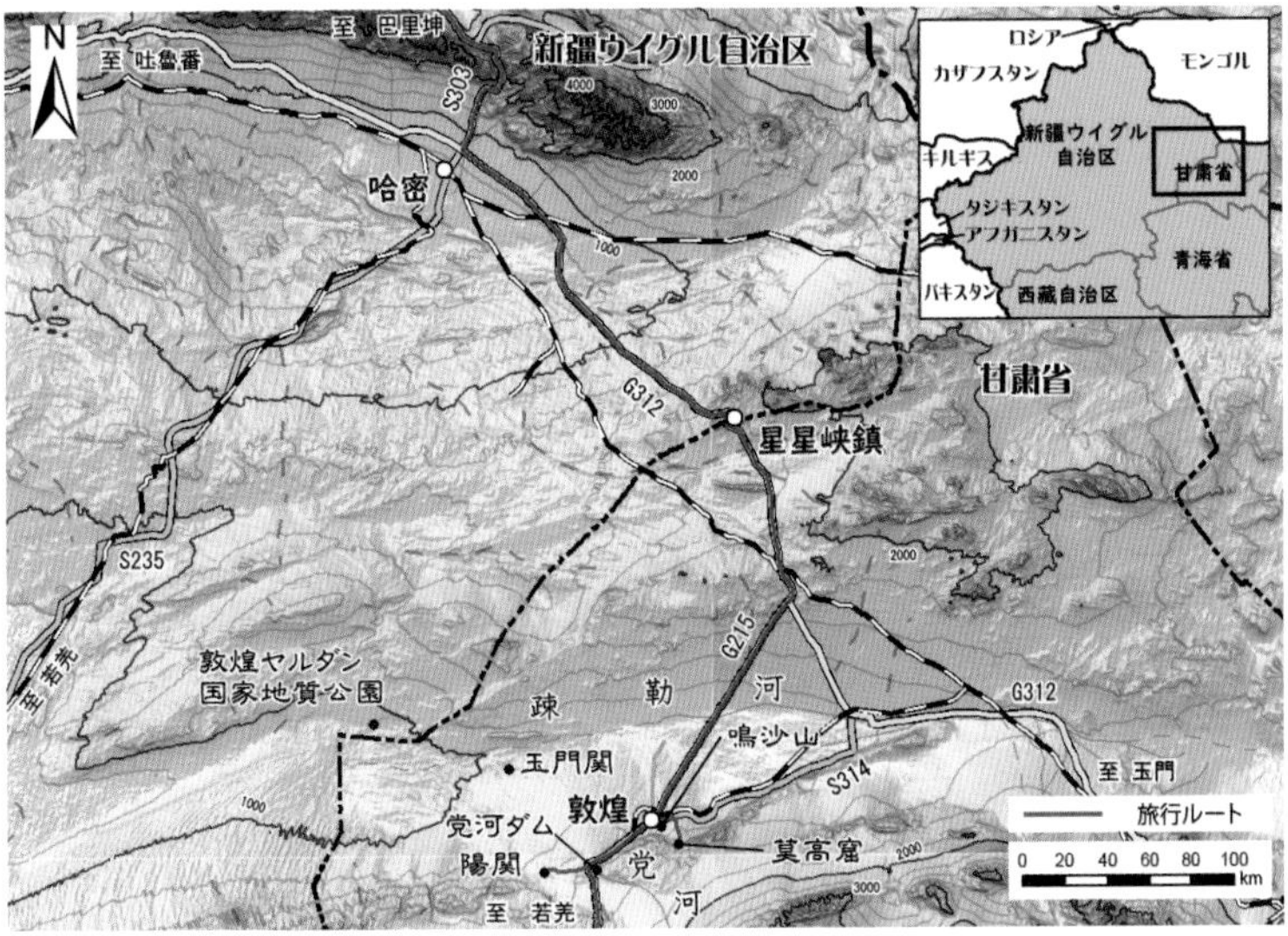

図40　哈密～敦煌周辺地形図

ていて、烏魯木斉―蘭州間を時速１６０㎞で12時間かけて走っていると、ガイドの黄さんが話してくれた。

北山の山岳地を敦煌側へ下ると、また広大なゴビ灘《タン》が続く。この地域は「安西極寒地域」で、この山岳地帯の天水より東の貞西県は、甘粛省の中でも一番貧しい地域だそうだ。柳国鎮の南でＧ３１２号はＹ字形に分岐し、右側(北西側)の高速道路Ｇ２１５号に入って敦煌へと向かう。

敦煌側の低平地部（北山山岳地の南の広大な＝幅50㎞余の扇状地地帯）は、風が強いためか、あるいは極寒地で地下水が伏流していて水に乏しいためか、植生も育たず貧しい地域なのだろう。現在は風力発電施設が多い。１列16基ある風車が約２００ｍ間隔で設置されていて、それが約20㎞以上にわたって続く(図42)。

中国では風の強い場所は「風口《フォンコウ》」と呼ばれ、特に強風の吹きすさぶところは「老風口《ラオフォンコウ》」（老は常にとか始終という意味）と呼ばれている。この付近は同じゴビでも植生がほとんどなく、牧畜にも適さないのであろう。北山からこの付近までは灰白色をした、一番荒涼としたゴビ灘である。

広大な扇状地地域を過ぎて低地部に入ると、植生が少し増える。午後7時頃、淡い赤紫色のタマリスク（御柳）の群生地を過ぎ、7時50分頃ようやく敦煌市に入る。この低地部では祁連山脈と、西側の阿尓金《アルトウン》山脈の間の河川からの雪

図 41　烏魯木斉～蘭州間を走る新幹線高速鉄道

図 42　荒涼としたゴビ灘に延々 20km にわたって風力発電施設が続く

解け水によって豊富な地表水が得られるため、敦煌は広い緑地に覆われている。1978年に敦煌が大水害にあったというのも、この雪解け水の氾濫によるものだ。

夕食前に敦煌の現地ガイド（張金海さん）と合流した。この夜と翌日の敦煌ガイドを務めてくれるという。36歳の若さで日本語は上手ではないが、一生懸命である。夜8時20分から1時間あまり敦煌の夜市を見学し、多少の買い物もする。夜市は人であふれかえっていた（図43）。毎晩こうなのだという。

メンバーの今村は次のような王幹《おうかん》（687―726）の『涼州詞』や、岑参《しんじん》（715頃―770）の沙漠の詩を真から味わいたいからと、敦煌の夜市で夜光杯を1個買った。帰国して、その夜光杯でワインを飲み、王幹や岑参を、そして沙漠のさまざまな様相と素足で踏んだ沙の感触（後述）を思い起こすためだ。

葡萄の美酒　夜光の杯
飲まんと欲すれば　琵琶　馬上に催《うなが》す
酔うて沙上に臥すとも　君笑うこと莫《なか》れ
古来　征戦　幾人か回《かえ》る

図43　にぎわう敦煌の夜市

６　敦煌《とんこう》と莫高窟《ばっこうくつ》

ホテルの窓から外を見ると、朝日に黄金色に輝く鳴沙山《めいさざん》がすぐ近くに見える。

８月３日は敦煌の町（標高１３９７ｍ）を出て、莫高窟、陽関《ようかん》および、鳴沙山と月牙泉《げっかせん》の３カ所を見学する予定である。

日本人としては井上靖が小説『敦煌』―彼はこれを現地を訪れることなく書いたという―を書き、それが映画化されたことで、現地では有名である。敦煌郊外の「映画村」も、その撮影を機に建設された。当時竹下登首相が日本として高額の援助をしたことで、現地の人々にもよく知られているという。敦煌など沙漠を多く描いた日本画家・平山郁夫も現地では有名だ。

♣敦煌という町

敦煌は甘粛省の西端にある党河オアシスにある都市で、塔里木《タリム》盆地の塔克《タク》拉瑪干《ラマカン》沙漠の東端に位置し、別名「沙州」とも呼ばれている。漢の武帝は前１１１年に河西四郡（武威《ぶい》・張掖《ちょうえき》・酒泉・敦煌）を設けた。この時、史上初めて「敦煌」の名が使われた。それ以前は漢族のほかに、大月氏《だいげっし》・小月氏・羌《きょう》族・匈奴《きょうど》などの入り混じる地域であった。

図44　敦煌の中心街（右）とロータリーにある女性の像・反弾琵琶像（左）

敦煌の敦は「盛ん」、煌は「輝く」という意味だから、敦煌は「盛んで輝かしい町」という意味であろうか。敦煌の町は、清代の１７２５（雍正《ようせい》３）年に現在のオアシスに建設されたもので、古代の敦煌は少し南西の方にあった。現在の敦煌は人口14万人（２０１９年）、面積は3・12万㎢で、酒泉市の管轄下にある。漢代には西域統治の最前線の軍事拠点としての役割を担っていた。その後、漢の力が衰えると、吐蕃《とばん》（チベット族）や西夏《せいか》（チベット系タングート族）などの異民族に占領されるなど、興亡の歴史を経ている。ただ、ここがシルクロード、つまり東西文化の接触点であり続けたことに変わりはない。現在は、莫高窟や鳴沙山と陽関・玉門関などの観光地として、西域の重要拠点となっている。

♣莫高窟とは

莫高窟の一部は「千仏洞」（一般に見学するのはここが多い）とも呼ばれ、敦煌市街地から南東へ約25kmほど離れた、鳴沙山東麓の砂礫層の崖壁にある（図45）。この崖は段丘化した鳴沙山の東麓が大泉河（川幅は70mほど）によって削られてできた、高さ50mほどのほぼ垂直の岩壁で、対岸の三危山と向かい合って南北の長さ１６００m以上に

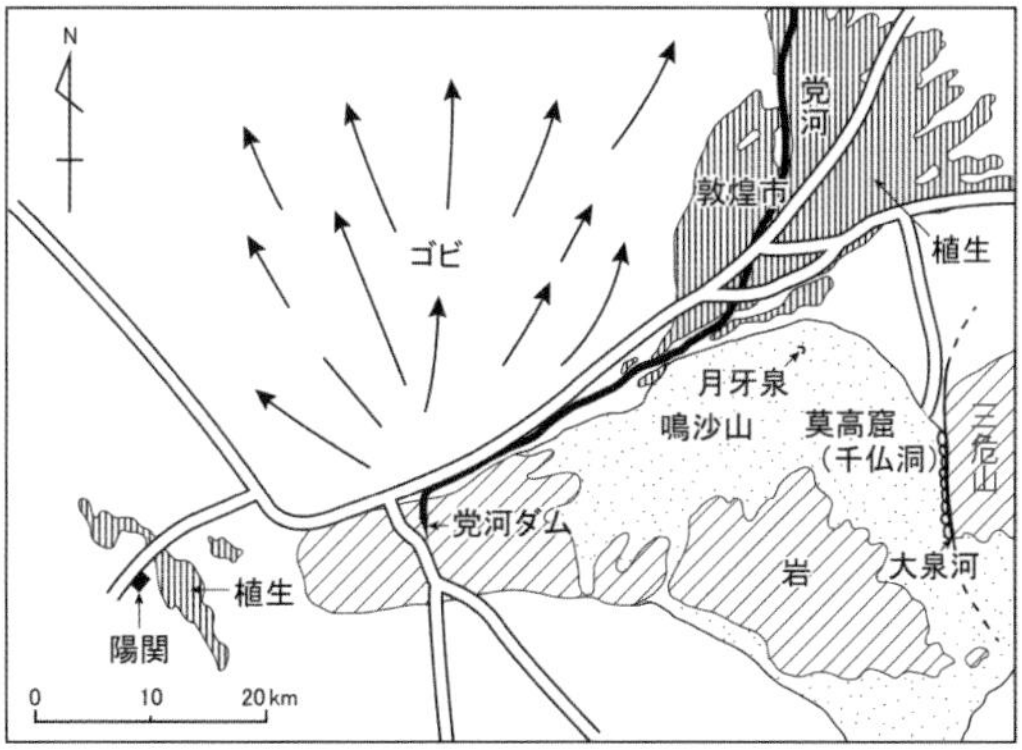

図45　莫高窟・鳴沙山・月牙泉の位置関係

わたって続いており、その崖の下方に莫高窟は掘られている。掘られた洞窟は大小600あまりあり、そのうち壁画や仏像のある洞は492を数える(1)。

その平坦な台地の上は、鳴沙山の砂丘に連なる。現在、植生はまばらであるが、もともと莫高窟の前方の帯状の植生帯は、大泉河の河原に広範囲に生えていたのであろう。鳴沙山に連なるこの台地上にはいつも砂が飛来しては、台地から莫高窟側へとこぼれ落ちる。それを少しでも防ぐために、台地上には防砂ネットと防砂柴(?)が敷設されている。それでも、毎年2月には、鳴沙山の砂が滝のように莫高窟側に落ちてくるという。莫高窟はそういう砂によって、700年もの間埋もれていたのである。

366年、楽僔《らくそん》という僧がこの崖の前に来ると、突然、金色の光が見え、たくさんの仏がいるようであったという。彼はそれ以来、ここに洞を掘り、龕《がん》(仏像を納める孔)を造り始めたといわれている(2)。

莫高窟が人目を引くようになったのは、じつは後にこの洞の一つに住み込んだある道士による偶然、すなわち莫高窟第344窟(現在は「蔵経洞」とよばれている)の小室(現在の第17窟)の発見から始まる。私たちはこの第17窟を見学した。

♣蔵経洞の発見

1600年あまりの歳月を経て、北涼・北魏・西魏・北周・隋・唐・五代・宋・西夏・元などに継続的に掘られて建設された492の洞窟が、莫高窟に保存されている。洞窟には壁画(4万5000㎡)

と彩色塑像（２４００余体）も残っている。[1] これらの貴重な美術・芸術品は、漢族のほか、モンゴル族・チベット族・鮮卑《せんぴ》族・党項《タングート》族・回鶻《かいこつ》族などによって創造されたもので、いわば重要な美術品・芸術品の〝博物館〟である。だが、それと並んで重要な発見があった。

19世紀末、王円籙《ろく》という道士（道教の修行者）が莫高窟に流れてきた（図46）。金もない彼は現在の第３４４窟に住みついた。莫高窟に住みついた僧のうち、多くはチベット系のラマ僧であったが、そんな中、王道士は中国語で道教を説いたので、敦煌の中国人たちはときどき彼のところにやってきて加持祈祷を頼むようになり、彼の生活も徐々に楽になっていった。

彼は楊某という写経者を一人雇っていた。その仕事場には第１５１窟（Ａ16）があてがわれた。楊はここに机を置いて壁を背にタバコを吸いながら、のんびり写経をしていた。タバコの火種には、この地方の芨芨草《きゅうきゅうそう》（高さ１・５ｍくらいになるススキに似た禾本科の植物）の穂を乾かしたものを用い、その燃えさしを壁の割れ目に挟み込んでは仕事を続けていた。

１８９９（光緒25）年、楊が長い燃えさしの棒きれを割れ目に差し込んだところ、どこまでも入っていく。不思議に思って壁をポンポンとたたいて見ると、中は中空のようである。彼は王道士に報告した（１９００年4月27日）。王道士がその壁を破ってみると、３ｍ四方の小室の中に、無数の白布の包みが積み上げられているのを発見した。こうして、莫高窟に隠されていた唐代までの経文や文書類（図47）が、偶然発見されたのである。[2]

発見の当初、道士はすぐ甘粛省の地方官吏に届け出たが、誰もそれらの文書には関心を示さなかった。ところが、そのころ西欧の多くの探検隊と日本の第３次大谷探検隊の橘瑞超《ずいちょう》などがこの地方に関心を示して入りこむようになり、莫高窟の古文書のうわさが広まった。１９０７年のスタイン（１８６２―１９４３）をはじめ、以下のような面々が莫高窟を調査しては、古文書や壁画の多くを自国へと持ち去った。ブルーチェフ（露）１９０５年、オーレル・スタイン（英）１９０７年、ポール・ペリオ（仏）１９０８年、橘瑞超（日）１９１２年、ル・コック（独）１９０４～１９０５年、オルデンブルグ（露）１９１４年、ウォークナ（米）１９２４年。

特にスタインは、３回にわたって１万点以上に及ぶ古文書を持ち出した。その中には、世界で初めての印刷本（唐の８６８年〈咸通９〉年に印刷）である『金剛経』の「釈迦牟尼説法図」（図48）という貴重な図も持ち去られ、現在は大英博物館に所蔵されている。[1] 最も悪質なのはアメリカのウォークナで、１９２３年に唐代の石窟壁画を壁ごと切り取って自国へ持ち帰ったという。

♣莫高窟の見学

私たちは直接莫高窟に入るのではなく、バスを降りてまず、最近できた大きな中間施設（図49）で約30分間、２つの映画を見せられた。①古代の敦煌付近と民族の興亡について（物語風の総集編）と、②莫

図 48　世界で初めての印刷本『金剛経』の釈迦牟尼説法図（中国測絵史編集委員会編，2002）[3]

図 47　千仏洞にあった古文書の一つ（松岡，1981）[2]

図 46　千仏洞の住職・王道士（松岡，1981）[2]

高窟の紹介の記録映画2編で、なかなか良くできていて面白い。特に、あの暗い莫高窟を明るく照らし出してよく撮影されているのには感心した。コンピュータを駆使しての撮影であろうか。

映画が終わると、そこから専用バスに乗り換えて、いよいよ莫高窟へ向かう。以前（15年前）には莫高窟にはたくさんの日本人観光客が訪れていたが、今日は日本人は我々以外全く見かけない。また前回は入口ですべてのカメラ類を預けさせられたが、今回は案内人（魏海博氏）が「撮影しなければ、持ったままでいいです」と、我々を信頼してか、それとも激減した日本人観光客に気を使ったのか、大変おおらかな対応であった。入口周辺付近は大きくは変わっていないが、トイレは私たちが付けたランキング（上巻第Ⅰ編107ページ参照）で〝五つ星〟のきれいなものに変わっていた。

専用ガイドの案内で莫高窟散策路にさしかかった際、入口付近で崖の一部の漆喰が剥がれている箇所を発見して、しばし観察した。漆喰は2～3㎝程度の厚さで塗られているが、何かの原因で剥がれたもので、地山（粗粒砂岩）が露出している（図51）。また、崖の下に眼をやると、気象観測施設（風向風速計・雨量計）が設置されている（図52）。莫高窟に残された壁画や塑像を様々な環境変化から守っているのであろう。

専用ガイドの魏氏の説明によると、中央の9層の大楼（図53）のある第96窟

図49　莫高窟に入る前に映画をみた中間施設

図50　莫高窟の中心部

には、12年かけて695年に完成したという大仏像がある。唐の武則天（日本でいう則天武后）の頃の建造である。第57窟では、南壁の阿弥陀説法図の向かって左側に立つ、敦煌で一番美しいといわれる観音菩薩像を見る（図54）。

第158窟—チベット族による制圧時代に開かれた最大の洞窟—にある釈迦の涅槃像は中唐の作成で、長さは15・1mあり、高い技術水準の雕塑像である。かなりほこりを被っているが、かすかに微笑をたたえた美しい顔で、その背後には72人の弟子たちの塑像がならんでいる（図55）。

第237窟では、唐代の菩薩像を見る。755年に安史の乱が起きて唐の支配が弱まると、それを機にチベット族がこの地域に侵入して、その支配下に置かれることになる。その頃作成されたのが、この菩薩像だ。その破損部分は清代に修復されたが、背後の壁画はもとのままだという。

第244窟では隋代の3体の仏像を見たが、ほとんど印象に残っていない。第251窟では、南北朝北魏の弥勒如来像、左右に2つの菩薩像が立っている。清代に補修されたようだが、その補修はあまりよくない。第249窟では、北魏の妓楽飛天の明るく楽しげな壁画をみ

図51　地山の砂岩露出部

図52　気象観測施設

図53　9層の中央大楼（第96窟）

る（図56）。

第２５９窟でも南北朝北魏の仏像を見た。アーチ型の龕が掘られていて、釈迦と2体の並坐した塑像がある。高さは各々１４０㎝ほどである。この仏像は中心部分には木の芯があり、それをわらで囲み、さらにその外側を粘土で覆ってこの塑像を作ったのだと、案内の魏海博氏は語ってくれた。

このほかにもいくつか見学したが、最後にスタインやペリオらが王道士を丸め込んで古文書をあさった第16窟[4]と、その内部に掘られた「耳洞」である第17窟（蔵経洞と呼ばれる）を見学した（図57）。３ｍ×３ｍほどの第17窟の小窟には、およそ5万点からの古文書が詰まっていたという。両窟とも晩唐時代に掘られたもので、その後、第17窟は西夏時代に入口を完全に塗りこめて密閉され、20世紀初めまで７００年間眠っていたのである。

図 55　第 158 窟の釈迦涅槃像（莫高窟入口付近にある看板の複写による）

図 54　第 57 窟の観音菩薩像（絵葉書より）

図 57　千仏洞のなかの第 16 窟（長澤, 1987）[1]
右側の戸が第 17 窟の入口.

図 56　第 249 窟の北魏・妓楽飛天（絵葉書より）

私たちは第17窟を短時間見ただけだが、これが重要な意味を持った石窟であることを知ったのは、1943年に初版が出た松岡譲の『敦煌物語[2]』を読んでからである。第16窟・第17窟の発見とその重要性などはこの本に詳しく書かれており、しかもその経緯が面白い。今回帰国後に再読し、認識を新たにした。5万点からある古文書類を軸に、今や世界に「敦煌学」という学問ができたほどにその研究は奥が深く、まだまだ継続中なのである。

午後1時30分、莫高窟を出ると、きらめく外界の輝きと、莫高窟に秘められた多くの古文書の事実や、膨大な仏像・壁画などの秘宝の輝きに、目がくらむようであった。

♣陽関とその西

天山南路（西域北道）も、南側から来た西域南道（崑崙北路）も、その終息地は敦煌である。『漢書』西域伝によると、北側からは「玉門関」、南側からは「陽関」を通って敦煌に入る。逆にいうと、陽関はシルクロード・西域南道の入口なのだ。玉門関を通って西域南道に入ることもあったようで、むしろ「玉の入る門＝玉門関」で、その方が古い関所であったのかもしれない。「陽関」というのは「玉門関」の南にあるという意味からこの名が付いたらしい[5]。唐代には東西貿易の玄関口となったところである。

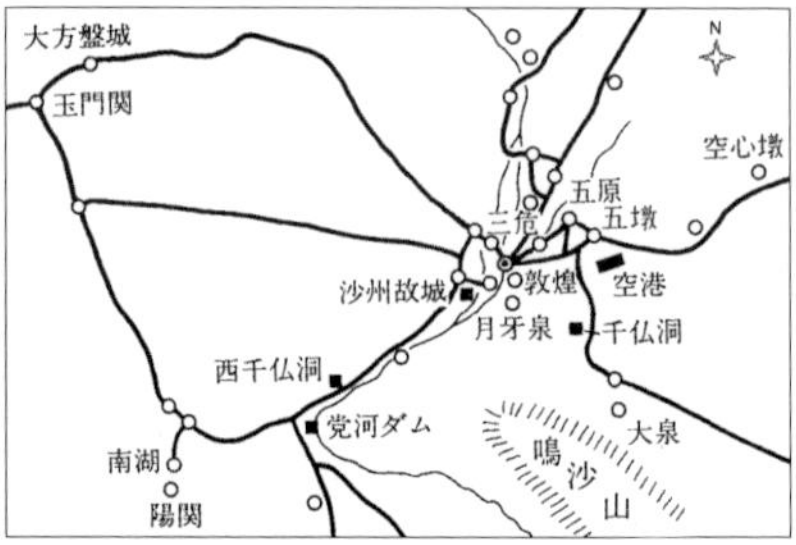

図58　敦煌付近位置図（長澤，1987）[1]

図59　陽関の入口に立つ張騫の像

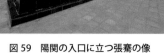

陽関は敦煌から南西に70㎞、党河ダムを左手に見て西に行った先にある（図58）。車で1時間ほどで、途中、左手には古代中国の建物が見える。これは遺跡ではなく、映画『敦煌』の撮影のために作られたセットだという。

陽関は最近まで砂の丘の上の狼煙台《のろし》（烽燧《ぼうすい》台）しか残っていなかったが、現在では、観光のために当時を模した城塞が築かれている。その門を入るとまず、馬に乗った勇ましい格好の張騫（？―前114）の像が目につく（図59）。その脇を通って進むと、また城門があり、その両側には当時使われていたと思われる雲梯《うんてい》や備梯・投石器などの復元された武器の実物大模型が無造作に並べられている（図60）。

城門を入って専用カートに乗り、漢代の烽燧台の手前200mくらいのところまで行って下りると、そこには王維（701―761）の像がある。像の横にある詩碑には「元二の安西に使いするを送る」という有名な詩が刻まれている（図61）。

渭城の朝雨　軽塵をうるおし
客舎　青青として　柳色新たなり
君に勧む　更に尽くせ　一杯の酒
西のかた　陽関を出ずれば　故人無からん

図60　漢代の武器類

図61　王維の像と詩碑（右側）

烽燧台は周囲を50mほどの鉄の柵に囲まれていて、近づけないようになっている（図62）。インドや西トルキスタン、西域などから塔克拉瑪干《タクラマカン》沙漠を来た旅人たちは、この陽関に着くと、遠く北東の地の緑なす沙平線のゴビの彼方を望み見て、つらかった沙漠の旅に思いをいたして安堵したことであろう。逆に、この関を出て西へ旅する人々は、本格的な沙漠の出発点たるこの陽関に、王維の詩にあるように、もはや故人（知人）があるわけではない、茫々千里の沙漠の彼方を眺めやって、これから始まる苦難の旅に、漠とした不安を覚えたのではあるまいか。

陽関の南西の端に作られた廊舎から西方を望むと、沙平線の彼方までゴビ灘《タン》の沙漠が続いている（図63）。「この地を隊商は駱駝で行ったのか」と思うと、感無量である。西方のゴビ灘を眺めやって、多くの人が不安にさいなまれたのではあるまいか。茫々とした砂の沙平線を眺めていると、そういう思いが心を占める。

敦煌と陽関との間には、清代の烽燧台がくっきりと見える（図64）。

♣月牙泉《げつがせん》と鳴沙山《めいさざん》

夕食後、鳴沙山と月牙泉へと向かう。町から車で10分くらいのところである。

図63　陽関から西方へゴビ灘が続く

図62　陽関の漢代の烽燧台

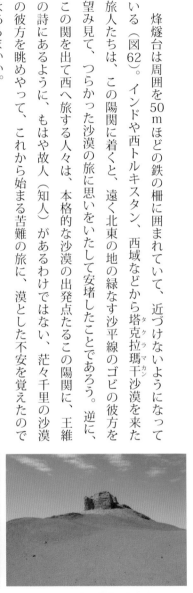

月牙泉は、敦煌の南方にあるバルハン型砂丘・鳴沙山の谷間にある（図65）。この鳴沙山は莫高窟まで伸びており、泊まっているホテルの窓からもよく見える。『中国測絵史』[3]によると、この巨大な砂丘である鳴沙山の形は日々微妙に変わるが、砂丘に取り囲まれた三日月形の月牙泉（三日月や牙の形からこう呼ぶようになったのだろう）は、少なくともこの2千年来、水が涸れたことがないという。風の強い日には埃をかぶった月牙泉は囲りの砂丘にすぐにでも埋もれそうに見えるが、埋もれないだけでなく水も涸れないという。月牙泉の傍には楼閣が建っており、近くの草地で泉の基盤層であろう思われるシルト層と砂質シルト層の互層が確認できた（図66）。添乗員の王さんは、北京オリンピックの年には水量が増えて、三日月形ではなく四角形に近くなったと話していた。

月牙泉は１９７０年代から水位が特に下がり始め、２００７年には水深は１・１m、面積は５・２haまで縮小したというが、私たちが訪れた際にはそれよりもさらに縮小していた。

１９５０年代には水深は７m、面積は１３３haであったという。月牙泉は莫高窟に並ぶ観光地であり、以前は水位の下降を防ぐために地下水をポンプアップしていたが、水質が濁ってしまったため、近くに貯水池を掘って、泉に水がしみ込むことを期待したがこれも失敗に終わった。根本的な原因は１９７０年代から政府が敦煌周辺の農業開発を始め、祁連《チーリエン》山脈の氷河の水を集めて敦煌へ

図64　清代の烽燧台（背後は鳴沙山）

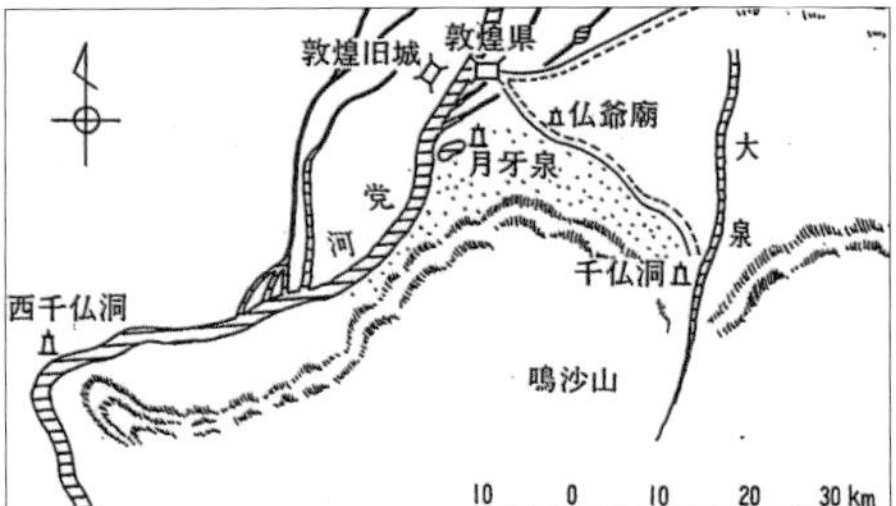

図65　鳴沙山付近位置図（長澤，1987）[1]

流れてくる党河を上流で堰止めてダム（党河ダム）を造り、灌漑用水路を整備したことにある（前掲図45、58）。党河の水の9割がダムに湛水され農業用水となったため、敦煌中心部から10㎞地点の集落では地下水面がここ5年で1mも下がり、オアシス全体が枯れかけているとのことだが、政府は「水は無尽蔵だ、農地を拡大せよ」の号令をかけていた。現在は、①農地の新開発の禁止、②敦煌への移住禁止、③新しい井戸の掘削の禁止、の「三禁政策」で水資源の保存に躍起だが、オアシスの水需要は増える一方で、人が水を枯らしているといえよう。

バスを降りて入口に向かう。右側には新しく大きな建物が建っていて、事務所だけでなく、レストランや、その中でも楽しめるようなアミューズメント・ビルになっている。現在ここには毎日2万人の来訪者があるという。入口のゲートを入り10人乗りくらいの専用カートに乗って、砂の上に石を帯状に敷きつめた歩道を1㎞あまり走り、月牙泉の手前500〜600mからは徒歩となる。

遠くに目をやると、一組10頭くらいの駱駝が数珠繋ぎになって客を乗せて歩いている（図67）。カート業者にも駱駝業者にも、平等に金が落ちるように按配されているようだ。砂丘の尾根を登っている人たちは皆、足に赤いオーバーシューズを履いている（図68）。砂が靴に入るのを防ぐためだ。我々は駱駝に乗ることもなく、周辺を散策した。上空をハンググライダーがゆっくりと遊覧飛

図66　月牙泉の基盤層（シルト層と砂質シルト層の互層の露頭）

図67　鳴沙山の砂丘麓を駱駝で散策する人々

行しており（図69）、月牙泉の近くには気象観測機器（風向・風速計）が設置されている（図70）。
砂丘の斜面の中腹（比高40ｍくらいか）まで登り、そこから木で作ったソリを尻にしいて、砂丘の麓部まで滑り降りる遊びが大変繁盛していて、大勢が順番を待っていた。一番下まで転ばないで滑り降りると拍手が起きる。1回15元である。しかし、木製のソリ4、5台を背負って砂丘の中腹まで運ぶのは人力であり、金のためとはいえ若い人でも大変のようである。砂丘の頂部はきわめてシャープで、風によって常に研ぎ澄まされているようである。人間がソリで滑ってどんなに跡をつけても、翌朝はきれいな自然の砂丘にもどるという。このことは後日、自分たちの体験からも納得したことであった。

［注］
（1）長澤和俊（1987）『敦煌』徳間文庫。
（2）松岡　譲（1981）『敦煌物語』講談社学術文庫。初版本は1943年、日下部書店発行。
（3）《中国測絵史》編集委員会編（2002）『中国測絵史』測絵出版社（中国語）。
（4）楼閣の内部には3層の洞があり、一番上の層が366窟、中層が365窟、一番下の窟が第16窟で、その中の「耳洞」が第17窟である（井上　靖『私の西域紀行　下』1987年、文芸春秋社）。
（5）鎌田茂雄（2003）『仏教の来た道』講談社学術文庫。

図68　バルハン型砂丘の鳴沙山

図69　ハンググライダーでの遊覧飛行

図70　気象観測施設（風向・風速計）

7　敦煌から花土溝《かどこう》へ

♣阿尓金《アルトウン》山脈を越えて柴達木《チャーダム》盆地横断へ

8月4日、敦煌から石油の町・花土溝まで、阿尓金山脈を越えて540㎞の山岳地帯の旅である。花土溝は石油開発の基地として人工的に開発された町であり、この区間は遺跡もなさそう。阿尓金山脈を越えて標高2500m以上の高地に入り、柴達木盆地（西蔵《チベット》と祁《チー》連《リエン》山脈の間にある西北西―東南東に延びる高山の盆地）の北部を横断する地形見学の旅になりそうである。今日をもって中国最大の塔里木《タリム》盆地（53万㎢）、次に大きい准噶尔《ジュンガル》盆地（38万㎢）、そして3番目に大きい柴達木《チャーダム》盆地（22万㎢）の3つの大盆地を横断することになるわけで、それを想うだけでも心が踊る（図71）。

車中でガイドの黄さんは「これより西の方に入ると、ウイグル族が90％以上ですから、皆さんもできるだけウイグル語を使ってください。彼らも喜んでくれます

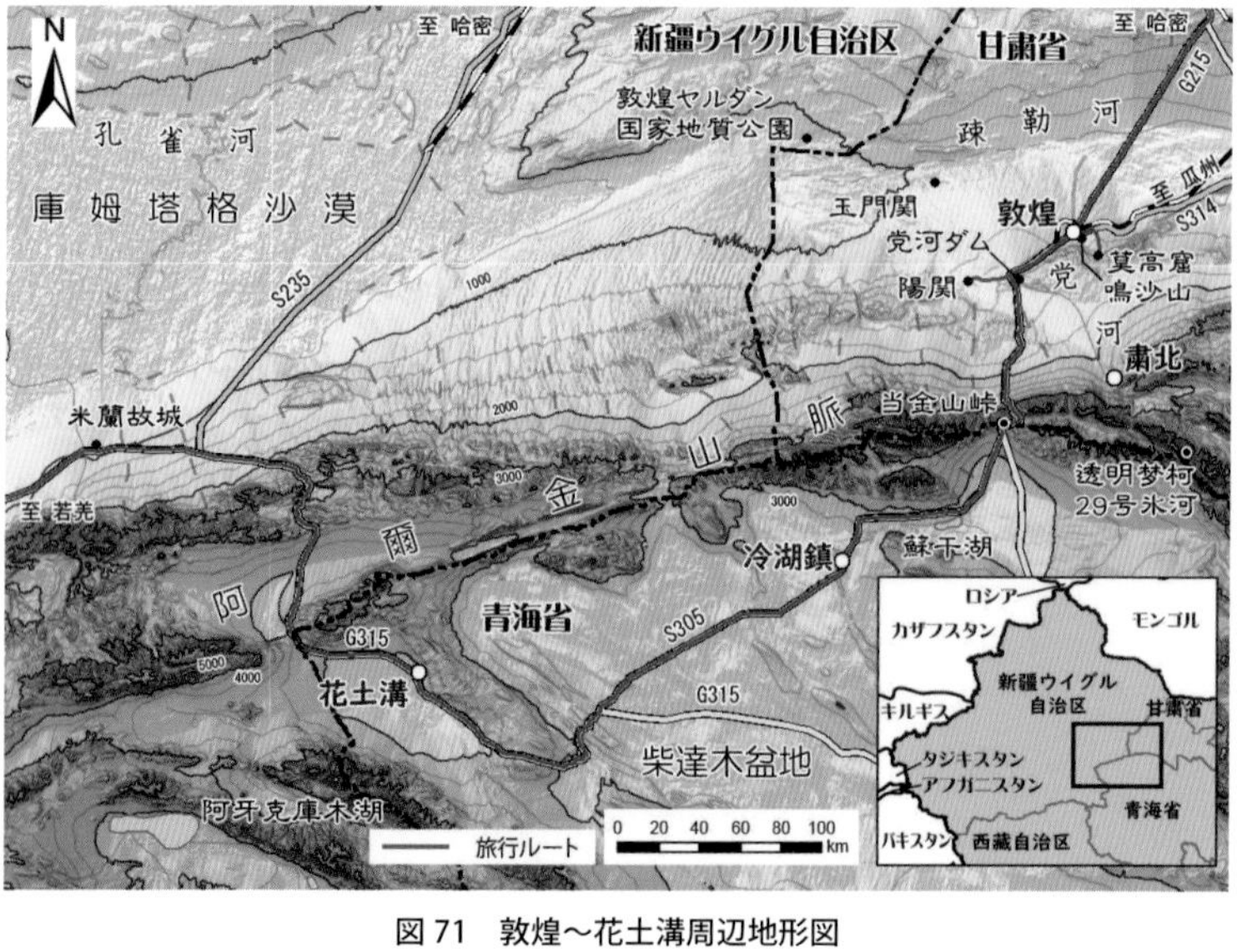

図71　敦煌～花土溝周辺地形図

よ」と言って、よく使う簡単な言葉を教えてくれた。

こんにちは………「ヤクシモセイス」

いくらですか……「カンチプル」

ありがとう………「ヤクメッツ」

きれいですね……「スイーッ・チラレック」

（若い女性に対して使う。50歳以上の女性に使うとかえって嫌がられる）

さようなら………「ハル・ホッシ」（私たちは「春星」と覚えた）

これらのウイグル語はその後よく使った。現地の人に「ヤクシモセイス」と声を掛けると、雰囲気が急になごみ、急に親近感を覚える。

9時頃、阿尔金山脈への入口のところで、青海省の格尔木《ゴルムド》[1]へ通じる鉄道がバルハン型砂丘の手前を一直線に走るのが車窓から見える（図72）。この鉄道は2年前（２０１３年）に完成したという。このあたりからバルハン型砂丘が多くなるが、広域の分布ではなく基本はゴビであり、ラクダソウ（正式名はアルハギ）に似た、棘《とげ》のない植生、カリゴヌム（沙拐棗《シャーグエイドウ》）も多くなる（図73）。

9時45分、甘粛省と青海省の境界部分の阿克塞《アクサ》（標高１７００ｍ）で、保安の検問を受ける。２０１４年も省界や県界で頻繁に受けた検問である。阿克塞は敦煌の南西にあり、阿尔金山脈の入口にあたるカザフ族の村で、これからは青海省に入る。

図72　2年前にできた格尔木へ通じる高速鉄道

図73　カリゴヌム（沙拐棗）

11時10分、阿尓金山脈越えの峠である当金山峠《ダンジンシャン》（標高3550m）でバスを停めて、ウインドブレーカーなど防寒具を身につけて外に出ると、寒いだけでなく少し息苦しい。富士山山頂より200mほど低いだけのところだから仕方がない。峠付近の道路沿いは緩い地形をした平坦地のゴビ灘《タン》で、沙拐棗やラクダソウなどの低い植物が斑点状に分布する。道路の背後地には標高3700m以上の山岳地帯があるが、それほど急傾斜の山腹ではない。山腹にはうっすらと植生とソリフラクション(2)が認められ、山羊が放牧されている（図74、75）。

当金山峠を南方に下ると無植生の平坦な広大な平原が広がり、標高3265mのところに湖がある。塩湖だろう。この湖に続く平原はやはり扇状地性の地形であり、砂礫の中に石炭を含む。そこには風力発電施設が広がっている。

さらに南へ下って標高2885mのところまでくると、天然湖の青々とした美しい蘇干湖《そかん》がある（図76）。深さは7～8m程度だという。湖の周辺には全く植生がないことから、おそらく塩湖なのだろう。高いところの山腹には草があったのに、少し低いこの辺には全く植生がないのは、山腹から流出したアルカリが濃縮されているためだろうか。

♣ヤルダン地形考

ヤルダン地形（ウイグル語）というのは、ヘディン（Sven A. Hedin：

図75　植生の乏しい山地と複合扇状地

図74　山の斜面のソリフラクション

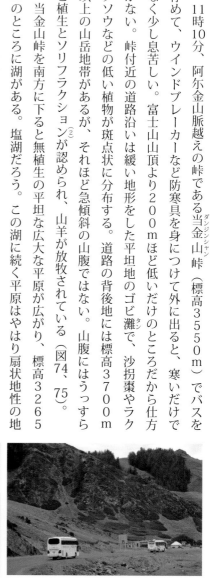

1865―1952）がトルキスタン（アジア中央部）で命名した名称で、中国語では「龍堆」とか「白龍堆」とも言い、現在中国では「雅丹《がたん》地形」とか「丹霞《たんか》地形」などと呼んでいる。

『唐詩選』に収められている岑参《しんじん》の「封大夫《ふうだいふ》[3]、播仙を破る凱歌」という詩に、次に示すように「龍堆」という文字が見える。

馬を龍堆に秣《まぐさ》して　月、営を照らす

ヤルダン地形のところで軍馬にまぐさを与えていると月が煌々と陣営を照らしている光景を詠んだものだが、天山北路で見た魔鬼《まき》城のようなすさまじい夜の沙漠の光景が目に浮かばないだろうか。

ヤルダン地形については『地形学辞典』[4]に、上巻第Ⅱ編（131ページ）に示したように説明されている。これらの説明を読んでもいまひとつ理解しづらいが、過去2回と今回のシルクロード旅行から総合すると、ヤルダン地形というのは、成層した堆積岩―やわらかくても硬くてもいい、現在水平層をしていても堆積後の変動で多少単斜構造をしていてもいい―が、現在の沙漠地帯で主に風食や水による侵食によって削られて、突兀《とっこつ》とした地形を示す地形を総称して呼んでいるようである。

図76　蘇干湖の遠望（右），反対側には阿尔金山脈の稜線を望む

2014年の天山北路旅行で言えば、温宿《ウエンスー》峡谷の地形は、傾斜した硬い岩石地帯のヤルダン地形であるし、奎屯《クイトン》から賈登峡《ジャンドンユイ》の間にある魔鬼城《まきじょう》の地形は、やわらかい砂岩を主としたほとんど水平層のヤルダン地形である。もともとウイグル語であって、地形用語として用いられてきたわけではないから、明確に定義するのが無理なのだろう。マブットが作成した平面図（上巻第Ⅱ編128ページ参照）を見ると、風向方向に山の列が平行分布して描かれているが、前回や今回の地域でこのような明確な平行地形は認められなかった。

さて、柴達木盆地に入って冷湖鎮（図71）の街の少し西方に至ると、ヤルダン地形が著しく増える。よく見ると、ヤルダン地形は広大な平原の周縁部にできるようだ。数㎞〜10数㎞にわたる平原の部分は一面風成の堆積物に覆われていて凹凸はほとんどないが、その周縁部でごく緩く高度が下がる部分にヤルダン地形ができている。ということは、ヤルダン地形はまず水による侵食と風食の双方によってできる地形であることがわかる。つまり、真っ平らな平原部分のようにほとんど風食だけでできるわけではなく、その周辺のやや低くなる部分に水による侵食が働いてヤルダン地形形成のきっかけができ、その骨格が形成される。それに風食と降雨時の水食の双方が働いて、現在のようなヤルダン地形ができるようである（図77）。

ヤルダン地形が傾斜しているといっても、1度以下の、ごく緩い傾斜である。しかし、そこに初期の水食が働いて侵食のきっかけが作られ、ごく緩慢に地形侵食が進む。同時に風食が働いて、ヤルダンの諸相が形成される。地層は水平層が目立つが、必ずしも水平層だけではないし、やや傾斜した（単斜構造）部分でのヤルダンの形成もある。断面形も鋸の歯形もあれば、丸い形もある。いずれも「侵

食地形」の諸形相である（図78、79）

♣きらきら光る石膏の結晶

ヤルダン地形の奇妙な高まりに見とれている時、ふと足下に目を移すと、沙漠の砂に混じって何やらキラリと光るものがある。大きさ数㎝程度かそれ以下の平たい鉱物結晶で、整ったものでは小さな矢羽根の片割れのようにも見えるが、多くは壊れて不規則な形をしている。それらがヤルダン地形周辺の荒れた砂地に無数に散らばり、平たい結晶面が、強い日射しに反射してきらきら光って見える。高安は、おそらくこれは石膏の結晶

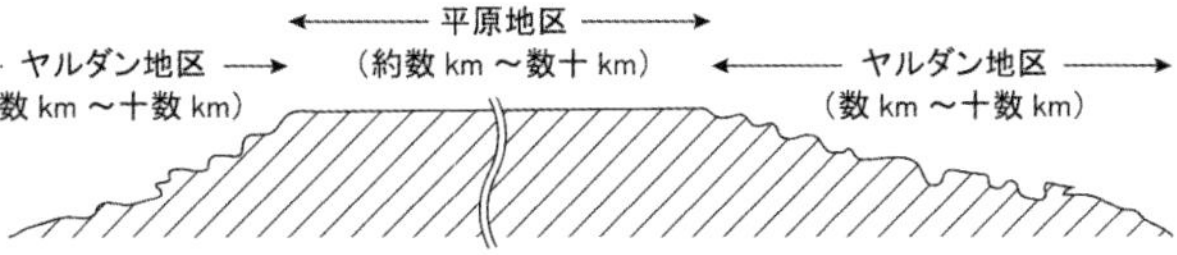

図 77　ヤルダン地形の形成地区と平原地区との関係
ヤルダン地形部分の傾斜は誇張して表示している.

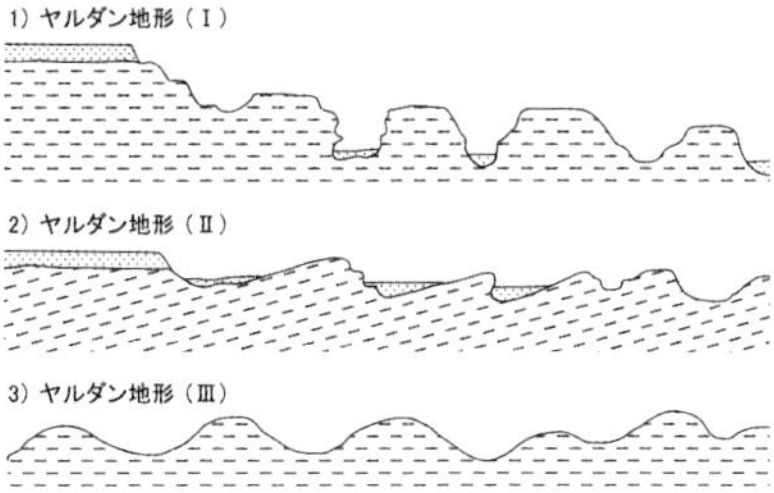

図 78　ヤルダン地形の諸形相

図 79　3 つのタイプのヤルダン地形
I・II・IIIは図 78 の諸形相に対応している.

であろうという（図80）。同じようなものを米国アリゾナの沙漠でも見たことがあるという。

石膏は硫酸カルシウムの水和結晶（$CaSO_4 \cdot 2H_2O$）であり、沙漠の塩湖が干上がる時に岩塩層の形成に多少先行して析出する。塩湖には周辺山地の風化物から供給された様々な可溶性塩類がイオンとなって溶け込んでおり、水分の蒸発に伴ってそれらが濃縮され、順次結晶化して湖底に沈殿していく。石膏はCa^{2+}イオンとSO_4^{2-}イオンが結合したもので、層状に厚く堆積していれば蒸発鉱床として岩塩などとともに利用される。平たい結晶が何枚も重なったような塊も見られたので、元はある程度の厚さで層状に形成されていたものが侵食によって壊され、ばらばらになったものと思われる。しかし、ここでは、元になった石膏層の露頭を確認することはできなかった。

じつは一昨日、敦煌に着いた日の晩に行った夜市で、高安は「沙漠の薔薇」（図81）をお土産に買った。30元だったが、日本で売っているものよりも大きさの割に安かったという。「沙漠の薔薇」は石膏の結晶がバラの花状に集合したもので、このようなものが今回の旅行でも見つけられるのではないかと密かに期待していた。夜店のおばさんに産地を尋ねたが教えてくれなかった。日本も含め世界各地で土産物として出回っているものの多くはモロッコ産だと聞いたことがあるので、今回、敦煌で買ったものもそうかも知れない。

図 81　「沙漠の薔薇」（石膏の大きな結晶）

図 80　沙漠に散らばる石膏の結晶

石膏は水に溶けやすく、乾燥した条件でないとなかなか天然でみることができない。かつて高安は、島根県中海（汽水湖）の底質の柱状コアを採取して環境変遷の研究をしていたとき、分析をサボってしばらく放ったらかしにしておくと、泥のコアの表面から石膏の結晶が湧き出すように無数に析出しているのに驚いたという。

石膏の結晶が散在していた場所からそれほど遠くないところで、バスの車窓から見えた小さな工場に「芒硝《ぼうしょう》」の文字が読み取れた。この近くに芒硝（硫酸ナトリウム）が採れるところがあるのかも知れない。芒硝は肥料や薬品として多方面に利用され、漢方では下剤などにも用いられている。日本では石膏同様、化学工場で硫酸ナトリウムが生産されるのが普通であるが、ここでは今なお豊富な天然資源を有効に活用しているのだろう。

♣バルハン型砂丘で遊ぶ

午後7時頃、花土溝も近くなり、きれいなバルハン型砂丘（図82）のところで車を停め、皆、素足になって遊んだ。ここのバルハン型砂丘は、ヤルダン地形の上に吹き上げられて形成された形をしている。きわめて細粒の砂で、サラサラとしていて流動性が大きい。ここではこのような細粒砂が周辺のゴビ灘《タン》から吹き上げられて、バルハン型の砂丘を作ったのであろう。その広がりを確認するところまでは行かなかったが、それほど広域に分布しているわけではない。この地方では3～5月頃に最も砂が吹き寄せられる。このため、年に数回にわたって国道に積もった砂を排除しているという。

バルハン型砂丘は「三日月状砂丘（crescentic dune）とも呼ばれる、最も特色のある砂丘である。

平面形は三日月型で、両端は風下側へ延びている（図83）。

私たちは各々砂丘の斜面に足跡を残して、バルハン型砂丘の頂上まで上った（図84）。砂丘の頂上付近には波状の風紋がある。私たちは素足で細かく清浄な砂の感覚を楽しみながら歩き回ったり、一列に並んで一斉に左足を上げて写真に納まったり、子どもに戻りいっときの楽しさを満喫した（図85）。新しくつけた足跡も数分たつと砂の自重でサラサラと流動して、すっかり消えてなくなる。敦煌の鳴沙山の砂丘も全く同じで、足跡が数時間も残ることはない。

♣石油の町・花土溝《かどこう》

蜃気楼を遠くに見ながらさらにゴビをひた走り、午後9時頃、花土溝に着いた。柴達木盆地の北部を横断して来たことから感無量だ。花土溝は最近新しく建設された石油の町である。石油の埋蔵量

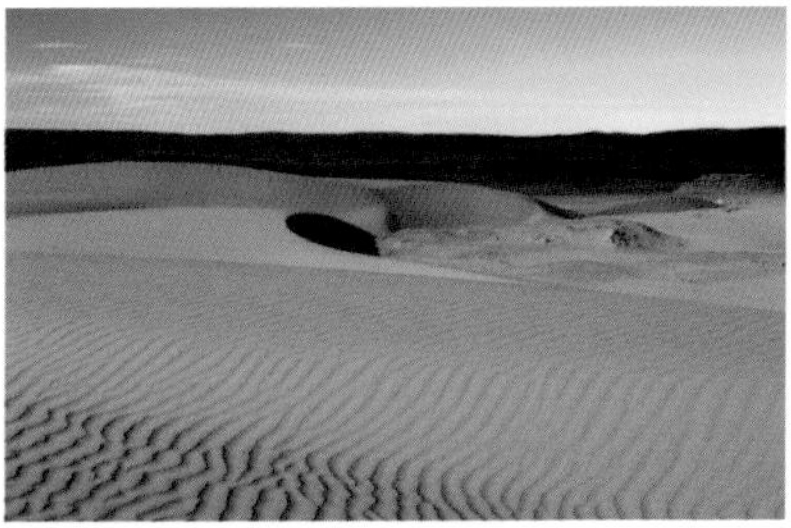

図82　平坦なゴビの上のバルハン型砂丘

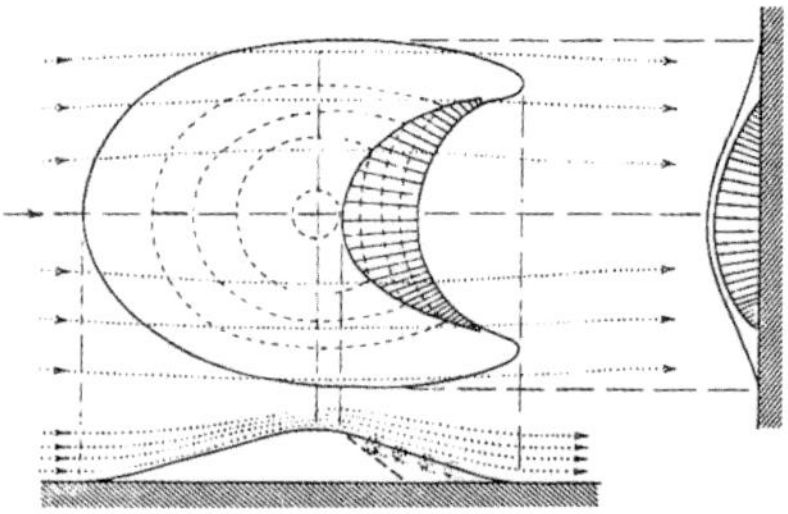

図83　バルハンの理想形と風の分布
（町田ほか編，1981）[4]

図84　砂丘に上る

は21億トン、天然ガスは2兆5千億㎥という。

新しい町のためか、多くの地図にはこの町の名は載っていない。町の周辺には多数の石油掘削機がのんびりと、しかし絶えることなく動いている（図86）。碁盤の目に配置された幅広い道路と、道路両側の街路樹が目立つ。人がほとんど見えず、町全体が死んでいるようで活気がなく殺風景だ。交通機関が発達していないためか、何㎞も長くつづく歩道には、勤務先から歩いて帰宅するさびしげな現場作業員風の人の姿が目立つ。

石油餐庁（石油会社に勤める人たちのための食堂）で夕食を摂る。かなり遅いので私たちが最後かと思ったら、もっと遅くまで注文している石油会社のグループがいた。その夜は夕食を済ませた後、石油餐庁の隣の「花土溝石油大厦」に宿泊した。

［注］
（1）2009年のチベット旅行の際、私たちの乗った天空列車は夜中にこの駅で30分以上停車した。
（2）ソリフラクションとは、凍結融解に伴う土質斜面での緩速度の物質移動の現象をいう。
（3）封大夫とは、将軍・封常清のことで、岑参はその部下であって、吐蕃（チベット）を破って凱旋する途上の詩である。
（4）町田　貞・井口正男・貝塚爽平・佐藤　正・榧根　勇・小野有五編（1981）『地形学事典』二宮書店。

図85　子どもにかえって遊ぶ

図86　花土溝郊外にある石油掘削機

８　花土溝《かどこう》から若羌《チャルクリク》へ

８月５日、ホテルの外に出て南方の山側を見ると、遠方に雪をかぶった崑崙《クンルン》山脈の雄姿がくっきりと見え、皆、その姿に感動する。今回はじめて見る崑崙山脈の雄姿である。山腹は濃緑色をしていて、この遠方だけが「自然が生きている」という実感を覚える。

今日は、柴達木《チャーダム》盆地から再度阿尔金《アルトウン》山脈を越えて北側の塔克拉瑪干《タクラマカン》沙漠側へ下る（前掲図71参照）。昨夜泊まった石油の町・花土溝は標高２９３０ｍもあるためか、十分寝たはずなのに朝起きた時すっきりしないで頭が重いと皆口々にいう。空気が薄いためだろう。花土溝の町の郊外には石油の貯蔵タンクが並び、暗灰色をした石油関連の工場やオフィスが並んでいるのが見える。

専用バスは町を出ると、標高２９００ｍレベルの広大な扇状地性の平原をひた走る。阿尔金山脈の青海省と新疆ウイグル地区とを界する山脈（阿尔金山脈は2列に分かれていてその南東側の山脈）からの扇状地である。道路沿いの山側には、天山南路でも今回もこれまでに多く見てきた扇状地の水を制御する導流堤が延々と続く（図87）。また、沙漠には天山山脈からの雪解け水を農業用に使用するための灌漑施設が延々と整備されており、灰色に濁った水が勢いよく

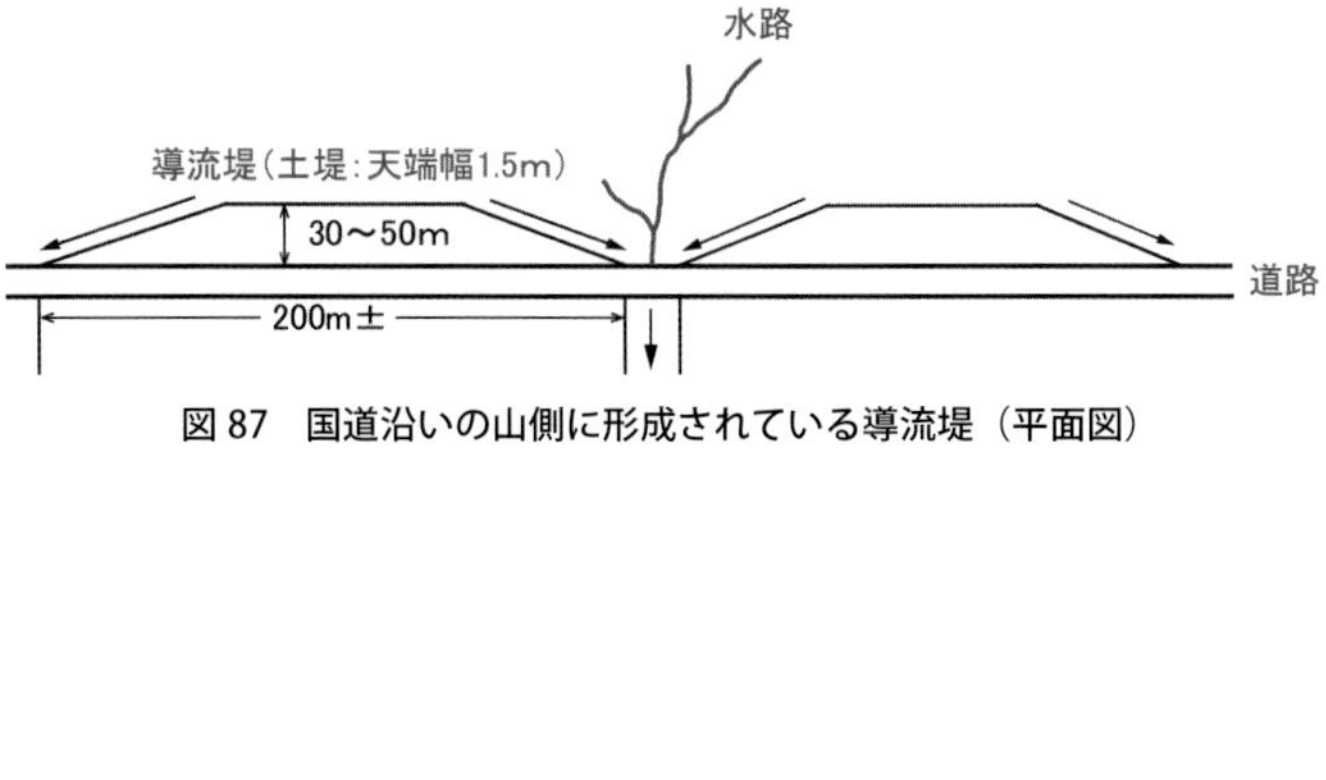

図87　国道沿いの山側に形成されている導流堤（平面図）

水路を流れている（図88）。
10時50分、阿尔金山脈の山岳地に入る前に、標高３４００ｍのところで集合写真を撮る（図89）。

♣放棄されたアスベスト鉱山跡

この扇状地の堆積地が終わる頃、つまり阿尔金《アルトゥン》山脈の柴達木《チャーダム》盆地側の支脈の岩山に入る直前、道路の真正面に雪山のような山が見える（図90）。「まだ３０００ｍもないのに…」と思っていると、ガイドの黄さんがアスベスト（石綿）鉱山の廃工場跡だという。道路は白い、かつての鉱山跡の北東端付近を抜けていく（図91）。世界では既にアスベストが問題視されていたため、この鉱山の建設に際しては地元民が猛反対したが、工場主は政府高官に高額の賄賂を渡して認可をとったのだという。

中国はカナダやロシアについで世界で3番目にアスベストの埋蔵量がある国で、甘粛省や青海省・新疆ウイグル自治区に多いという。この３つの地域は中国でも経済発展が最も遅れている地域で、アスベスト鉱山労働者12万人、製品加工労働者は１００万人にも及ぶ。そうしたことから、危険性は知りながらも、アスベストを禁止したら経済的に干上がってしまう現実がある。

雪山のように見える「雪山でない」一角は異様である。もちろん人っ子一人

図 88　沙漠の灌漑施設

図 89　これまではゴビ，これから山岳地となる

おらず、全山がアスベストの粉で真白に覆われた不気味な〝死の山〟だ。衛星画像で見ると、工場跡から南東方向に20㎞あまりにわたって、白いアスベスト粉が分布しているのがよくわかる（図91）。この鉱山跡が、シルクロードの雄大な景色を眺めて来た我々に以後、暗く憂鬱な景色として印象づけられたことはいうまでもない。

♣山間の塩類濃縮ゾーン

アスベスト鉱山の廃工場跡を過ぎるとすぐに峠となり、そこから北側は再び阿尓金山脈の南北両側の山地に挟まれた広い谷（幅40㎞あまり）となる。そこには南北両山脈からの緩傾斜の灰白色をした扇状地性のゴビが広がり、国道の両側には前述したような導流堤が続く。国道はその両扇状地の中を突っ切っている。両支脈の中間付近では南北の扇状地が接しており、その付近一帯はアルカリ塩類の集積地となっていて、さらに白っぽい（図91）。峠下のアスベスト鉱山跡寄りの国道側は、両扇状地からの伏流水が集まる谷間で、広大な湿地帯となっており（図92）、その北方延長を国道が横切っているのが衛星画像からわかる。

図 90　雪山のような“死の山”アスベスト鉱山跡

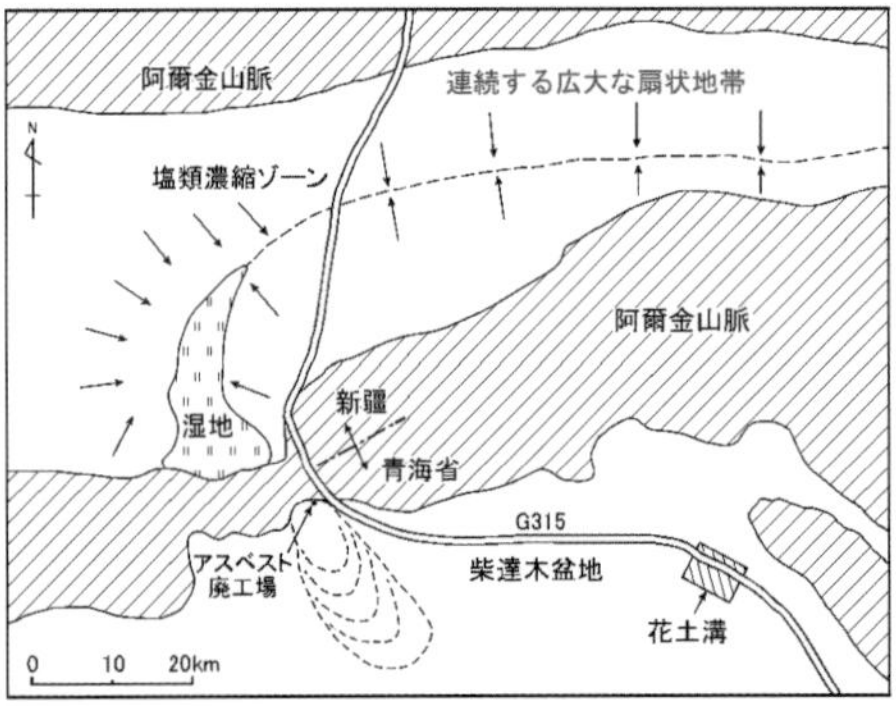

図 91　アスベストの分布範囲と塩類濃縮ゾーン

♣解放軍の第36団農場

阿尓金山脈（標高3500mほど）を越えて塔克拉瑪干沙漠側へ下り、標高1000mほどのところにある第36団農場に至る。この集落は、四川省・海南省から入植者が作った「新疆生産建設兵団」—いわば現代版屯田兵団—の町である。正式には「新疆ウイグル自治区バエンゴル盟蒙古自治州農墾三十六団」という（盟は地域の意味）。ここの団農場は1965年にゴビ灘の中に人工的に作られた町で、人口は1万人足らずのようだ。団農場ができる前は「ミーラン（漢語では米蘭を当てた）」という数十戸の小集落であったという。現在この団農場は新疆地域の開発の仕事が中心であるが、いざという時には、ウイグル族の独立運動やイスラム過激派制圧のために置かれているらしい。

♣米蘭《ミーラン》故城の見学

第36団農場で、ランドクルーザー3台をチャーターして、北方5kmほどの沙漠の中にある米蘭故城へ向かう（図93）。ここは漢に滅ぼされた楼蘭《ローラン》国（鄯善《ぜんぜん》国）の城跡の一つである。イギリス人のスタイン（1862—1943）によって1907年と1914年に発掘されて、3〜4世紀頃まで鄯善国の都城であった打泥《かんでい》城の遺跡と判定された。かつて中心都市であった楼蘭城からは、約300kmほど南に位置する。現在、城跡は広大な鉄柵で囲まれていて、係官の

図92　扇状地からの伏流水が集まる谷間

図93　米蘭故城の城砦を遠望する

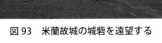

一人が入口の鍵を開けて車を入れる。10分足らずで、沙漠の中のヤルダン地形の一角のようにしか見えない風化した日干し煉瓦の建物のあるところで下車した。この辺が米蘭城跡だという（図93）。私たちの他に見学者はいない。

文献には「１９７０年代の発掘で、大量の吐蕃（チベット系民族）文字で書かれた木簡や兵器が発見されたことから、唐代後期に作られた城郭都市で、その後廃棄されたと考えられている。城郭は１辺約60ｍから90ｍの不規則な方形で、周囲は約３１０ｍ、城壁の厚さは6～9ｍ、城郭の角には物見台の跡が残り、南都西の城壁には城門跡と想われる崩れたところがある。さらに城壁南面の外には高さ９ｍの小城も残る[1]」と記されているが、現地ではそれらしいものは見えないし、そういう説明も一切ない。

ここでの写真撮影は、カメラ1台につき１００元だという。そのため中家のカメラだけを使うことにして、１００元を渡す。米蘭故城の中で目立つのは中央にある仏塔（米蘭第3寺址、図94）である。この仏塔は、砂の上に粘土分の多い土と粗朶《そだ》のような植物とを40～50㎝おきに層状に挟みこんで版築《はんちく》で固めた土台の上に、直径３ｍほどの円筒形―頂部は半球状に丸い―で、風化した日干し煉瓦で作られていて、土台と同じ肌色をしている。ただこの部分は唐代のものではなく、後に再建されたものである。仏塔の前面の土台部分には7、８段の階段が刻まれているが、これは磨耗がひどいから、当初のものであろう。

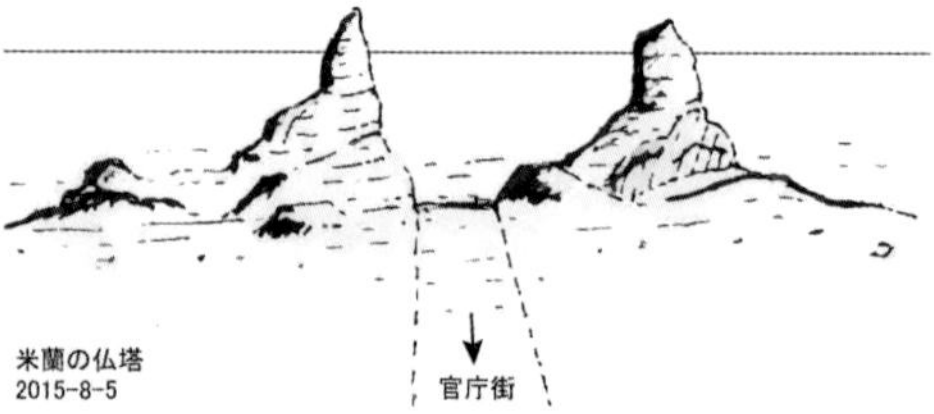

図 95　官庁街の入口の仏塔

図 94　米蘭故城の仏塔

この仏塔から50ｍほど離れたところはやや高くなっており、故城の官庁街であったらしい。その入口には既に形の崩れた2つの仏塔が通路の両側に建っている（図95）。これも、奥にある官庁街の旧建物とされるが、一見するとヤルダン地形の削り残しのようにしか見えない。ただ違うのは、よく見ると天然石の塊ではなく、版築で粘土を固めたもので、やはり粘土の間に40～50㎝の間隔で粗朶《そだ》様の植物が厚さ10㎝くらいで挟み込まれている。

官庁街地区の床部には、かなり小さく割れた陶器のかけらが多数認められる。「金貨が見つかったこともありますよ。皆さんも捜してみたらどうです。」と黄さんがけしかけるが、そう簡単に見つかるものではあるまい。この城市は崑崙山脈側からの洪水に襲われて放棄されたもののようである。文献を読むと、この地点がスタインが付けた番号のM_3のようで、平凡社の『世界大百科事典』には、米蘭遺跡について以下のように記されている。

> 鄯善はローラン（楼蘭）が洪水のために一旦滅びたあと、漢が再興した都市である。スタインによれば、第一の古跡M_1（彼がつけた番号）は唐代、チベットの占めた城である。その北に第三、第五の古址M_3、M_5があり、北西には第二の古址があり、いずれも仏教寺院跡であった。M_3古址とM_5古址は相似た建築で、日干し煉瓦で積み上げられた、1辺9ｍの

図96　日干しレンガで築いた城壁

図97　葦と泥とを重層して固めた城壁

方形の平面形状であるが、その中心に円形（直径2・7m）の塔があり、その塔をかこんで周歩廊が環状に作られている。その周歩廊の壁には壁画を上下2段に描き、M_3では、上部に釈迦の伝記、下方の腰張りにはるネット（半月部分）に有翼天使24体を配していた。（中略）

現在、米蘭の遺跡現場では前述のような円筒形の仏塔を見ることができるものの、他の存在は全くわからない。1907年にスタインは古寺址群から様々の文物を発掘し、古寺址群が城砦より古い時代の遺跡であることを証明した。スタインの発掘した文物で最も偉大なものは、M_3古寺址の「仏伝（釈迦の伝記）」（図98）と「有翼天使像」（図99）、M_5古址の「ガーランドを担ぐ各国童子」である。「仏伝」中で説法する釈迦は眉も黒々と髯さえ蓄えており、キリストに類似する。これは中国的であるよりは西方的といえよう。また有翼天子が前髪を剃り残しているのは東方的である。これらは、現在ニューデリーの考古博物館に所蔵されているという。1911年、第3次大谷探検隊の橘瑞超もこの米蘭のM_3、M_5古寺址の壁画数点を持ち帰っており、壁画の一部[3]は現在東京国立博物館に保管されている[4]。

こうした美しい壁画はヘレニズム文化の粋といえる。米蘭には2つの高揚期があった。一つは『漢書』西域伝に記されている鄯善国の首都があった時代（紀

図98　仏伝の壁画（井上ほか，1980）[2]

図99　有翼天使像の壁画（井上ほか, 1980）[2]

元前漢時代から4世紀末までの約500年）である。鄯善国は5世紀後半、南の青海地方から進出した吐谷渾《トヨクコン》（4～9世紀、黄河上流青海地方にあったチベット系の国家）に滅ぼされた。7世紀には吐蕃が進出し城砦を建設した。

米蘭故寺址群は出土文書から3～4世紀のものと推定されている。400年にインドへ求法の旅に出た法顕（339?―420?）は米蘭について、「国王は仏法を奉じ、僧四千余」と記している。

井上靖[5]はここで「米蘭」というロマンに満ちた散文詩を書いている。

二千年前のしゃれた城市が眠っている沙漠の上を歩く。砂にはやたらに石英が混じっている。有翼天使像の壁画が出てきた遺跡だ。どうしてしゃれた町でないことがあろう。いろいろな眼と肌の色をした男と女たちが、一人残らず恋をし、踊り、翼を持った美しい混血児を生んだ町だ。いつかわからないが、一夜、洪水が何もかも押し流した。洪水以外にこのしゃれた町の葬り方はなかったのだ。

井上靖が想像したように、この地はたしかに、阿尓金山脈側からの雪解け時の洪水によって一気に押し流されて滅んだ可能性が高い。それはちょうど、台湾南部の小林村が2008年の台風8号の豪雨によって、一夜にして住民600人余とともに滅んだようなものだろうか…。

［注］

（1）萩野矢慶記（2006）『タクラマカン―シルクロードのオアシス』東方出版。

（2）井上　靖・長澤和俊・NHK取材班（1980）『シルクロード第4巻　流砂の道―西域南道を行く』日本放送出版協会。
（3）有翼天使像はスタインや橘瑞超が持ち帰ったものなど複数が知られている。
（4）熊谷宣夫（1955）「ミーラン第三及び第五古址将来の壁画」美術研究179号。
（5）井上　靖（1993）『シルクロード紀行　上・下』岩波書店同時代文庫。

9　若羌《チャルクリク》から且末《チャルチャン》へ

8月6日は広島の原爆記念日である。中国がかつて繰り返し核実験を行ったとされる塔克拉瑪干《タクラマカン》沙漠で、昨年（2014年）同様、私たちは祖国日本の平和を祈って黙祷した。

9時過ぎにホテルを出て、しばらくすると灰白色の流沙の沙漠が延々と続く。専用車は沙平線（私たちはこう呼ぶことにした）しか見えないその灰白色の沙漠を、且末に向けてひた走る（図100）。車窓の風景を見て、西域南道は〝流沙の道〟との感を強くする。そんな中でも国道に沿って2本の電線だけは延々と布設されていて、人間の力を感じる。

10時頃、崑崙《クンルン》山脈の奥に降った大雨による洪水で道路の一部が破損しており、工事中のため片側通行になっている。私たちは北京空港で烏魯木斉《ウルムチ》行きの飛行機が異常降雨で大幅に遅れ、どうしたことかと思案していたが、その理由がこれであったと理解できたと同時に、この先どんな難関が待ち受けているかと、皆しばし脳裏に不安がよぎった。山側の氾濫状況を見ると、洪水流は沙漠の上を幅数㎞にわたり面的に流下したようで、相当の流量である。この流量では、前述したような通常の導流堤では役に立たないだろうと実感する。

♣砂嵐と防風林

且末《チャルチャン》に近づくにつれて風が強くなり、小休止をする間も口の中がざらざらになるほどに細粒の沙が飛来する。ゴビ灘《タン》ではなく、まさに〝流沙の沙漠〟だ。ガイドの黄さんが「カメラはくれぐれも外に出さないように」と注意する。

この付近の国道沿いには防砂防風を兼ねた防風林の並木が続く。その構造は一定しており、国道のすぐ近くは高さ5～6mの柳1列、その外側には高さ14～15mのポプラ（挿し木で増やすらしい）が3～4列、そしてさらにその外側は、高さ5～6mの棗《なつめ》の樹林帯（沙棗）の畑となっている（図101）。

ポプラは元来水を好む木で、道路沿いの水路わきに植栽されている。乾燥と塩分に強いうえ、湿地に生えるという特性が、西域の街路樹として選ばれた理由である。沙漠やゴビは荒涼とした殺風景なイメージで

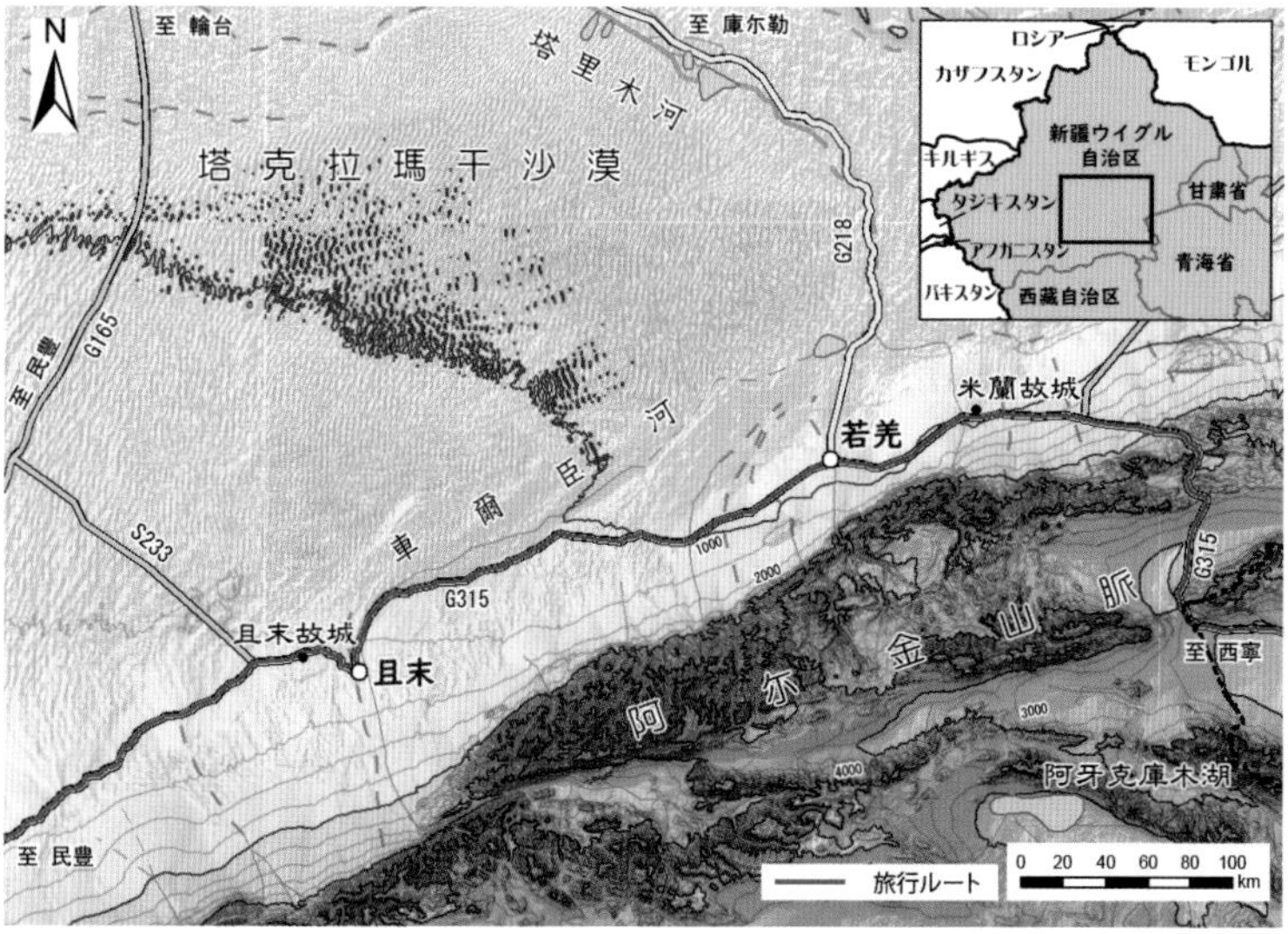

図100　若羌～且末周辺地形図

あるが、視点を変えれば過酷な環境に適応して生き抜く植物がいることに驚く。新疆から帰国するといつも不思議なエネルギーを感じるが、こうした植物のパワーを享受しているのかもしれない。

沙棗は春先には直径15㎜ほどの黄色の4弁の花を咲かせ、甘く官能的なにおいを放つ。清の乾隆帝の貴妃であった香妃の体臭は、この沙棗の匂いであったと言われている（図102、103）。今の時期には青い実がなっていて、これが秋になり熟すと朱色に変わる。それを乾燥させると、甘くておいしい乾燥沙棗である。栄養価もかなり高いという。今村は、かつてアルジェリアでよく食べたナツメヤシの実と形も味も全く同じなのに驚いたという。もっとも沙棗のほうが元祖なのだが、ナツメヤシは雄株と雌株があって、雌株には実がなる。サハラの羊飼いの子供は、それを10粒くらい持たされて一日羊の番をするのだという。それくらいで昼食分のカロリーがあるらしい。おそらく沙棗も同じだろう。

♣胡楊樹群落の雄姿とタマリスク

北方の阿尔金《アルトウン》山脈の北側支脈は且末《チャルチャン》付近で終わり、それより西は崑崙《クンルン》山脈の風景となる。砂嵐となる風の強さと関係しているのだろうが、この付近には胡楊樹《こようじゅ》（Populus euphratica）の群落が多い（図104）。胡楊樹は、なかなか趣のある樹である。それぞれの胡楊樹（2本のこともあるが、たいていは1本）が

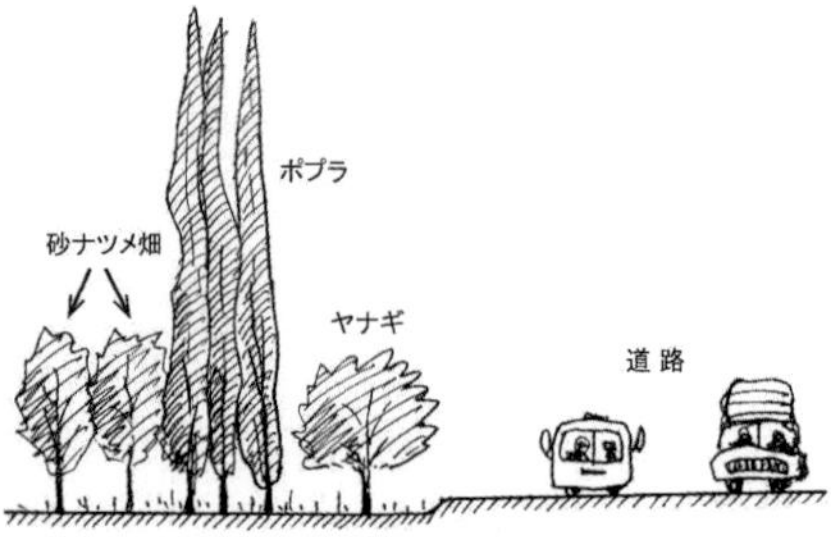

図101　若羌－且末間に多い防風林の構造

図102　香妃が好んだ沙棗の木
（2011年，喀什・アバクホージャ墓廟）

4～5ｍほどの一つの砂のマウンド（土包子：土饅頭）の上に立っている。その姿は武骨な老人が万歳をしているように見える。結果的にこういう形で残るもので、樹高は10～15ｍくらいで、頑丈な幹の上に割と疎な緑の葉をつけている。

胡楊の和名はコトカケヤナギと言い、ポプラ科の仲間（中～低木類の植物）で、南新疆の沙漠地帯の河沿いに生えている。乾燥に強く、根は樹高よりも深く最大14ｍにも及ぶという。成長は遅く、「胡楊は生きて千年枯れず、枯れて千年倒れず、倒れて千年腐らず」と言われるほどである。面白いことに1本の木に3種類の葉をつける特徴があり、葉の形状は柳のような狭長楕円形の葉、三角状円形の葉、中間の長楕円形の葉の3種類である。若い枝にはポプラのような広い葉をつけ、だんだん狭くなっていき、古くなった枝には柳のような細い葉に変化するのである。

胡楊は１９５０年代頃から絶滅危惧種に指定され、中国では禁伐のため枯死した枝を薪にする程度である。薪以外にもウイグル族の人が亡くなると、胡楊の幹を船状にくり抜いて皮を被せ、前後を板で塞ぎ沙漠に埋葬するそうだ。新鮮な胡楊を刺せば亡き人の罪を減らすことができ、安らかに眠ることができるといわれている[1]。

中国のインターネット「百度」によると、この木は落葉樹で秋には黄色に変わって落葉するらしい。井上靖が「みな枯れている」と書いたのは（後述）、秋の黄

図 103　沙棗の花（ウィキペディアより）

図 104　胡楊樹の雄姿

葉時期に見たのかもしれない。寿命は200年くらいで、大変生命力が強く、乾燥にも風にも塩分にも強い。とはいえ塩分1％以下でよく育ち、2～3％になると育ちが抑制されるらしい。地下水位が4mより低いと育たない。逆にいうと、この群落地帯には地下4m以浅に地下水があるということだろう。

見晴すはるか沙平線まで胡楊の群落が埋め、それがみんな枯れている。枯れてから何年経ったか、何十年経ったか知らない。これだけ壮絶な墓所は、地球上にそうざらにはないだろう。月光を配すると、立ち枯れの木という木が、みんな身をくねらせて、舞踏をするという。本当にそうするだろうと思う。ゴビも、沙漠も月も、本来の太古のすがた相を取り返すには、これだけの胡楊の大群の死が必要だったのだ。

これは井上靖が1980年に新疆ウイグル自治区のタクラマカン沙漠のいくつかのオアシスを訪ねたとき（中国とNHKの共同取材に便乗して訪れたとき）の、「胡楊樹の死」という詩である。[2] この「胡楊樹の死」の場所がどこであるかは明記されてはいないが、喀什《カシュガル》、莎車《ヤルカンド》、和田《ホータン》、于田《ケリヤ》、民豊《ニヤ》、且末、若羌、米蘭《ミーラン》といった町のどこかへ向かう途中の光景だとすると、この辺（若羌～和田）のことかもしれない。ただ、現在この付近の群落は〝死の姿〟ではなく、まだ壮年期の状態にあるが（図105）、ここと同じ土地かはわからなくとも、そう離れたところではあるまい。この几帳面ともいえる胡楊樹のマウンド（土包子）がどうやって形成されたかはわからないが、若羌～和田間の植生状態から思い描くと図106のようになろう。

平坦な砂原に蘆などの草本類が生えると、その付近は砂が草本に引っかかって停滞し、かすかな高まり（タマリスク・コーン）が生じ、砂は風でも水でもやや流亡しにくくなる。そうすると、高さ2～3ｍに柳やタマリスク（紅柳）などの低木が生育し、それにともなってマウンドもやや高まる。その根の緊縛力によって土壌の固結度がよくなり、それにつれて柳などの低木も胡楊樹の低木も5～6ｍくらいに成長できるようになり、それらの根の緊縛力によってマウンドも次第に高くなる。柳やタマリスクなどは強い風で5～6ｍより高くはなりづらいが、胡楊樹は風に強く（耐風性）、耐塩性、耐水性が強いため沙漠での生命力が強く、かなり乾燥していても高さ10～15ｍ、幹の径1・5ｍくらいに成長する。こうなると、一つのマウンドの上に数本も成長することはできず、そこで淘汰が行われて、結局、一つのマウンドには1、

図 105　若羌－且末間の胡楊樹の群落

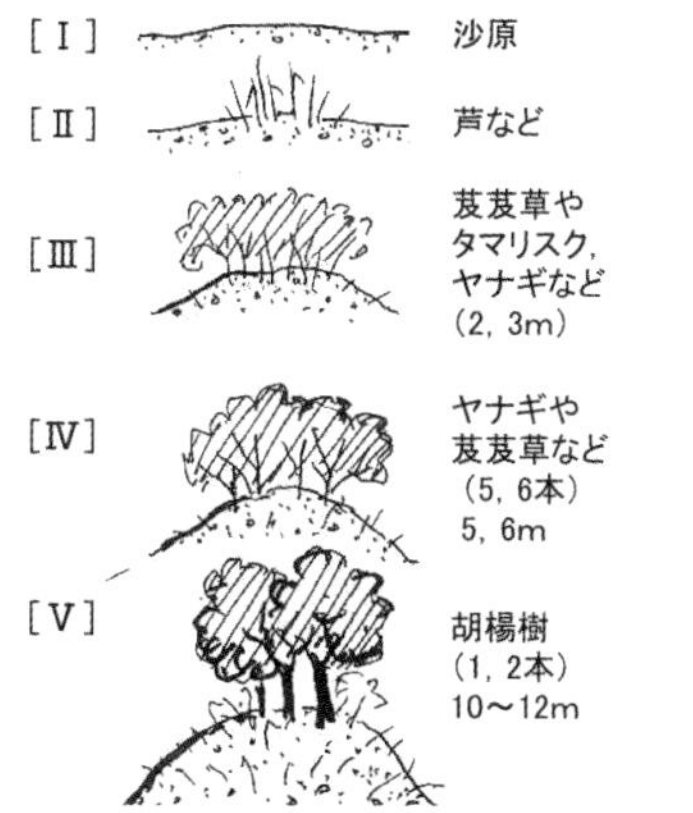

図 106　砂丘マウンドの形成と植生相の変化

図 107　砂が風下に堆積したネブカ

図 108　タマリスク・コーン
数ｍの小山にもなる.

2本というケースが多くなる。こうして、几帳面ともいえる生育形態ができていくのではあるまいか。

—胡楊樹を見て自由詩風に—

静寂の中の沙嵐、空暗くして　崑崙は見えず
武骨者の胡楊樹は、万歳をして土包子に立つ
風よ来い、沙嵐よ来いと、両手を高く挙げ
100年も200年も、ただ一人土包子に立つ。
沙と風とが彼を、日一日と葉（歯）のない頑固者に変えていく。
これもまた、沙漠の描く〝美〟なのか。

ここで少しタマリスクについて資料から補足しておく。タマリスクは学名 Tamarix のカタカナ読みで、漢名は御柳《ぎょりゅう》（檉柳）である。ギョリュウ科に属し、乾燥に強いだけでなく耐塩性に優れ、典型的な低木だが大きいものでは高さ6mにも達する。乾燥地でも根を深く長く伸ばして、水分を強く吸収する植物である。そのため、オアシスから遠く離れた土地でも、道沿いにタマリスクが群生している（図109）。葉は1～2㎜の披針形で、鱗片のような小さな葉を数多く茎に密着してつける。タマリスクは枯れてから砂に埋まって残り、沙漠地帯の人にとっては貴重な薪炭材となる。主にユーラシア大陸中央の乾燥地帯に分布し、4属約120種が知られている。

このような流沙の沙漠を眺めているとヘッセの詩『どこかに』を思い起こす。

人生の沙漠を私は焼けながらさまよう。
そして自分の重荷の下でうめく。
だが、どこかに、ほとんど忘れられて
花咲く涼しい日かげの庭のあるのを私はしっている。

〝人生の沙漠〟を体験したことはないが、こうして毎日沙漠を見ていると、ヘッセが喩えて使った〝日陰〟がどこかにあるように、こういう過酷な本当の沙漠のどこかにも、〝眼に見えない日陰〟があり、死に果てることのない〝生〟がうごめいていることを感じる。万歳をした胡楊樹や、ウイグル族の人々の笑顔がその証拠であろう。

国道G315号もこのあたりでは車両の通行も少ない。「60~70歳の初老の人間のやることか」と笑われそうだが、私たちは広い国道の片側車線いっぱいに広がり記念撮影をした。その後、且末の町の手前で砂を多く含む水量の多い河幅100m前後の河(東尓《チャル》臣《チャン》河)の写真を撮った(図110)。ここでは波打って滔々と流れる河も、少し下流の沙漠に入ると消えてなくなるかと思うと、沙漠の大きさを思い知らされる。

図109　タマリスクの群生

図110　滔々と流れる東尓臣河

♣且末《チャルチャン》故城

現在の且末は崑崙山脈の北麓にあり、且末河を水源とするオアシス都市である。且末県は人口7万人（2019年）、面積13・9万㎢で新疆ウイグル自治区で2番目の大きさの県であるが、45％は山地、17％が沙漠である。且末は漢代の「且末国」の故地で、『漢書』西域伝第六十六（上）には次の記述がある。

且末国は、王が且末城に治《みやこ》し、長安を去ること6820里、戸数230、人口1610、将兵が320人いた。輔国侯・左右の将・駅長がそれぞれ1人いた。西北は都護の治所まで2258里。北は慰犂国に接し、南は小菀国まで徒歩3日ばかりの行程である。蒲萄などの果物類がある。西は精絶国に通じ、2000里である。

現在の且末から約6㎞北東にある且末故城（ウイグル語でラリケック）を見学した。この付近は標高1237mだ。且末故城は『漢書』西域伝が示すように、漢代三十六国の一つである。ただ、現地は沙漠のため、ランドクルーザ3台をチャーターし分乗して見学した。

沙漠への出口、つまり故城の入口には「且末故城」という石碑があり、その前を通り過ぎて沙漠の中に入る。故城の周辺はすべて鉄柵で囲まれており、入口の鍵を開けて中に入る。車は草一つない砂原をもうもうたる砂塵を上げて10分ほど走り、ヤルダン地形の一角のようなところで止まった。今村たちのドライバーが担当係官らしく、皆に「この中では絶対写真は撮らないでください」と厳しく言う。しかし、中家の車のドライバーは気のよさそうなウイグル人で、覚えたてのウイグル語「ヤクシモセイス（こんにちは）」「ヤクメッツ（ありがとう）」を連発すると、にこやかに応対する。ジェスチャーでカメラ撮影のポーズをすると「ＯＫ」との返事。中家は担当官の目を盗んで周辺の景色を撮影した。別れ際、「ハルホッシ（さようなら）」にドライバーは笑顔で手をあげた（図112）。

且末故城は東西１㎞、南北２００ｍの範囲で、漢代の城市の遺跡と考えられているが、まだほとんど調査がされていないため、写真撮影を禁じているのであろう。１９８５年９月に古代の毛織物や死体・遺骨を納めた墓器、陶器片、弓矢、などが発見されて、漢軍の屯田兵の駐屯地の町の跡であることがわかっている。ただ、沙漠のなかにヤルダン地形の残り物のような岩塊があちこちにあるだけで、私たち素人には、城門も城壁らしきものも見えない。かつての遺跡の跡といった感じが全くないのだ。

写真撮影が禁じられているため、遺跡と指示された箇所を今村は一心にフィールド・ノートにスケッチした（図113）。係官は「貨幣が見つかるかもしれませんよ」という。今までに貨幣が見つかったことがあるらしい。たしかに付近には陶器片や鉄片、鉄器の破片、ガラス片などは多数散在している。だが、今村はそれらを探すことはやめて、せっせとスケッチをしていた。係官も岩塊が何を示すのかの説明はできなかった。彼自身わからないというのが正直なところなのだろう。

図 111　且末故城に向かう

図 112　ランドクルーザのドライバー

北方の沙平線の彼方が塔克拉瑪干砂漠の方向だろうし、南の一方の沙平線の彼方に植生がかすかに見える方向が且末の町の方角のようだ。且末故城もかつての米蘭の町と同様に、崑崙山脈からの洪水で滅びたのであろうか。故城跡に立つとそんな思いが心を騒がす。

♣広大な沙漠の漠とした不安感

植生が全くなく、沙平線の彼方まで荒涼とした喉の渇く沙漠の光景を眺めていると、私たちのように緑の多い国に住みなれた人間は、突然、漠とした不安感を覚えることがある。

中唐の辺塞詩人・岑参《しんじん》（715―770）が辺塞の兵士の一人として山岳地の多い西域、吐魯番《トルファン》付近の塔克拉瑪干沙漠の光景を詠んだ七言絶句『磧中作《せきちゅうさく》』は、私たちが旅している沙漠の光景を彷彿とさせる。私たちは毎晩泊まるところは決まっていて何の心配もないが、沙平線の彼方まで延々と続く荒漠たる塔克拉瑪干沙漠を走っていると、この歌の光景がぴったりのように思われ、

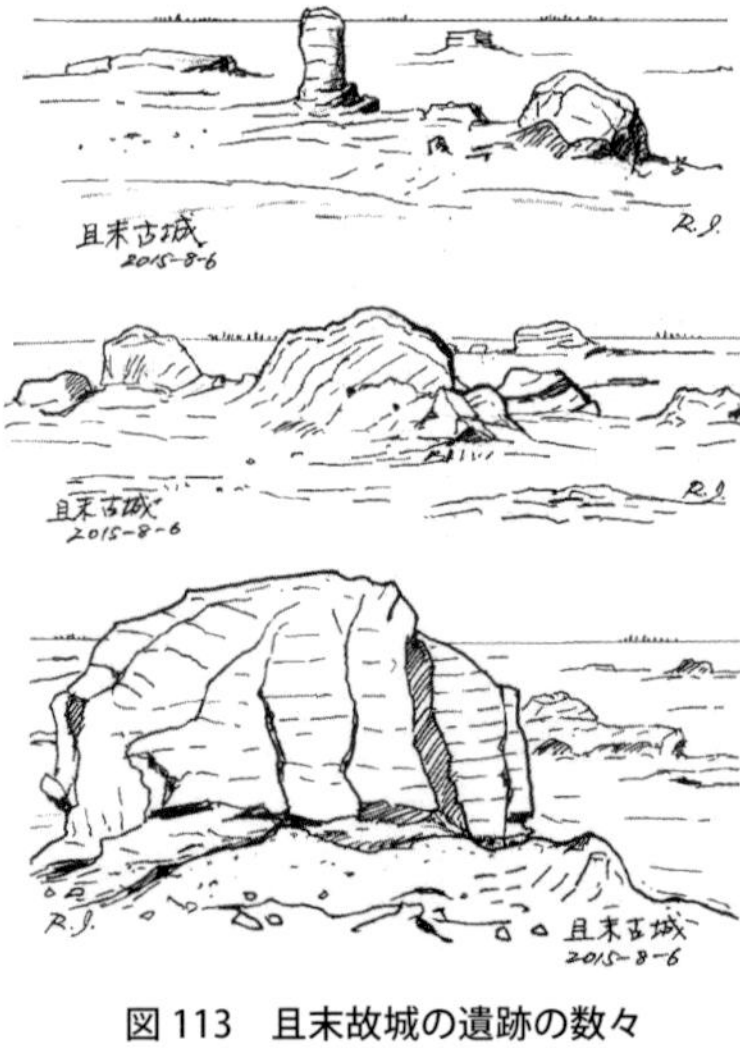

図 113　且末故城の遺跡の数々
大きな岩のように見える版築の形跡.

図 114　城砦

図 115　葦と泥による城壁

詩にある漠とした不安が想像され胸を打つ。

走馬西来欲到天　　馬を走らせ西に来り、天に到らんとす
辞家見月両回圓　　家を辞してより、月の両回円くなるのをみる
今夜不知何處宿　　今夜知らず、何れの処にか宿せん
平沙萬里絶人烟　　平沙万里、人烟《じんえん》を絶つ
（馬を西へ西へと走らせて、天に行きつかんばかりに遠くまでやって来た。
家を出てから、もう2回も満月を見た。
今夜はいったいどこに宿をとったらいいのだろうか。
見わたすかぎりの沙漠が彼方まで続き、人家の煙は一筋も見えぬ。）

法顕（339?—420?）は敦煌〜鄯善国（楼蘭）間のこうした流沙の沙漠を35日間歩き続けて横断している。その時の様子を『法顕伝』に、次のような壮絶な記述で残している。

沙河「敦煌〜鄯善国間の大沙漠」はしばしば悪鬼・熱風が現れ、これに遭えば皆死んで一人も無事なものはない。空を飛ぶ鳥もなく、地には走る獣もいない。見渡すかぎりの広大な沙漠で行路を求めようとしても拠り所がなく、ただ、死人の枯骨を標識とするだけである。

♣且末《チャルチャン》のバザールを訪れる

午後6時、久しぶりに早くホテル（4つ星の「華豫国際酒店」）に到着した。まだ日が高いので、近くにある且末大バザール（且末大巴扎）に皆で繰り出した。入口には多数のバイクが止められていた割に人は多くない。私たちが興味があり買いたいと思ったのは、沙棗や乾燥梅・干しブドウなど、持ち帰るのに軽い食べ物だけである。その他には欲しいものはない。

バザールには道の両側の常設店と、道の真ん中に出されている屋台形式の店があり、屋台では果物や乾燥物が中心である（図116）。ガラス器や彩色豊かな陶器（高級でない）の店、カラフルな衣服生地店（図117）、家具店、雑貨店などが並ぶ。バザールの奥行きは100m程度で大きくはない。店員は美味しいものを推薦するなど、なかなか親切である。

メンバーの尾上が飛び込んだ洋装店は、お土産用になりそうな多くの衣類が並んでおり、店には、ウイグル族の上品できれいな50歳代のご婦人と孫娘らしい2歳くらいの女の子がいた。店の人は服装がカラフルでそれも原色の洋服なので、メンバーは夢中でシャッターをきった。そうしている内に、婦人の娘2人（1人は男の子を抱いていた）が帰って来て話に加わる。その2人もまた美人なため、一同モデル撮影会となった（図118）。上の娘さんが子どもたちの母親らしい。母と娘2人のはずだが、3姉妹のように見える（図119）。3人ともたい

図116　屋台形式の果物店

図117　女性衣服専門店

へんきれいで、服装も多少派手であるがセンスが良く、カラフルな原色の服装が良く似合う。東京銀座の街角に出しても、そのセンスは人目を引くだろう。ウイグルの女性が色とりどりのスカーフ（女性はほとんどスカーフを身につけている）やスカート、ワンピースなどを好み、またそれが良く似合ってセンスが良い点は、日本人や中国人とは全く違う。顔立ちはもちろんであるが、概してスタイルが抜群である。

その場を立ち去ろうとしていると、学校帰りの3、4人の小学生が好奇心に満ちた屈託のない笑顔で、私たちに話しかけてきて、ビデオカメラをのぞきこみ、自分たちの姿を確認し、大きな目を輝かせる。世界中どこへ行っても子どもたちの笑顔はすばらしい。こうしている間、同行の女性たちは半ば呆れて、果物売り場で盛んに試食していた（図116）。

［注］
（1）NHKTVスペシャル「シルクロード紀行　流沙の道」
（2）井上　靖（1993）『シルクロード紀行　上』岩波書店同時代文庫。

図118　美人の母親と2人の娘

図119　ビデオカメラをのぞき込む母娘

10 且末《チャルチャン》から和田《ホータン》へ

８月７日、今日は且末を出て民豊《ニヤ》まで３１４㎞走り、民豊で昼食をとり、午後さらに３００㎞走って和田に至る合計６１４㎞の予定で、今回の旅では最大の行程である（図120）。

♣水の無い川

且末はゴビ灘《タン》に囲まれた町で、国道の両側は薄紫紅色をしたタマリスク（御柳《ぎょりゅう》）の群生地である。沙棗《すなつめ》の樹も多い。この周辺のゴビは、土のマウンド（土包子）が多く、その形成順序はこの地域を総合的に見て、沙原→蘆などの草本→タマリスクや柳などの低木→高木になった柳→胡楊樹と遷移するようだ（図106参照）。

この付近の道路は高速道路ではなく一般国道だが、「低振動道路」と呼ばれるだけあって、高速道路並みの舗装がなされていて振動が少なく快適だ。

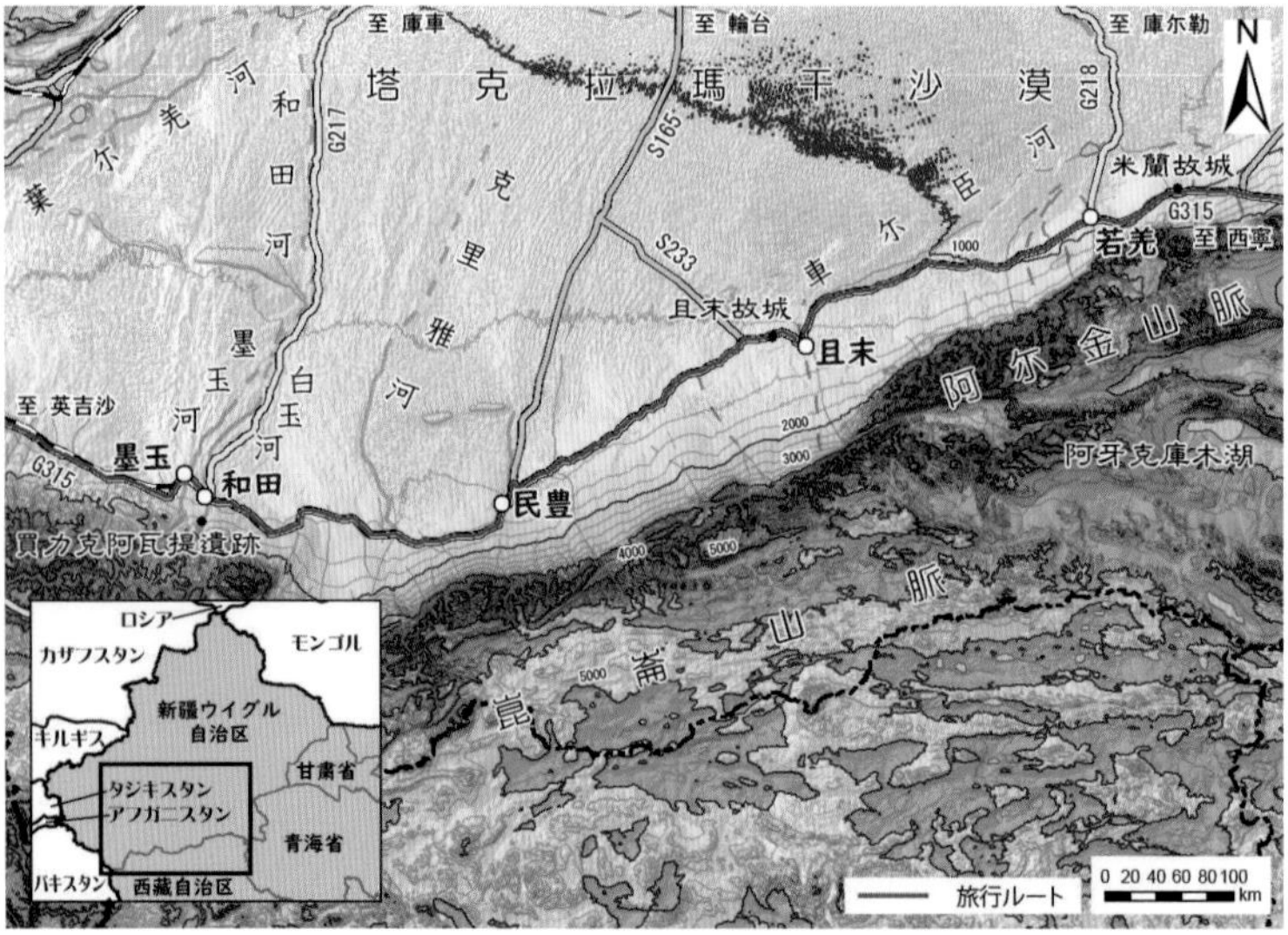

図 120　且末〜和田周辺地形図

この地域では「水」を、①崑崙山脈からの雪解け水である地表水を「牡水《おすみず》」、②地下を伏流してきた地下水を「牝水《めすみず》」と呼んでいる。崑崙山脈から多くの河川が塔克拉瑪干《タクラマカン》沙漠に流入する様子が地図に描かれているが、実際にその地図上の河川を国道が横断すると、流水のない川が多いことに気づく。大半が国道より上流側で伏流しているのだ。地図に描かれた河川の真下を伏流しているかどうかはわからないが、雨期には表流水が生じるのだろう。この「牡水」の荒々しさは、古代の米蘭《ミーラン》や且末が滅亡した事実からある程度はうかがえるが、その日のうちに思い知らされることになるとは、昼食時までは思いもしなかった。

午前11時ころ、第38団農場（この町も人民公社時代に人工的に作られた町で、こういう番号の付いた町は中国の各所にある）で検問があり、パスポートの提出を求められた。「紛争の多いいわくつきの和田《ホータン》の手前だから仕方ないだろう」と納得する。私たちは割と簡単に済んだが、地元のバスではもっと厳しく調べられるらしい。埃っぽい検問所の前には、土嚢がコの字型に積んであり、外側（道路側）を銃撃できるようになっている（図121）。

第38団農場の検問所を少し行ったところにY字型の分岐点があり、路傍に「２０１５㎞」という距離標がある。今年が西暦２０１５年であることから、そこで下車して記念撮影をした（図122）。Y字の左側には「西寧《せいねい》・且末」とあり、右側には「民豊・和田」とある。つまり、且末と民豊の中間にある距離標で、

図 121　機関銃を抱えて検問する兵士

図 122　国道の距離標（2015㎞）で記念撮影

青海省の省都・西寧から2015kmの地点である。この国道G315号の全長は3063kmであり、終点の喀什《カシュガル》までの距離は残り1048kmである。

民豊の少し手前（民豊と牙通古孜河《ヤートングーズー》との間）に、国道G315号から真北に分岐し、塔克拉瑪干沙漠を横断して輪台《ルンタイ》を経て庫車《クチャ》に行く国道があり、路傍には「塔里木《タリム》沙漠公路」という石碑が建っている（図123）。この国道を約800kmほど北東に行くと、塔克拉瑪干沙漠を横断して、天山南路の要衝の地、庫車に着くわけである。

午後1時30分、国道が水量の多い川を渡るので、休憩を兼ねて散策する。崑崙《クンルン》山脈の雪解け水が流れ込み、湿地帯になっているところを厚い板で作った歩道を歩いて河に出る。「尼雅《ニヤ》河」である。歩道の終わりは幅広い湖状になっていて、「草湖」と呼ばれている（図124）。その湖のすぐ上流側をいま通ってきた国道が走り、河水はその下を流下して大きく広がり、この湖となる。湖では釣り人が数人見える。桟橋には刺し網のような漁具が見られることから、たくさんの魚類が生息していると思われる。

湖へ行く板張りの歩道の周りの葦原となった湿地帯はゴミで汚いのが気になる。湖の流末はこのすぐ下流で沙漠に染み込み消滅するのだ。地図でも50kmくらい北（下流）の地点で、河川を示す青色記号がなくなっている。

午後2時10分頃、ウイグル族の墓地が多く見える。なんとなく沖縄の墓地に

図123　国道「塔里木沙漠公路」の石碑

図124　滔滔と流れる「尼雅河」

感じが似ている。ウイグル族は土葬だが、漢民族は火葬するように義務づけられているらしい。ウイグル族の葬式には妻以外の女性は出席できず、男ばかりの葬儀だという。

２時26分、民豊《ニヤ》につき、食堂探しに時間がかかりやっと昼食にありつく。石油開発公社のすぐ隣にある小さな食堂である（図125）。民豊は漢代の「精絶《せいぜつ》国」の故地である。『漢書』西域伝には「王は精絶城に治《みやこ》し、長安を去ること８８２０里、戸数４８０、人口３３６０、将兵５００人、精絶都尉《とい》は左右の将・駅長がそれぞれ１人いる」とあり、唐の玄奘三蔵の『大唐西域記』には、「民豊城は周囲３～４里、大きな沢地の中にあって渡渉は困難で、蘆が生い茂って道さえない。城に向かう道だけが歩けるので、この付近を往来する者は皆、この城を経由している」とある。この文面からすると、前述した尼雅河周辺のことのように思われる。

現在の民豊は且末から西約２９０㎞にあり、民豊河に開かれた南道上のオアシスで、人口４万人（２０１９年）の小さな街である。１９９５年に庫尔勒《コルラ》から民豊に至る沙漠縦断道路が開通すると、民豊は中継地（庫尔勒、且末、和田）として脚光を浴びるようになった。民豊には世界で最も小さな帽子をかぶる女性（図126）がいるとのことで、会ってみたいと思っていたが、先を急ぐこともあり通過しただけであった。

図 125　ウイグル族の小さな食堂

図 125　小さな帽子をかぶる女性（ウィキペディアより）

♣和田《ホータン》にたどり着けるか？

夕方6時24分、策勒《チラ》の少し手前のところでバスがなかなか動かない。昼食のころ「洪水があって橋が流された」という情報を、食堂を探していたガイドの黄さんとドライバーが聴いてきて途方に暮れたが、「とにかく行けるだけ行ってみよう。8時間くらい余分にかかるが山側の迂廻路が通れそうだし…」ということで強行して進んできたが、大型トラックが３００台くらい連なって停車している。数日間も停車しているのだろう。運転手らしき人たちは自炊している。黄さんは「和田からの対向車のバスが1台も見えない。やはり、この先は通れないかも知れない」と緊張した面持ちで気を揉む。それでも強気のドライバーは「ともかく行けるところまで行ってみよう」と車を進めた。

迂回路を通ることになると和田に着くのは明朝になるだろうか、それも通行不能になれば帰国の日程が危うくなる。それでも予定を履行するには、進まざるを得ない。反対車線は空いているので、我々のバスは延々と連なって停車しているトラックの横を、ずんずん進んでいく。しばらく進むと橋の近くらしく、反対側から大勢の人がゾロゾロと歩いて来る。

すると、続いて烏魯木斉《ウルムチ》行きの大型バス（定期バス）2台がゆっくりとやってきた（図127）。バスに乗客はいない。黄さんの顔がぱっと明るくなった。「大型バスが渡ることができた。乗客を降ろして渡ってきたのだ。我々の専用バスは28人乗りの中型バスだから、当然渡れるはずだ」との判断で、橋に近づいて行く。

壊れた橋のすぐ上流側の河原には大量の砂利を運んで水量の減った河床に敷きつめてあり、何とか車が渡れるように応急修理した河原を渡る。車長の長い大型バスが河道に盛った砂利の上をゆっくりとではあるが渡れたわけだから、車長の短い我々のバスは容易に渡れるはずだ。和田に向かう最初の車両として、私たちはバスから下車することなく、応急対策が終わったばかりの砂利の敷かれた河原をゆっくりと渡って行った。橋は、洪水により河床が数m洗掘されて基礎の杭が露出し、同時に東岸（右岸）の盛土が流されて渡れなくなっていたのだ（図128）。

ゆっくりと渡り終えると、車中で一斉に「万歳」が起きた。ガイドをはじめ全員が万歳を唱え、予定より1時間遅れで和田に着けそうなことを確認して安堵した。思えば、これまで私たちの旅にはこうした困難が幾度となく立ちはだかったが、その都度難なく乗り切ってきたのは運の強さか、それとも旅にかける我々の執念の表れなのか。

午後7時頃、川を渡った和田寄りの店で、皆安堵の気持ちでスイカを心おきなく食べた。客の多くは近所のおばさんや若い女性、子どもたちだ。若い長田がチョコボールの入った菓子箱2個を子どもたちに差し出した。子どもも大人も笑顔が楽しい。だが、一番うれしがっていたのは我々の方だ。赤ん坊を抱いた母親を乗せた農耕作業車が、若い父親の運転で店の横の小路をゆっくりと走っていった（図129）。私たちはそれを、幸せいっぱいの気持ちで眺めた。

図 127　和田から来た大型バス

図 128　洪水で壊れた橋

♣砂嵐の和田《ホータン》

午後8時ころ和田に近づくと、約150mほど先がよく見えない砂嵐となった。ガイドの黄さんは再度「カメラを絶対に外に持ち出さないで下さい」と言う。砂の粒子がきわめて小さいため、砂がカメラの中に入り込むと厄介なことになるという。風がとりわけ強いわけではないが、空が雲に覆われたように外界は暗くなった。フォグライトをつけて走る車も多い。車窓から周辺の風景はよく見えない（図130）。

この辺になると道路の看板が漢字とウイグル文字の併記となるだけでなく、ウイグル語だけのものが多くなる。午後9時ころ和田に着く。ホテル内ではなく、外のレストランでラグ麺とシシカバブを食べる。ビールは山東省の缶ビールである。車中では十分すぎるくらいナン（硬い皿状のパン）を肴にワインを飲み続けていたから、今晩はワインなしだ。四つ星のホテル「和田華豫国際酒店」に着く。皆、壊れた橋の川を渡ることができて今回の旅の大きな山を越えられたことに感謝し、枕を高くして寝入った。

図130　砂嵐が視界を遮る

図129　幸せそうな一家

11 和田《ホータン》から麦蓋提《マイガイティ》へ

8月8日の早朝、ホテル前に止めてある車には、昨日の砂嵐のために砂が厚く堆積している（図131）。風が強いわけではないが、今朝も空はどんより曇っていて暗い。一見、日本の梅雨空のようだが湿気はない。今日も崑崙山脈《クンルン》は全く見えない。結局、今回の旅行で崑崙山脈を見たのは、花土溝《かどこう》付近から、ほんの少し遠望しただけである。

♣和田《ホータン》という町

『漢書』西域伝六十六（上）は、和田（古称：于闐《うてん》）について次のように記している。

于闐国は王が西城に治《みやこ》し、長安を去ること9670里。戸数3300、人口1万9300、将兵が2400人いた。輔国侯・左右の将・左右の騎君・東西の城長・駅長がそれぞれ1人いた。東北のかた、都護の治所まで3947里、南は若羌国に接し、北は姑墨国に接している。

于闐の西は河の水が皆西に流れて、西海に注いでいる。その東は、河

図 131　砂嵐で車に積もった細粒の沙

図 132　沙漠の中と思えない和田の市街地

の水が東流して塩沢に注ぎ、黄河の源流が出ている。玉石を多く産する。西は皮山《ひさん》国に通じ、380里。

和田の街（図132）は、崑崙山脈の北麓に位置し、漢代には西域南道の強国であった「于闐国」の故地である。町の西側には墨玉河（喀拉喀什《カラカシュ》）、東側には白玉河（玉龍喀什《ユイロンカシュ》）が、北の塔克拉瑪干《タクラマカン》沙漠へ流出している（図133）。墨玉河・白玉河とも和田のオアシスの町を潤し、町の下流約125kmくらいで合流して和田河となり、莎車《ヤルカンド》河や喀什河とともに、塔里木《タリム》河の源流となっている。ただ現在、墨玉河は通常は干上がっていて、豪雨の時のみ水流がある。

和田は前2世紀にはすでに東西貿易の中継地として繁栄していたようで、当時、イラン系民族やインド系民族などが入り混じって多彩な文化の花咲く国際都市であった。独自の言葉を持ち、仏教だけでなく拝火教（火を神化して崇拝する信仰のことで、主にゾロア

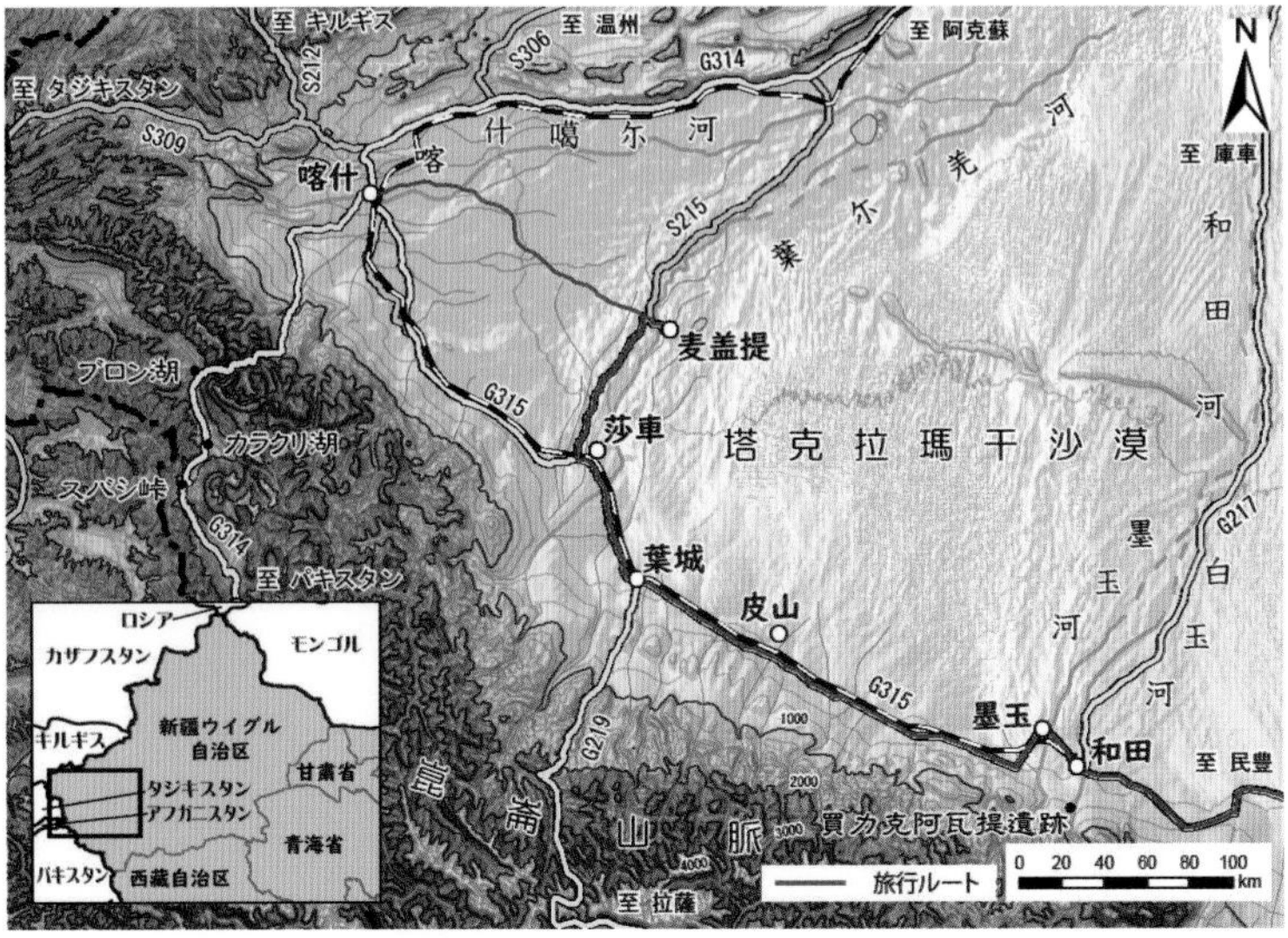

図133　和田〜麦蓋提周辺地形図

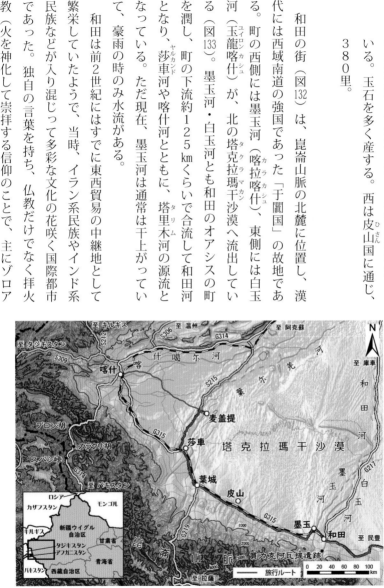

スター教のこと）も布教されていたという。特に、仏教は時代が降ると盛行して仏寺も多く建てられ、優れた仏教美術が生み出されて、西域南道に特殊な文化国をかたちづくり、その繁栄は11世紀まで続いた。後述する仏教の買力克阿瓦提《マイリカアワティ》遺跡は、敦煌の莫高窟よりも１００年も古くから使われていた仏教遺跡で、法顕や玄奘三蔵（６００―６４４）もこの地を訪れ、記録を残している。

玄奘はこの時、この国に伝わる伝説として紹介した「桑蚕伝来伝説」で、「中国から持ち出し厳禁の桑の種と、繭が密かに于闐国にもたらされた」と記している。和田は今も絹織物の産地として名高い。

玉石の町・和田市は人口41万人（２０１９年）、そのうち98％はウイグル族だ。ウイグル族は現在、漢民族との結婚は許されないという。もし漢民族の男もしくは女が好きになって結婚したら、新疆ウイグル自治区ではまず暮らせない。それほどに漢民族に対して敵対意識を持っている。何しろ、最後まで抵抗していた和田や喀什などウイグル族の町が清朝に平定されたのは、乾隆帝時代の１７５９年のことだからである。現在も漢民族との間で抗争が最も多いのが和田であり、喀什《カシュガル》なのだ。民族間の和平はなかなか難しいということか。

♣和田《ホータン》の「崑崙玉」

和田の町は玉《ぎょく》の産地として古くから有名だ。この国の繁栄を支えた最大の物は、崑崙山脈から流下する墨玉河・白玉河の両河川で採取される「和田玉」（軟玉）である。

玄奘三蔵の『大唐西域記』によると、玄奘はインドから帰途和田に立ち寄ったとされ、「毛織産出し、糸をつむぐ。白玉や墨玉を産出する。音楽を尊び歌劇を愛す。礼節あり規律ある。文字はインドに似て非なる。玉は毘沙門天の後裔という。」と記している。
玉には軟玉と硬玉があり、鉱物学的には前者はネフライト、後者はヒスイ輝石と呼ばれる。和田の玉は軟玉のネフライトに属し、カルシウムを含む角閃石の微細な結晶の集合体で、硬度は6・0〜6・5。硬玉はナトリウムを含む輝石からなり、硬度6・5〜7・0の真正のヒスイである。いずれも造山運動で高圧を受けた変成帯に特徴的に産し、クロームなどの微量成分により淡く美しい色を示すことが多い（図134）。また、堅い性質を利用して石器時代には石刀や矢じりなどに利用され、とくに東洋では古くから宝石などの装飾品にも加工されてきた。

中国の玉では、和田玉のほか、独山玉（河南省）、岫岩玉（遼寧省）、緑松石（湖北省）などが有名である。このうち和田玉は最も古くから知られ、古人には「真玉（本当の玉）」と呼ばれて珍重されてきた。「和田玉」（崑崙玉）には半脂玉・白玉・黄色・墨玉などがあるが、基本的に軟玉の部類に属するようである。中でも白玉と墨玉が有名である。

和田玉は海抜4000m以上の源流から和田河に至る墨玉河・白玉河の両河川の河床または河川敷に分布している（図135）。玉は毎年4月頃の洪水で土砂が運ばれてくる中で見つかる。毎年農閑期になると、和田地区には数万人から数十万人が和田玉を探しに来るという。

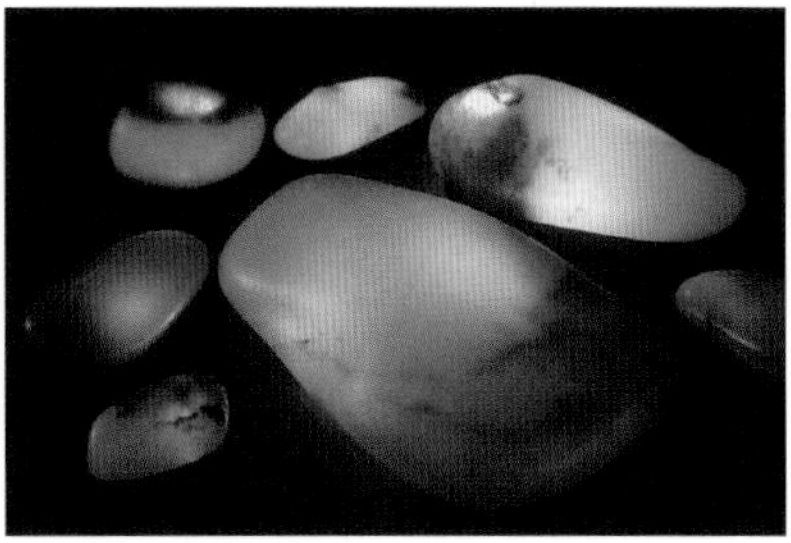

図 134　和田の玉（NHK スペシャルより）[(1)]

図 135　白玉河の河床

私たちは河幅200mほどの白玉河西岸にある買力克阿瓦提《マイリカアワティ》遺跡の入口で、遺跡に入るための鍵を持った人が来るまでの小一時間ほど、白玉河で玉探しをした。とはいえ、そう簡単に玉が見つかるわけでもないので、むしろ、珍しい形や色をした石を拾い集めることに集中した。私たちが玉探しをしている間に、河岸には玉を売る数人の男女が集まってきて、盛んに売りつける。決していい玉ではないが、上野など何人かは「記念のために」とか「現地の人に奉仕のつもりで…」などと言って、値切りを楽しみつつ買っていた。

和田玉を身に着けていると危険を避ける御利益があるそうだ。趙汝珍《ちょうじょちん》（清人）の著書[2]には「古来、玉は非常に貴重であったため、玉を身に着けていることで自分の一挙一動を考えて行動するようになり、事故に遭うことも少ない。また、偶然なことがあっても気持ちが前向きで意志が集中できるので、意外と不運なことになることが少ないことから、玉を身に着けることで心理的な要因が護身に役立つ」と、玉の効果がかなり科学的に記述されている。

♣買力克阿瓦提《マイリカアワティ》故城

和田市の南約27kmのところの白玉河の西岸に、買力克阿瓦提故城は

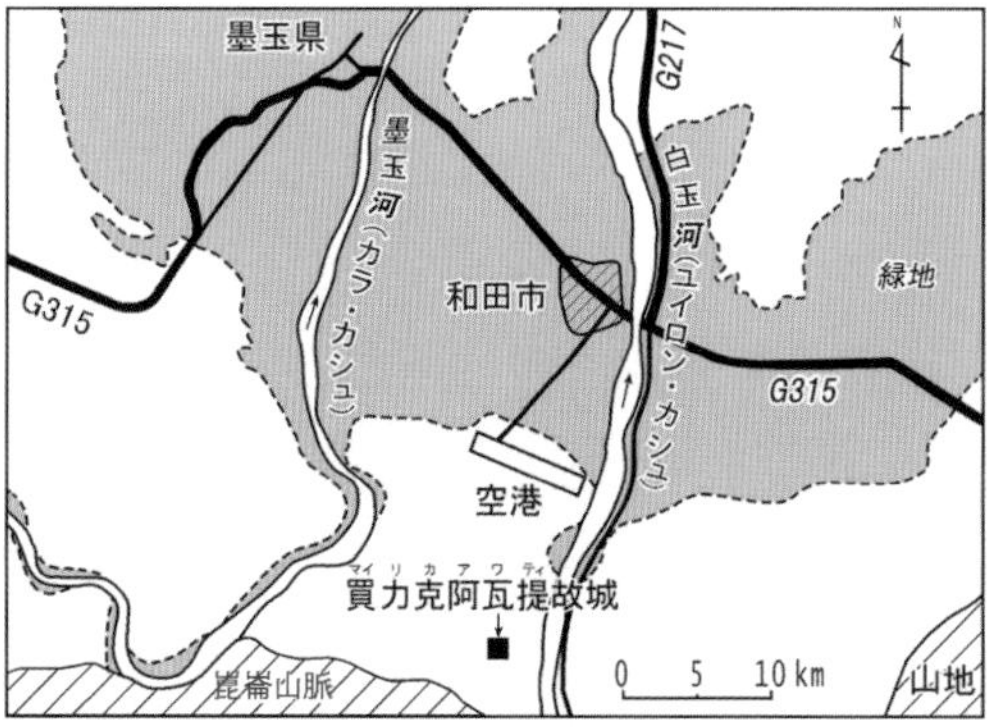

図136　和田周辺の位置関係（アミ部は植生）

ある（図136）。入口のそばには「自治区級文物保護単位　買力克阿瓦提古城」という２００６年10月に建てられた説明板がある。買力克阿瓦提故城は漢代の于《ウ》闐《テン》の都城として、吐魯番《トルファン》の高昌城や楼蘭王国と並ぶ主要な国の一つとされた。故城は南北１５００ｍ、東西８００ｍの広大な沙地の中にある（図136）。

入口から2台の小型トラックの荷台に分乗して、足をぶらぶらさせながら、草一本ない流沙の沙漠を２㎞ほど西の古城に行った（図137）。運転手は先ほど玉を売っていた人たちの一人の男である。そこには、広大な砂だけの沙漠がまぶしく広がっている。その細粒の砂の上には、砂と全く同じ色の長さ10㎝ほどのひょうきんな顔をしたトカゲがあちこちにいる（図138）。植生ひとつないところでよく生息できるものである。手を差し延べると、すばしこく逃げる。

まぶしい沙漠には、粘土で固められた寺院跡や官庁街などと思われる塊状の遺跡が点在している（図139）。１９５０年代の中国の調査時には、南北約１・５㎞、東西約８００ｍの方形の地域の城塁があったという。ところが今では、全く城塁らしいものは見当たらない。人為的に破壊されたのだろうか。ただ、粘土塊が人工的な建物の一部であることは確かで、あちこちに窓のような切れ込みがあり、一部は壊れた洞窟状の空洞になっている。

岩塊のように見える粘土塊の中に、粗朶《そだ》のような挟み込みは見当たらない。これまでに陶器の窯跡があちこちに発見されており、散在していた多くの陶器

図137　買力克阿瓦提遺跡の遠望

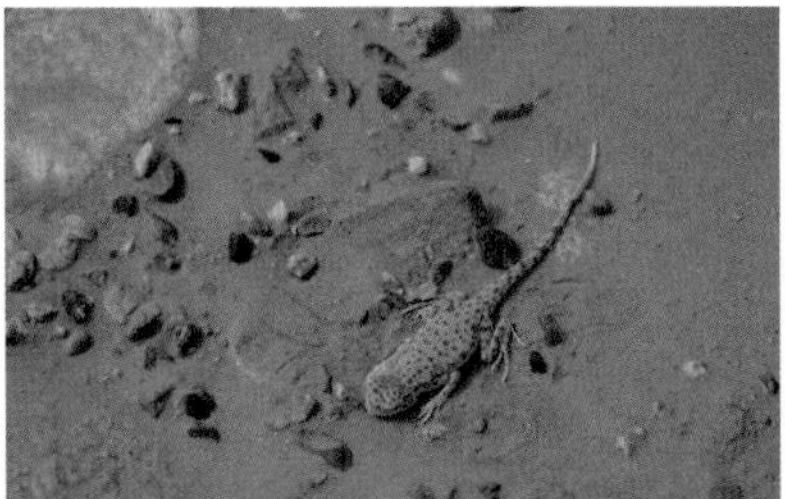

図138　保護色をしたトカゲ

片から、壺や杯・取手の付いた杯などが集められ、復元されたという。唐代の貨幣も出土しており、それらからこの城址が漢代~唐代までの古城跡だということが明らかになったという(3)。今も確かに陶器片がたくさんあるが、明確な形のあるものは見当たらない。

沙漠には、ヤルダンの岩塊の一部のようにしか見えないかつての城跡の遺跡が散在するだけで、そこに城の形式は全く認められない。この城跡は何によって滅びたのであろうか。白玉河の洪水氾濫によるものか、あるいはオアシスの一部であった城が繰り返しの砂嵐によって埋もれて沙漠化したためか、もしかしたらその双方かもしれない。

いま、白玉河には滔々と水が流れているが、河道や河岸に植生はほとんどない。これはなぜか。洪水頻度が高いために植生が生えないのかもしれない。それに対して、今はほとんど流水のない墨玉河では、北の崑崙山脈山麓から少なくとも河道沿いには、ある一定の面積で植生が分布するが(図136)、これは河道に沿う伏流水が原因と思われる。

♣如責買買提《ルズマイマイティ》さん家族との再会

今回の旅行での大きな目標の一つに、和田の如責買買提さん一家との再会があった。天山北路の旅(2014年7月30日)の際、温宿から入った天山山

図 139　買力克阿瓦提遺跡

脈の山中の河原で、バーベキューをしていた彼ら（3世代）にお会いしたのがきっかけである。如責さん家族は年に2回くらい各地に家族で旅行をしているという。河原でバーベキューをしている一家に、例によって中家が話しかけて親しくなり、メンバーの皆が御馳走になった。如責さんは焼き肉店も経営しているとのことで、河原でのシシカバブーはその旅行中で一番おいしかった。彼らははるばる２０００㎞南の和田から来ており、中家は「来年、和田に行きますから」と軽く約束したのだ。私たちも何となく再会できたら楽しそうだと思っていたが、今回再開できるとは夢にも思っていなかった。

この日、午後1時48分、墨玉河を渡って墨玉県（人口65万人、２０１９年）に入ったある地点で、バスの前に1台の黒塗りの外車（ベンツ）が現れた。ガイドは如責さんの自家用車だという。自家用車の後について来るように指示しているようである。少し走ったところで、如責さんがバスに乗り込んできた。１年ぶりにバスの中で会い、互いに再会を喜びあった。彼は小学1年の息子を連れてきていた。

まず、彼のマンションに招待された。新築のマンションに移ったばかりで、建物はまだ部分的に工事中であった。立派な応接間に通され、そこで茶菓の接待を受けた。広く豪華な応接間で、さすがに実業家の家だという実感を持つ。５人の子どものうち一番上の娘は甘粛省に寄宿して学校に行っていて不在だった。２番目は3年生、３番目（バスに乗り込んで来た子）は1年生、４番目は2歳、そして5番目は昨年会ったときにはまだ奥さんのお腹の中にいたという女の子で、色白でなんとも愛くるしい。あまりかわいいので、メンバーの各人がかわるがわる抱いては写真を撮った。子どもたちの面倒を見たり家事の手伝いをしている娘は、奥さんの妹かと思ったら、17歳のお手伝いさん（ベビーシッター）とのことである（図140）。

応接間の長大なテーブルには大きなガラスの容器（カクテルグラスを大型にしたような容器）4個に、沙棗、胡桃、干し葡萄、カシューナッツなどがいっぱい盛られており、そのほか果物や肉料理、菓子類などがテーブルいっぱいに並べられていた。私たちは、持参した赤ワイン2本を飲みながら、それらをつまんでは話に興じた。如責さんはイスラム教徒なのでアルコール類は全く口にしない。1年前に1回会っただけだというのに、しかも35歳という若さでありながらこうして私たち10人を招待してくれるというホスピタリティーぶりには感動した。客のあしらい方もなかなかのものである。

如責さんはウイグル語と中国語しか話さないので、どうしてもガイドの黄さんを通しての会話になるが、話がはずむ。私たちは日本への来訪を勧める。彼もそうしたいと思っているが、自分たちはなかなかパスポートが取れないという。その状況は私たちにもよくわかる。「可能になったら、きっと日本に行ってあなた方とお会いしたい」と、心からそう思っているようで、うれしかった。

お土産に、私たちが持参した素麺《そうめん》を茹でてもらい、如責さんと共に昼食にする。茹で方がわからないだろうからと、メンバーの女性たちが指導して、おいしい素麺を食べた。彼らの家族にも食べてもらう。彼らにとって、具の全く入っていない素麺の味がうまいのかどうかはわからないが、如責さんはおいしそう

図139　如責さん一家（右，右端はお手伝いさん）と記念撮影

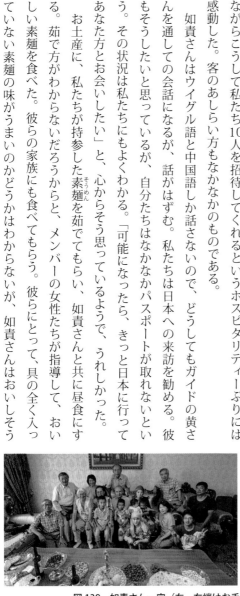

に口に運ぶ。しかし、奥さんはどうも麺汁の味が口に合わないようで、しきりにサインを如責さんに送っている。食後には中家が持参していた色紙を使って子どもたちに折り紙を教えた。彼は子どもたちのことまで考えて、風船や色紙など子どもが喜ぶものを用意してきていたのである。

そのマンションで2時間くらい旧交を温めた後、近くにある如責さんの経営する焼き肉屋「庫尔班《クーアルバン》阿洪《アーホン》香《シャン》味《ウェイ》烤肉《カオロウ》」を訪問した。店には数人の従業員がいて運営している（図141）。奥の一室でバーベキューや焼き肉の塊をたくさん出されたが、もうほとんど食べきれなかった。

如責さんは現在5人の子どもを持っている。漢民族は一人っ子政策だが、少数民族にはそういう制限はない。彼は和田といっても、和田市ではなく墨玉河を隔てた西側の墨玉県に住んでいる。今回聞いたところでは彼自身は役所の部長であり、その副業にバーベキュー店（焼き肉店）を経営している実業家で、美人の奥さん（彼の友人の妹）は、国立白十字病院の薬剤師でありながら、やはり副業として薬局を経営しているそうだ。夫婦そろって実業家なのである。ここでは公務員であっても副業が認められているようだ。

帰路、夫婦が途中でバスに乗り込んできて、「薔薇のジャム」の瓶を私たち全員にお土産に贈ってくれた（図142）。奥さん自作のオリジナルのジャムだという。夫婦で稼ぐ裕福な家族とはいえ、1年前に1度会っただけの我々にこれまでし

図 141　如責さんの店の前で従業員とともに

図 142　「薔薇のジャム」を持ってバスを訪れた如責さん夫妻

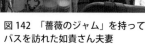

てくれる、その徹底ぶりに心を打たれた。彼の家族が日本に来ることができるようになったら、大歓迎をしたいものである。

午後4時過ぎ、如責さん御夫妻と別れて、和田（墨玉県）から麦蓋提《マイガイティ》へと向かう。8時30分頃、バスを停めて西瓜を割って食べる。これで5、6回目くらいだろうか。その後、9時20分に葉城《カルギリク》─結構大きな町である─に到着するが、外はまだ明るい。

国道G315号からチベットへ向かう国道G129号との分岐点で車を停めて、「世界最高地点を通る道路の起点」と大書された標識の前で記念撮影をした（図143）。この道路はここから真南に向け崑崙山脈の標高6000m級の高山を越えてチベット側へ通じており、ガイドの黄さんは学生時代にこの道路で山を越えてチベットへ入ったという。

葉城県は皮山《ピーシャン》県の皮山から75㎞の地点にある人口約55万人（2019年）の街である。トルコ語で「鳥が多いところ」の意味であるが、実感としてはそうは感じない。この街が現在注目されているのは、チベット方面に至る国道G219号線との分岐点に位置するためである。葉城は古代には子合国《ズーホー》と呼ばれ、パミールを越えてインドへ入るシルクロードの要衝の地として栄えた。401年、法顕はインドへ向かう際にこの地に滞在し、「この国は大乗仏教を信仰し、僧徒が1000人以上いる」と記している。唐代には朱駒浪国《デュジゥラン》となり、644

図 143　チベットへの国道の起点モニュメント（右）と道路をまたぐ 0㎞ポスト

年に玄奘がこの地を通過した際には、「山や丘が続き、農業が盛んで、梨や蒲萄などの果物が豊富に採れ、大乗仏教を信仰しているが、破損しかけた仏像が多く、僧徒は1000人あまり」と記している。

葉城からさらに北西、莎車《ヤルカンド》から麦蓋提へ行く道路は、地図では地方道になっているが、実際は高速道路に変わっていた。途中、莎車河を渡る。この河は阿克蘇《アクス》河と合流して本川の塔里木《タリム》河となって東流する。深夜0時過ぎにようやくホテル「麦蓋提刀郎国際大酒店」に着き、すぐ夕食となるが、誰も食が進まない。如責さん歓待の3時間を楽しんだ分だけ遅れたわけだが、皆満足であった。

［注］
（1）NHKTVスペシャル「シルクロード　草原の道・タクラマカン」
（2）趙汝珍（2008）『古玩』東方出版社、第8章玉器。
（3）井上　靖・長澤和俊・NHK取材班（1980）『シルクロード第4巻　流砂の道―西域南道を行く』日本放送出版協会。

12　麦蓋提《マイガイティ》から喀什《カシュガル》へ

♣世界無形文化遺産「ドラムカム」を体験する

8月9日、11時過ぎ、市内にある「演芸大庁」(Dolan Muqam Performing Hall) と正面に書かれた真新しい大きな建物に着く（図144）。入口の案内嬢は多少派手な感じの緑とピンクの模様のワンピースを着て、愛嬌があってなかなかかわいい。建物のある横の道路脇に立って私たちのバスを待ち、中へと案内してくれたのがこの歌舞団の団長であることが、後の自己紹介でわかった。
ドラムカムというのは、麦蓋提《マイガイティ》地方に伝わる世界無形文化財遺産の音楽（舞踊つきの音楽）のことだ。今朝は演芸場を借り切りでドラムカムを体験することになった。広いホールに入ると、一番奥に全体が茶褐色をした舞台があり、そこには沙漠を背景にして2つの大きな馬車の車輪が飾ってあって、素朴な田舎を演出している。ホールの内壁は白一色でイスラム風の大きな窓があり、黄褐色のカーテンが下がっている。ホールの床には小豆色の絨毯が敷いてあり、窓辺の内側には仕切りのない升席のような一段高くなっていて、腰をおろして休める細長い座席がある。

舞台の前に8人ほどのウイグル族の帽子を被った男性たちが、それぞれに楽器を持って並んでいる。彼らは急遽集められたかのような普段着のいでたちで、皆年老いた人たちだ。1人は三弦をもち、その隣は原始的な形のハープを小さな専用台の上に水平に置き、手前側が低音になった木製楽器を爪弾く。その隣には、直径30㎝ほどの皮張りのタンバリンを持った6人ほどの奏者が並んでいる。指揮者のように彼らの前に立った団長の合図で、テンポの速いリズムの音楽が奏でられ、それに演奏者たちの大きな声での合唱が付く。一種独特の節回しで、いかにもこの地方ならではの音楽といった感じである（図145）。舞台の上では、2人の若者が黙々と、なにやら細長い緑色の布をより合わせている。

図144　ドラムカムの看板

図145　ドラムカムの奏者たち

ひとしきり演奏が終わると、思い思いに着飾り、帽子を被った5、6人の婦人たちがホールに入ってきた。新たな演奏（本質的には以前の音楽とそう変わらないようだ）が奏でられると、婦人たちや音楽奏者とは別の男たち（団長もその一員）が各々対をなして、手を上げたりくるくる回ったりして踊る。何となく沖縄のカチャーシーのテンポに似ている。そのうちに、先ほど舞台でねじっていた緑色の布（一方が太く他方は細くなっている）を片手に持ち、踊りながらくるくる回ったある時点で、それを振りかざして婦人の尻をたたく。聞くところによると一対の男女は夫婦を意味しているという。一連の動作は「夫婦喧嘩」、そしてその後「仲直り」をして相手を敬う行為を象徴しているのだという。最後に紐をささげ持つようなしぐさで相手方に挨拶して、その紐を次の人に渡し、またメンバーを代えて同じ踊りが繰り返される。このささげ持つ仕草は、相手方に「愛をささげる」意味があるらしい。この一連の踊りは「夫婦の日常」を表しているようだ。

そのうちに、見ている私たちも踊りの仲間に加わるように促された。こういうとき、最初に挑戦するのはいつも若い長田や尾上だ。他のメンバーも少々はにかみながら次々と入って踊る（図146）。緑の紐を渡されると相方を見つけてはリズムに合わせて一対の仕草をするのだが、テンポが速いためかなり激しい動きになり、5分も踊るとホール脇の席に坐って休むことになる。酒も飲まない

図 146　メンバーも共に踊る

図 147　アマニサカ（左）とヤルカンド王の像

踊りに最初は戸惑っていたが、団員やウイグルのご婦人たちの好ましく親切な誘いに、興に乗って何度も踊っているうちに、1時間余りがたっていた。

ホールの前庭にある、弦楽器を持った女性・アマニサカと、その音楽を愛して大きく援助したヤルカンド王の像（図147）が、この音楽の由来に厳かな感じを添える。さらに、演芸場の入口の建物（案内）の横にある「踊る女性に愛をささげる男性」の像（図148）が、ドラムカムの仕草を象徴している。私たちはこの像に似せて、それぞれに〝妻に愛をささげる〟仕草を写真に収めた。日頃夫婦でこういう仕草は気恥ずかしくてできないが、笑いながらも、少なからず本心が混じっているのを感じる。

演芸場を出るとき、入口の案内嬢は満面の笑みを浮かべて手を振ってくれた。私たちは、多少の心地よい疲労とほのぼのとした気持ちとを持って演芸場を後にした。歌舞団の団長の話では、この建物は最近新築されたという。シルクロードブームで日本観光客がたくさん訪れることから新築したが、近年の日中関係の悪化が影響してか、最近は全く日本人が来なくなったとのことである。

麦蓋提からまた国道310号でゴビ灘《タン》の沙漠を160㎞ほど西北西に走って、14時過ぎに喀什《カシュガル》に入る。道路の両側には石榴《ざくろ》売りの屋台がつづく。町は2011年に訪れた時と比べて、高層マンション建設が目立つ。かつて「其尼《キニ》瓦克《バック》英国領事館」であった建物（図149）のレストランで昼食を取る。其尼瓦克

図148　「あなたを心から愛しています」

図149　其尼瓦克英国領事館の跡

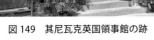

とはウイグル語で「きれいな果樹園」という意味だと、現地ガイドが教えてくれた。昔、この地にはきれいな果樹園（Chinese garden）があったため、英国領事館にこの名が冠されたのだという。

♣4年ぶりの喀什《カシュガル》

現在の喀什は、塔克拉瑪干《タクラマカン》沙漠の西端、パミール（葱嶺）高原の北東麓にある。喀什市は人口65万人（2019年）で、90％がウイグル族である。市街地には45万人が住み、そのうち75％がウイグル族だという。庫車《クチャ》・且末《チャルチャン》・若羌《チェルクリク》など『漢書』西域伝には西域三十六国の一つとして紹介されており、当時、民豊《ニヤ》は「精絶《せいぜつ》国」、和田《ホータン》は「于闐《うてん》国」、そしてこの喀什は「疏勒《そろく》国」と呼ばれて、前漢の「西域都護府」の管轄下にあった。後漢時代には班超《はんちょう》（32―102）が塔里木《タリム》盆地を支配してこの疏勒を拠点としたが、永くは続かなかったという。この地域はイラン系民族の定住地であったが、11世紀頃からトルコ系民族の定住地となり「トルキスタン」（トルコ系住民の住む国の意）と呼ばれるようになった。清代の乾隆帝のとき遠征軍を送り込んでこの地のイスラム勢力を掃討し、「新疆ウイグル自治区」という1省が設けられたのである。

『漢書』西域伝には、喀什の故事「疏勒国」について次のように記されている。

> 疏勒国は、王が疏勒城に治《みやこ》し、長安を去ること9350里。戸数1510、人口1万8647。将兵が2000人いた。疏勒侯・撃胡侯・輔国侯、都尉、左右の将、左右の騎君、左右の駅長がそれぞれ一人ずついた。東は都護の治所まで2210里、南は莎車まで560里

である。市場には店が列《つら》なり、西は大月氏・大宛・康居への道に当たっている。

現在の喀什の町が紀元前2世紀から１０００年にわたって続いた上述の「疏勒国」そのものであるかどうかは、正確にはわからないようだ。喀什市の南西側に現在、疏勒という町もあるからだ。しかし、喀什が疏勒国の主たる都市であったことは確かなようである。この地は太古の昔から東西交通の要衝で、西域から西トルキスタンの各国へ向かう起点になっていた。シルクロードの西域南道も西域北道（天山南路）もここで一緒になり、ここから天山山脈西部を越えて西トルキスタン方面へ向かったり、パミール高原や崑崙山脈を越えてアフガン北部やインド方面へ通じていたのである。法顕（３３９？—４２０？）も玄奘（６００—６６４）も、そして20世紀初頭の各国の探検隊もここを通っている。

この地方はパミール高原の７０００ｍ級の山々の氷河から北麓に流下する克孜勒《キディル》河や、崑崙山脈から流下する叶尔羌《ヤルカンド》河などの豊富な水によって、新疆最大の広大な扇状地性の土地で、肥沃なオアシスを形成している。崑崙山脈の公格尔《コングール》峰（標高７６４９ｍ）の氷河の一つが、今日の喀什市の水源となっている。地表水・地下水とも豊富なため、広大なオアシスの緑地は小麦やとうもろこしなどの主食のほか、他地域と同様、沙棗《すなつめ》や葡萄も多く産するが、特に石榴《ざくろ》や平べったい無花果《いちじく》の特産地として有名である。喀什市周辺の史跡は２０１１年にかなり詳しく見学したため、今回はほとんどバザールと職人街だけの見学にした。

♣変貌する喀什《カシュガル》

バザールの近くでは4人の野外散髪屋が、赤いパラソルの下に木製の椅子を置いて理髪している（図150）。その近くでは、昔懐かしい、板切れに取り付けられた手製の鼠捕りを売っていた。日本でも終戦後にはよく使ったものだ。バザールは人でごったがえしている（図151）。私たちにとって珍しいのは、乾燥した果物類である。沙棗や無花果・梅・葡萄・胡桃・カシューナッツ、そのほか名も知らぬ乾燥果物や香辛料などを、山盛りにして売っている（図153）。

4年前（２０１１年）にバスの窓から「旧い町並み（旧市街）」として案内されたところが、今回はかなり取り壊されていて、新しく立て替えられている（図154）。まさにスクラップ・アンド・ビルドがこの地でもどんどん進んでいるようだ（図155）。観光客にとって旧市街地はもの珍しく、よい観光サイトであろうが、住民が新しく便利な

図150　野外の散髪屋

図151　人でごった返すバザール

図152　ちびっ子の商売人

図153　乾燥沙棗などの専門店

家屋に更新したいという思いなのか、政府による漢民族同化政策なのか、疑問を持ちながら眺望する。この調子だと2、3年もすれば、かつての旧市街地は消滅して、すっかり新市街地に変貌するのであろう。新疆ウイグル自治区の町々も、住民の意識とは別に急速に変貌し続けている。

♣職人街での買い物

喀什《カシュガル》の職人街を訪れるのは、２０１１年以来4年ぶりである。職人街は人民西路から細い路地へ入り、エイティガル・モスクまでの商店街である。その一角に、職人の手作りのいろんな日常生活用品を作っている場所がある。前回は、そうした古い職人街の伝統的な雰囲気に強く印象を受けたが、その一角はほとんど取り壊され、街並みが一変していた。特に、喀什は「彫金鏤玉《ちょうきんるぎょく》」のナイフが有名で、柄の部分に細かな細工がされていて見事である。今回も皆楽しみにしていたが、そうした金属刃物類の商店は一掃され、1軒も見当たらない。

今回職人街を訪れたのは、シルクロード旅行に初参加の尾上・鈴木・高安の3名に職人街を見学してもらいたいことと、バザールで買い物をするためであった。メンバーの中でも特に尾上の土産物の買いっぷりは最初からずば抜けていたが、職人街では最高潮となった。それはそのはず、彼は日本円で約20万円を元《げん》に両替していたとのことで、喀什は今回の旅で最後のバザールであることか

図 154　取り壊される旧市街地の建物

図 155　旧市街地の背後には新しいビル

ら、元を使い切りたいようだ。

まず、黒い毛皮の帽子が尾上の目にとまった（図156）。ガイドの黄さんが「これは高級だから高いよ」と注意する。店員に値段を聞くと2000元（約3万6千円）だという。ミンクの帽子なら高いが、観光客には吹っ掛けるのが世界の常識だからと、一応「高い！」というと、1500元という。とりあえず、いらないふりをして店を後にすると、後ろから声がして1000元という。ガイドの「それは安いね」との一言で、1000元で手を打った。以下、商店主とのやりとりは同様で、尾上は楽器屋で麦蓋提のドラムカム民族歌舞団が持っていたような本格的な馬皮のタンバリンを格安で購入した。そうしているうちに財布も軽くなったことから、私たちは職人街を後にして、グリ・チヒラさんが待つホテルへと向かった。

♣グリ・チヒラさんとの再会

2011年に喀什《カシュガル》を案内してくれたのは、美人の現地ガイド、グリ・チヒラさん（当時36歳）であった。長春大学の日本語科を出たという才媛で、日本語が大変上手なうえ、知的でしかもソフトな感じで好感の持てる女性であった。そうしたことで、帰国後も中家は写真を送ったり、日本の土産を贈ったりして連絡を取り続けていて、今回喀什を訪れた際、再会する段取りをつけていた。

図157　グリ・チヒラさん（中央）と再会

図156　民族帽子を物色する尾上

夕方7時頃から9時頃まで、商工会議所のレストランでの夕食時に再会した。相変わらず色白の美人である。彼女はご主人（34歳で英語の高校教師）と、来春小学校1年生になるという息子も一緒に連れて来ていた（図157）。ウイグル語はもちろんのこと、日本語・英語・中国語・トルコ語を話すという才媛だ。思い出話と近況の話に花が咲く。グリさんは、最近は日本人観光客が少なく、日本語でガイドをすることは少なくなったと話す。最近は主にウイグル族のトルコ旅行のガイドが多いという。

総じてウイグル族の人々は、親しみやすく義理堅い民族のような気がする。２０１４年に天山山脈の山中ではじめて会い、今回彼の家や店に招待してくれた和田《ホータン》の如責《ルズ》さん、２０１１年のグリ・チヒラさんとその時のスルーガイドの李永《りえい》さん、あるいは、２００９年の西蔵《チベット》ガイドの鄒《すう》さん（彼女とはその後上海や東京で再会した）にしろ、親切で親しみやすい人々であった。ということは、ウイグル族云々という民族の問題ではなく、本質的には個人の問題なのだろうか。旅行後の中家の、お世話になった人々への心からのアフターケアが大きいかもしれない。旅行にしろ何にしろ、人と人との交わりの親密さは、結局、個人と個人の親密な気持ちの問題なのだろう。国と国とも本質的にはそうあるべきではないかと実感した。

13　西域南道の旅を終えて

今回（西域南道旅行）は、３度目のシルクロード旅行であった。天山南路（西域北道）と違って、今回の西域南道沿いは、自然条件の厳しさ―おそらく砂嵐の多さ、背後山脈からの洪水の頻発、土地のアルカリ度の高さなどが主な原因だろうと思う―のために、かつての都市が次第に廃れたり、移動したり、ついには廃絶されるに至った。和田《ホータン》以西はかなり前から幹線道路となっていたが、和田以東の道路の整備が遅れたのは、このような過酷な自然条件のためだと思われる。

今回、自然条件や交通事情について多少の不安はあったが、過去2回のシルクロード旅行の経験から、交通事情は相当整備されているだろうと思っていた。結果的に、予想通り全域にわたってきわめてよく整備されていることがわかった。質の良否は別として、最近の中国の道路建設の速さは目を見張るものがある。いまや中国の高速道路の建設量（総延長距離）は、アメリカを抜いて世界一なのだ。

帰国後、今回の旅のルートを地図上に描き、宿泊地点に丸印をつけてみると、塔克拉瑪干《タクラマカン》沙漠の北縁の天山南路（西域北道）では、烏魯木斉《ウルムチ》―阜康《フーカン》―奇台《キダイ》―巴里坤《バリクン》―哈密《ハミ》―敦煌《とんこう》と、また、塔克拉瑪干沙漠南縁の西域南道では、敦煌―花土溝《かどこう》―若羌《チャルクリク》―且末《チャルチャン》―（民豊《ニヤ》）―和田《ホータン》―墨玉―麦蓋提《マイガイティ》―喀什《カシュガル》と、いずれも阿尔金《アルトゥン》山脈と崑崙《クンルン》山脈の北麓に沿って点々と続く主要オアシスの街の土地を自分たちの足で踏んだ、壮大な旅であったことを改めて実感する。

これまでの3回の旅を通じて、几帳面なメモの大切さ、まめなスケッチの重要性、そして既存文献の読破の大切さを痛感した。メンバーの数人は3回の旅行を通じて、毎日見たり聞いたりしたことを、フィールドノートにメモしたり写真に撮ったりしてはいるものの、その結果は井上靖氏その他の、かつてこの地域について書いた人々の記録にははるかに及ばず、今村は一種のむなしささえ感じていた。とりわけ井上靖の『シルクロード紀行　上』[1]の次の記述を読むと、人を見る眼の暖かさや感性の鋭さ、そしてそれを忠実に記述する〝メモ魔〟ぶりと、その記述のくわしさの根源がどこにあるかを知ることができる。このメモの記述（その基礎は感性と几帳面さだろう）がなければ、正しい紀行文は書けないとつくづく思う。

こうした沙漠の旅、草原の旅において、最もエネルギーを要するのは、行く先々で、眼に触れたものをノートに書き残しておくことである。ノートにとっておかないと、すべてのものが消えうせてしまう。2、3年ぐらいは多少記憶に残っているが、4、5年になると、きれいさっぱりとなくなってしまう。何一つ憶えていない。従って、旅に出ると、自動車の中でもノート、自動車を降りてもノート、ホテルに入ってもノートということが大切である。モスクの内部に立ってノート、遺跡の上に立ってノート、河の岸に立ってノート、朝から晩までノート、ノートである。

さらに大切なことは、ヘディンの『シルクロード　上・下』[2]や井上靖・長澤和俊の『シルクロード第4巻　流沙の道―西域南道を行く』[3]などの書物において、巧みに描かれて随所に残されたスケッチの重要性と〝手書きの味〟である。今村や上野、高安などは応用地形・地質などを専門とする仕事柄、多くのスケッチを描いてきたし、今回も「ここの遺跡では撮影禁止です」とか「カメラ1台につき100元もらいます」といった箇所もあって、今まで以上にスケッチをしてきた。しかし、まとめるとなると質・量とも不足である。

もうひとつは、既存の文献をよく読んで現地に入らないと、せっかく貴重な現地を見ても見落としが多い点である。ただ、「直接現地を見ていないと、既存の文献に書かれていたとしてもなかなか自分の頭に入らない」という面と、逆に「先入観なしで自分の目で現地を見ることの大切さ」の両面があるのは、私たち野外科学の実践の場合と同じである。しかし、やはり事前にできるだけ資料を多く読んでおき、そのうえで先入観なしで「自分の眼」で見ることが大切であるとつくづく思う。

以上の点は、今回の旅で得られた得難い収穫であった。

[注]

(1) 井上　靖(1993)『シルクロード紀行　上』岩波書店同時代文庫。

(2) スウェン・ヘディン著/福田宏年訳(1984)『シルクロード　上・下』岩波文庫。

(3) 井上　靖・長澤和俊・NHK取材班(1980)『シルクロード第4巻　流砂の道—西域南道を行く』日本放送出版協会。

第Ⅳ編

河西回廊

平山湖大峡谷のヤルダン地形（スケッチ：今村）

中国の歴史が刻まれた石版（酒泉公園入口から続く通路にある）

標高 4400m 地点，透明夢《トウミンモン》柯《カ》 29 号氷河のモレーン堆積場を経てここから上部は氷河の世界

明の長城（左遠方）とそれに続く烽火台（手前）

七彩丹霞公園の傾斜した多彩な白亜紀の地層

1　河西回廊へ

「河西回廊」の旅が最後になったのは、前3回とも西安―敦煌間は飛行機で通過していて地に足をつけておらず、東西交流の要路で最も重要な幹線ルートを見ていないという大きな不足感があり、シルクロード旅行の最後の締めくくりとして、この区間の旅行を思い立ったのである。

「河西回廊」は、東西交流の要衝であり文明の交わる地帯であるとともに、中国（漢民族）と北方や西方などの諸民族とのせめぎ会いの地であったことも、強く実感した。

河西回廊はシルクロードの東端に位置し、古都長安の西の咸陽《かんよう》を過ぎると2つのルートに分かれる。北のルートは涇河《けいが》沿いに平涼《へいりょう》・定西《ていせい》を経て蘭州《らんしゅう》に至り、南のルートは渭《い》水を遡り天水・隴《りゅう》西を経て蘭州に至る。こうして、蘭州で黄河を渡ると河西回廊に入る。中国では古来、「河」といえば黄河、「江」といえば長江（揚子江）を意味する。従って、黄河の蘭州より西を「河西」と称するわけだが、河西回廊は烏鞘嶺《ウーチャオリン》を起点とするのが一般的である。河西回廊は河西走廊ともいう。「廊」とは細長い地形のことで、烏鞘嶺の峠を越えれば河の北と南から山が迫る回廊である。

玄奘《げんじょう》三蔵法師の弟子の慧立《えりゅう》が玄奘の口述を記述した『大慈恩寺三蔵法師伝』には「秦州の僧孝達なるもの、都にて涅槃《ねはん》教を学び、学成って故郷に帰るに伴って、ともに秦州に至り一泊する。蘭州の人に逢い、また随って蘭州に行き一泊する。たまたま涼州の人の官馬を送って帰るところに会い、またこれに随って涼州に行き、とどまるところ月余…」とある。これは明らかに、玄奘が通ったルートが西安～天水（秦州）～蘭州～武威《ぶい》（涼州）であることを示している。蘭州で「たまたま涼州の人の官馬を送って帰るところに会った」とあるが、河西回廊は漢・唐の時代から朝廷の官馬を養う牧場として、騎乗用・戦闘用の馬を生産しており、涼州（武威）から西安へ官馬を納めにいった人が帰り道、蘭州に立ち寄ったのであろう。このような様子からも、当時蘭州が河西回廊の重要な宿駅だったことがわかる。

唐の辺塞詩人・岑参《しんじん》（715頃―770）が金城関（蘭州のこと）を詠じた漢詩があり、河西回廊の駅道が蘭州にあったことを詠じている。

古戍《こじゅ》重検《ちょうけん》を依み　高楼五涼に接す
山根　駅道を盤《めぐ》り　河水　城橋《じょうしょう》を浸す

河西回廊南ルートが蘭州を経由していたことを確信した私たちは、玄奘三蔵同様、西安から西へと足を進めることにした。まず、西安から蘭州までは近代的交通の代表・中国高速鉄路での移動、蘭州駅からは私たちの専用バスに乗り換え、河西回廊（南ルート）に足を踏み入れ、武威《ぶい》（涼州）、張掖《ちょうえき》（甘州）、酒泉《しゅせん》（粛州）などを経由して、万里の長城最終地点の嘉峪関《かよくかん》に至った。敦煌《とんこう》（瓜州）からは西域の入口・玉門関を訪れ、南東方向の党河を源流に遡り、標高4370mの透明夢柯《トウミンモンカ》29号氷河に至った。

2　河西回廊の自然

♣河西回廊の地形

河西とは「黄河の西」のことで、蘭州から西へ武威・張掖・酒泉・嘉峪関・敦煌までの約1000㎞を結ぶシルクロード沿いの地域を指す。南側には数々の氷河の懸る祁連《チーリエン》山脈の山々が連なり、北側は小規模な山地はあるがゴビ灘《タン》(ゴビの海)の沙漠が広がる乾燥した高原地帯である。

祁連山脈は、西北西―東南東方向に延びる標高2500m以上、長さ約1000㎞の2～3条の山列の総称である。各山列の間の谷は西に行くほど広く、東方に向かって山列は収斂して、蘭州の西あたりで終わっている。山脈の西方延長は阿尓金《アルトウン》山脈に連なり、塔里木《タリム》盆地の南を縁取っている。祁連山脈の山々は標高5000mを超えるものが多く、最高峰は疏勒南山の団結峰《シューローナンシャントワンチェ》(6305m)であり、山脈名になっている祁連山の標高は5547mである。

山嶺の標高3000mを結ぶ線は「万年氷雪線」と呼ばれるが、温暖化が進んで現在この山脈で氷河が残るのは標高約4200m以上である。祁連山脈には3000条あまりの氷河が2000㎢にわたって分布し、河西回廊の河川はすべて祁連山脈の氷河からの雪解け水を水源とする。

河西回廊の北縁には標高2000～2500mの北山山脈(最高峰2583m)などの峰々が連なり、山嶺によっては3676m(東大山)にも達する。しかし、北山山脈の山嶺は山脈として連続しておらず、峰々の間には多くの開口部があり、河西回廊はこれらの場所で北方のゴビの高原と直接つながっている。北山の起伏は一般に緩やかで、すでに準平原化に向かっているようにみえる。

祁連山脈から流れ出た河川は、山麓で大規模な扇状地を複合的に発達させ、そこに浸透・伏流した水の湧出はオアシスを形成して、都市や集落を立地させている。大小51の水流は合流して3つの水系（石羊河《シーヤンホー》・黒河《ヘイホー》・疏勒河《シューローホー》）にまとめられていくが、その先の流れは、扇状地から出ると沙漠で消滅してしまう。ただ、弱《ルオ》水だけは流路が長く、河西回廊を横断しゴビ灘を穿ちつつ北流して、モンゴル国境に近い居延海（ソグノールとカシュンノール）に注いでいる（図1）。

河西回廊は山脈と沙漠に挟まれた標高1100～1500ｍ、幅約数㎞～100㎞の細長い帯状の平野で、古来、東方世界と西方世界を結ぶ道路が発達した地域であり、重要な交易路をなしてきた。祁連山脈の山麓に広がる広大な扇状地では、酒泉をはじめとする伏流水を得やすいオアシス都市が発展する。シルクロードの出発点は西安であるが、黄河の西、つまり蘭州より西の河西回廊を含む西域では、必然的に上述のオアシスを結ぶコースがメインルートとなっている。

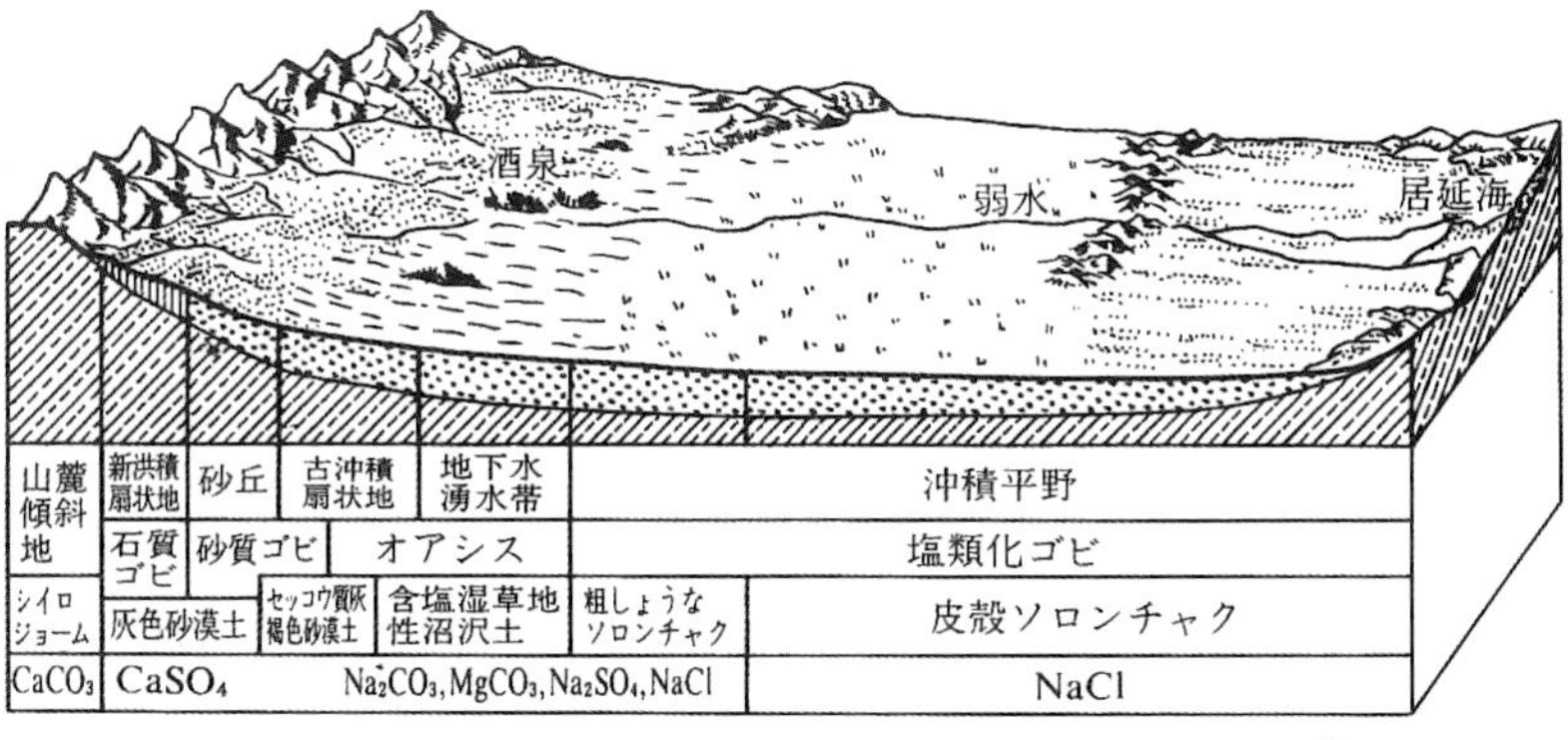

図1　酒泉付近の南北模式断面図（祁連山～居延海）（任，1986）[1]

♣祁連《チーリエン》山脈と河西回廊の地質の成り立ち

祁連山脈の高い山々をつくる地層は、粘板岩・砂岩・石灰岩など主に古生代前期の堆積岩や片麻岩・片岩などの変成岩、および花崗岩類などからなり、中朝地塊（中朝地塊または華北地塊とも言う）と呼ばれる先カンブリア時代に形成されたクラトン（安定地塊、卓状地、楯状地などと訳される）の南縁にそって分布している（図2）。中朝地塊古陸は現在の黄河中下流域から韓半島北部に相当し、もともとはゴンドワナ大陸（古生代後期〜中生代にあった広大な大陸）の一部であった。約5億年前に塔里木《タリム》盆地をつくるクラトン（塔里木地塊）とともにゴンドワナから分離して現在の位置に移動してくる過程で、両クラトンの南縁に海洋底の沈み込みが生じ、それによる造山作用で付加された海成堆積物や火成岩・変成岩が山脈の骨格をつくったと考えられている。

同じ頃、北米やシベリアのクラトンの集まりであったローレンシア大陸も北に向かって移動しつつあり、

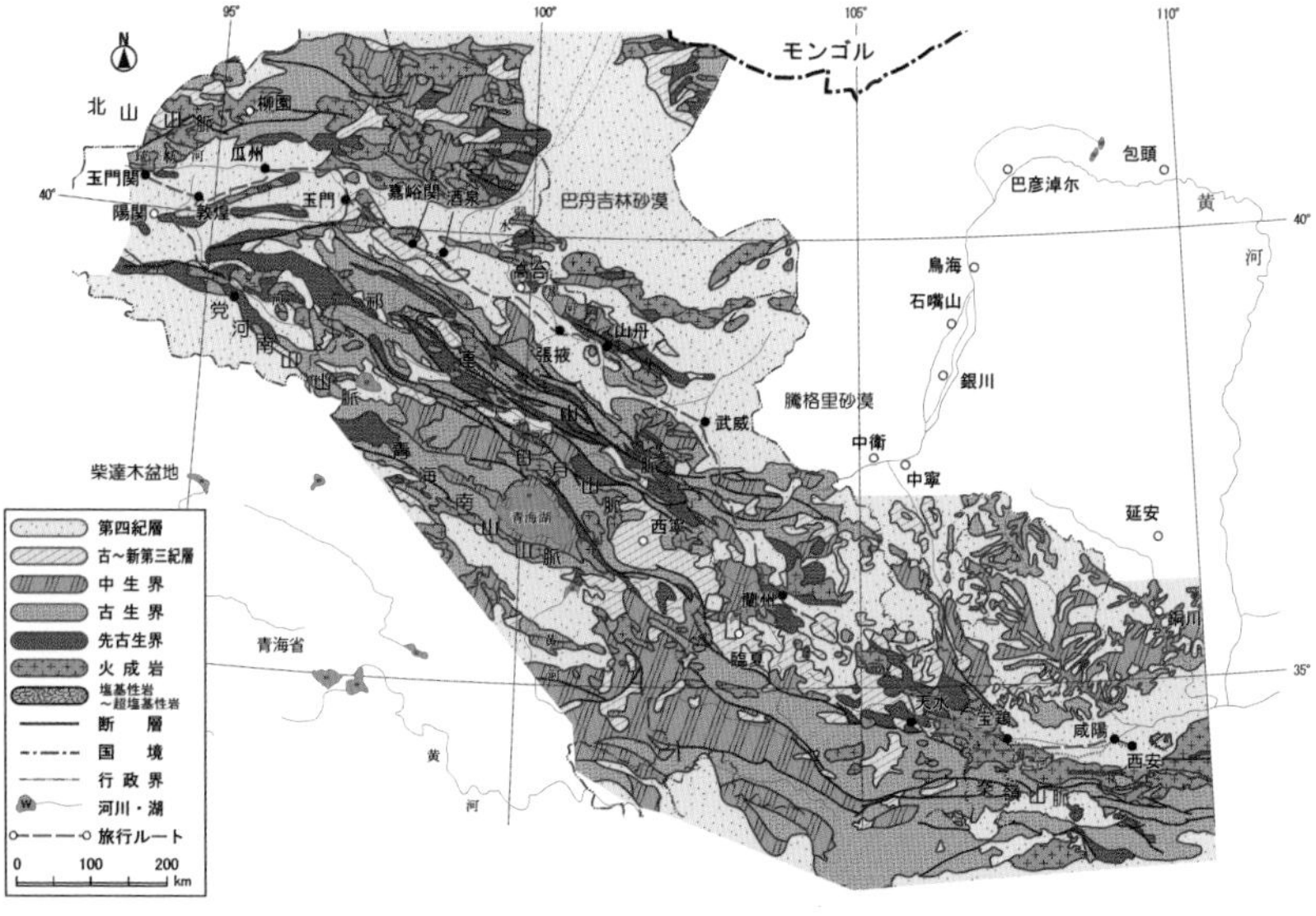

図2　河西回廊周辺の地質図

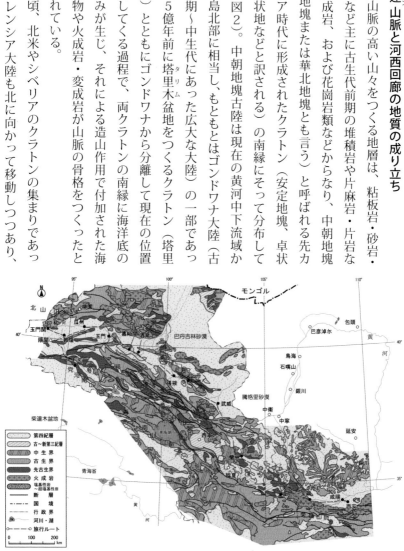

その過程でクラトン同士の衝突によって生じたとされるカレドニア造山運動が起こっていた。そのため、中朝—塔里木《タリム》地塊の南縁で起こった変動も、カレドニア期の造山運動に一括されることもあるが、形成メカニズムはだいぶ違っていたようである。

古生代後期の石炭紀になると、やはりゴンドワナ起源で少し遅れて北上してきた揚子地塊（揚子古陸、華南地塊ともいう）が中朝地塊に到達し、ペルム紀の終わりに近い約2億5000万年前には、この2つのクラトンはほぼ完全に合体した。これら北上したクラトン群と、南に置き去りになったゴンドワナ大陸との間にはテチス海と呼ばれる海が形成され、その海洋底の拡大に伴って、揚子地塊は中朝地塊をさらに北に押し上げ、ついにはローレンシア大陸起源のシベリア地塊のクラトンとも合体して古アジア大陸とでもいうべき大陸塊に成長して、パンゲアと呼ばれる超大陸の一部を構成するようになった。この合体によって、中朝・揚子両古陸の間に挟まれた祁連山脈は再び激しい変動帯として復活した。

中生代に入っても、チベットやインドシナのクラトンが南から衝突・合体し、さらには太平洋側からの海洋プレートの活動も活発化して、中国大陸の山脈は大規模な断層や花崗岩や変成岩の形成など、変動帯としての影響を断続的かつ広域に受けている。さらに、新生代にはインドの大きなクラトンがチベットの南に衝突してヒマラヤ山脈を誕生させた。その余波は祁連山脈も含め、中国内陸部の既存の山脈の変動復活の引き金にもなったとされている。

祁連山脈には河西回廊の北山も含めて平行する山嶺や断層が何本も見られるが、これらは山脈形成が何度も復活した証《あかし》かもしれない。高度が増した山々では侵食作用も激しくなり、大量の土砂が周辺低地に堆積した。

　このように造山運動によってもたらされた堆積物のことを地質学ではモラッセ（後造山期堆積物）というが、今回めぐった河西回廊一帯は祁連山脈の形成と成長によってもたらされたさまざまな時代のモラッセに埋め尽くされているといってもよい。後述する張掖の「丹霞地形」をつくる湖成層や平山湖大峡谷の扇状地堆積物は白亜紀のモラッセで、中生代ジュラ紀から白亜紀に起こった祁連山脈再活動の結果と考えられる。河西回廊の随所で見られる巨大な扇状地も、現在形成中のモラッセととらえることができ、敦煌の南では扇状地が活断層によって変位しているのも遠望できる（図4）。これは、ヒマラヤ造山期に対応した山脈復活の影響が今も現れていることを示しているとみてよい。

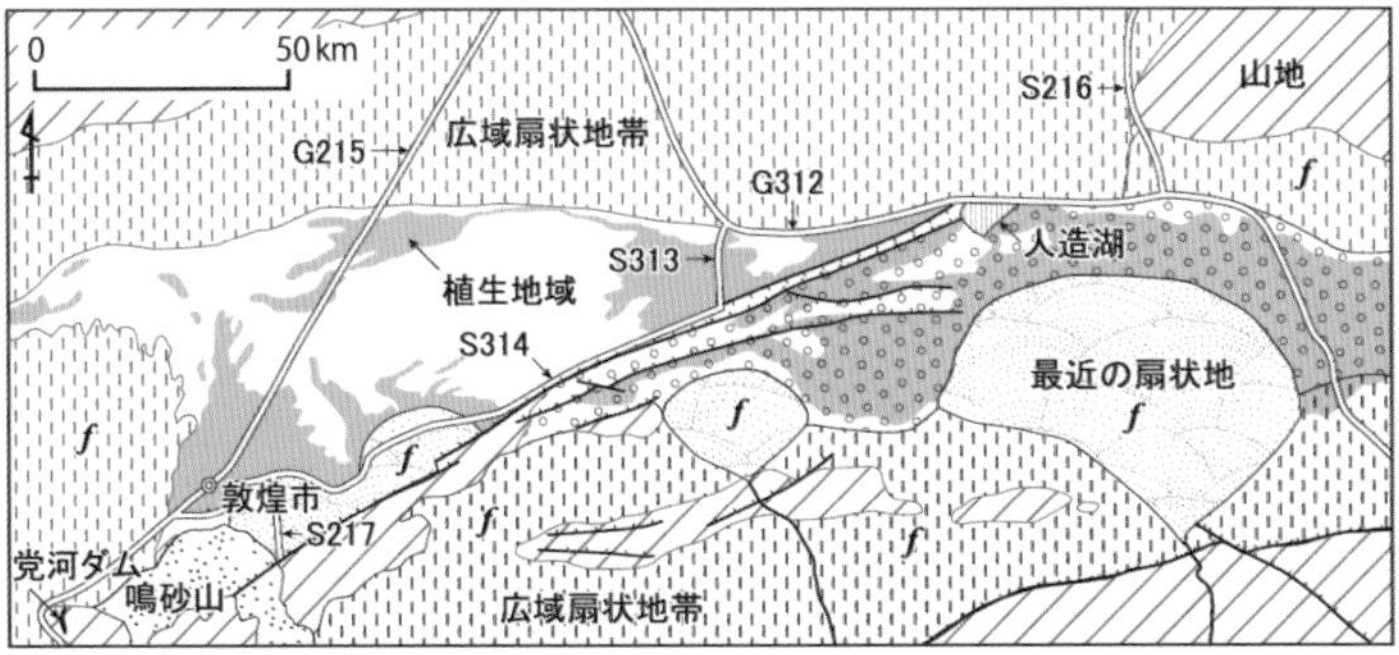

図3　敦煌付近の地形分類図（ｆ：扇状地，アミ部は植生分布区域）

図5　平野から急勾配で聳える祁連山脈の山々

図4　扇状地内の活断層と推定される崖（矢印）

[注]

(1) 任美鍔編著/阿部治平・駒井正一訳(1986)『中国の自然地理』東京大学出版会。

3 西安(長安)の歴史概要

今回の旅の起点である西安は陝西省《シャンシー》の省都である。北に渭水《いすい》、南に秦嶺《しんれい》山脈を望む。西安(長安)の歴史は、前11世紀、西周(前1121—前771)がこの地を都と定めて以来、秦→漢→隋→唐など13王朝の都として栄えてきた(表1)。中国から西へのシルクロードの起点でもある。

♣西周

西周がここに都を定めたのは前11世紀。爾来、13の王朝が唐王朝まで2000年間もこの地を都としてきた。しかし宋代以降は政治・経済の中心は東の開封《かいふう》に移り、長安が首都に戻ることはなかった。

長安の首都としての歴史は、周の豊邑《ほうゆう》(または豊京《ほうけい》)に始まる。

表1　西安の歴代王朝

王　朝	都の期間	国都の詳しい所在地
1. 西周	BC1121 — BC771	豊京・鎬京(今の長安県張家披・斗門一帯)
2. 秦	BC221 — BC207	咸陽(今の咸陽市窯店鎮一帯)
3. 前漢	BC206 — AD8	今の西安市の北西
4. 新	9 — 23	〃
5. 後漢	190 — 195	〃
6. 西晋	313 — 316	〃
7. 前趙	319 — 329	〃
8. 前秦	351 — 384	〃
9. 後秦	386 — 417	〃
10. 西魏	535 — 556	〃
11. 北周	557 — 581	〃
12. 隋	581 — 618	台興(今の西安市)
13. 唐	618 — 907	長安(〃)

この街は、文王の時代（前12世紀）まで周の都であった。文王の子・武王が殷（商）の紂《ちゅう》王を滅ぼしたのち、武王は灃水《ほうすい》の対岸の鎬京《こうけい》に遷都し、西周を建国した。鎬京は現在の西安の西南近郊にあたる。

♣秦代

前350年、秦は第25代嬴《えい》王のとき、都を雍《よう》（現在の陝西省鳳翔《ほうしょう》県の南）から渭水の北岸の咸陽《かんよう》（現在の西安の東にある咸陽市の東北）に移した。秦始皇帝のときに大幅に拡張され、渭水の南岸に興楽宮や甘泉宮が造営された。渭水南西郊外の上林苑に朝宮の建物が計画され、その前殿として阿房宮《あぼうきゅう》が造営された。始皇帝時代にはさらに北方民族の侵入を防ぐための長城や始皇帝陵とそれを守る兵馬俑《へいばよう》が建設されたが、始皇帝の生前には完成しなかった。なお、この時代には咸陽を中心に今日の高速道路にあたる駆道《ちどう》や直道などが全国に建設されているが、現在の西安でそれらを見ることはできない。

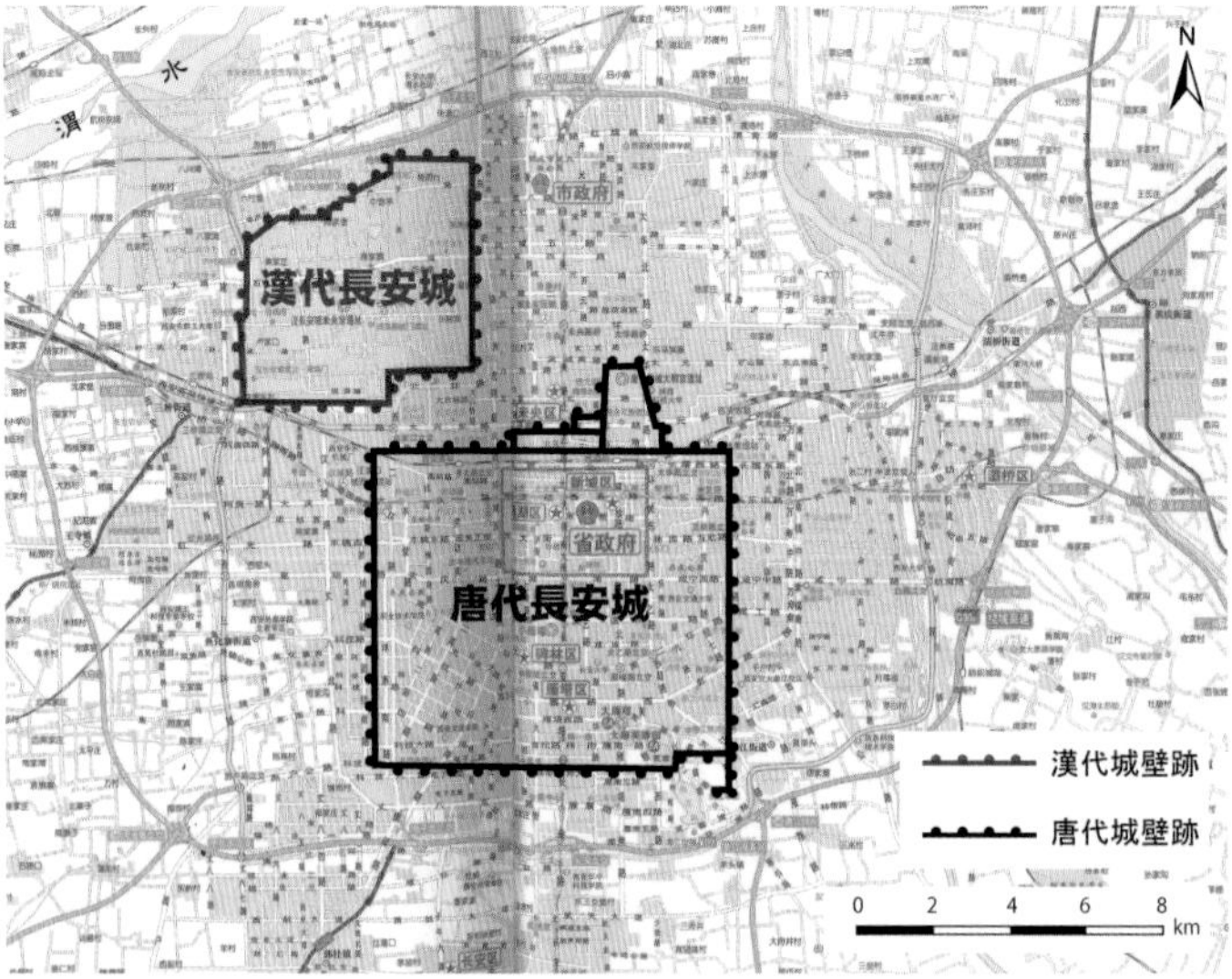

図6　漢代と唐代の長安城

♣前漢〜北周時代

秦を滅ぼした劉邦（前247—前195）は、張良（?—前168）などの進言により、戦乱で破壊された咸陽の郊外に都城・長安城（図6）を建設した。漢代の長安城はいびつな形をしていた。丞相・蕭何《しょうか》が宮殿を作り、恵帝の時代に城壁が建設された。前漢ののち、新・後漢・西晋・前趙・前秦・後秦・西魏・北周などが、長安を首都としている。

♣隋・唐時代

589年、隋の南北統一後、文帝とその子煬《よう》帝《だい》（569—618）は、漢の長安城の破壊がひどく城内への供給水不足など首都機能として不十分であったため、漢の長安城のあった東南の地、龍首原《りゅうしゅげん》に、別に大興城（後の長安城）を建てた（図6、7）。582（開皇2）年、都城

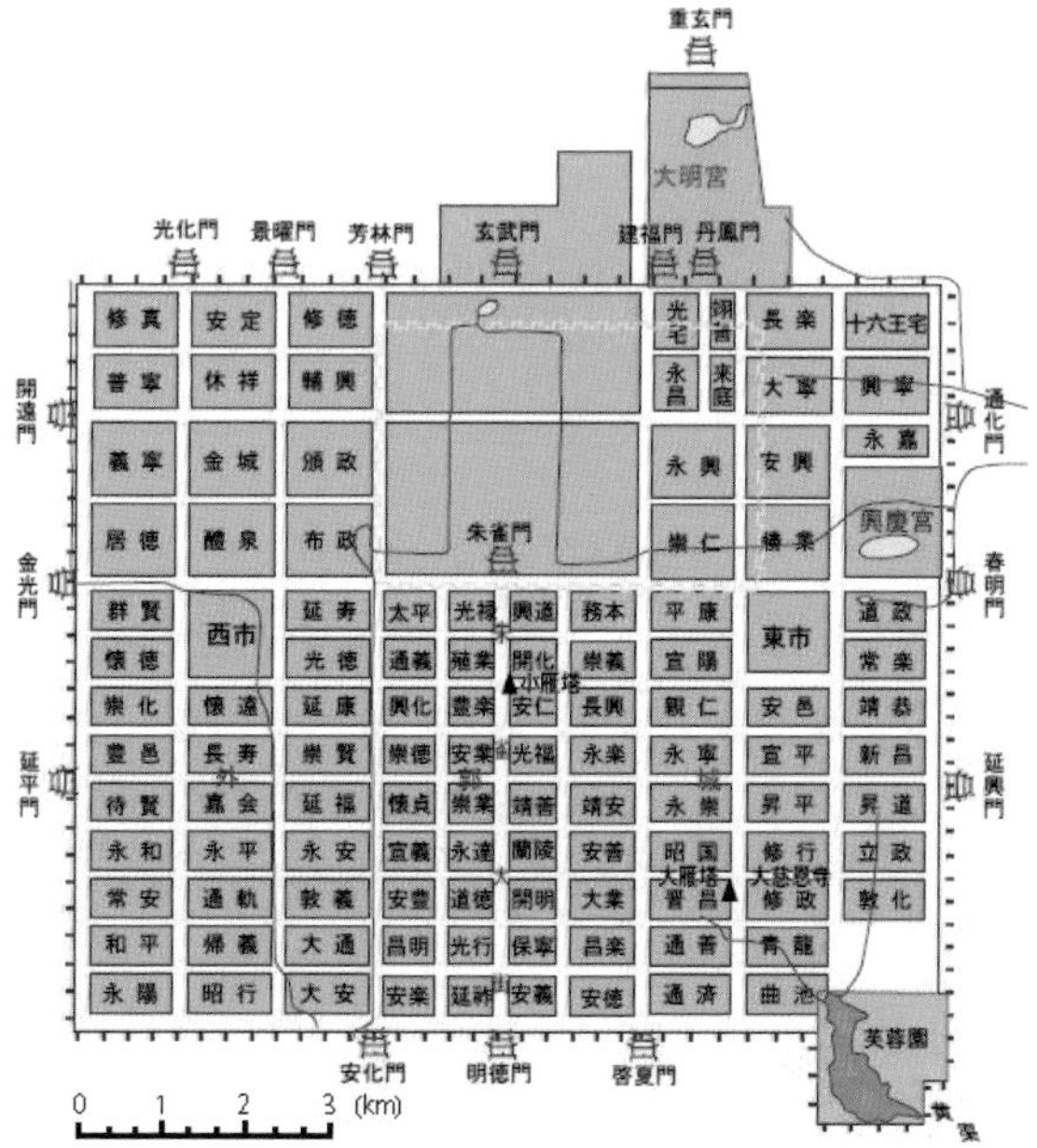

図7　唐の長安城（日本地図学会中国地図情報専門部会，2013）(1)

造営にあたり、隋の文帝は高熲《こうけい》を総裁に任命し、宇文愷《うぶんがい》（555—602）が建設を担当した。6月に起工、まず城壁を建設し、道路を開削して宮殿を建設した。そのあと都市全体を形成していった。だが、都城は隋代には完成しなかった。

このように唐の長安城（図7）は隋の大興城を基礎に造営されたもので、現在、西安の街区や城壁・鐘楼・鼓楼などに当時の面影を見ることができる。

唐の2代皇帝である太宗・李世民《りせいみん》（598—649）は634（貞観8）年にまず大明宮を建立し、高宗・李治の662（竈年2）年に蓮華宮が造営された。武則天（則天武后：624—705）は688（垂拱4）年に明宮を建立して、そこに各州の9つの鼎を安置した。夏の禹《う》王をまねたものである。小雁塔は唐の中宗・李顕の707（景龍元）年に建設された。玄宗（685—762）の時代は唐が最も繁栄した時代で、その他にも多くの建設が行われた。華清池《かせいち》における温泉施設などもこの時代のものである。大雁塔もこの時代、玄奘三蔵（602—664）のインドからの帰国後に建設されている。

♣五代以降

長安は唐末の戦乱で荒廃した。唐の滅亡直前、王朝簒奪を狙う朱全忠《しゅぜんちゅう》（852—912）によって都は洛陽に移された。唐を滅ぼして後梁を建てた朱全忠は、さらに首都を東の開封に遷した。これによって首都機能を失った長安の城壁は縮小され、単なる一地方都市となった。

1369（洪武2）年、明朝は元朝の奉元路を廃止して西安府を建てた。これが西安の名称の始まりである。明末に反乱を起こして西安に入城した李自成《りじせい》（1608—1645）は一時、長安と改称したが、清朝により再び西安とされ、今日に至っている。

［注］
（1）日本地図学会中国地図情報専門部会（2013）『地図で見る中国の歴史』シービーエス出版。

4　河西回廊の歴史

♣前秦―漢時代

神話によると、舜帝《しゅんてい》の時代、河西回廊にもともと住んでいたのは三苗《さんびょう》と呼ばれる民族だというが、これは神話での話だから確かなことはわからない。

漢代、司馬遷（前145？―前86）の『史記』大宛列伝によると、前200年ころ河西地方を支配していたのは月氏《げっし》と呼ばれる遊牧民族で、トカラ語（つまりインド・ヨーロッパ語）を使っていたと考えられている。当時は現在より少し湿潤で、月氏は遊牧を主とするも、隊商交易や軍馬の輸出などを行って、割と豊かな社会を築いていたようである。

ところが、秦の始皇帝没後、中国側での楚漢戦争の時期になると、それに乗じて匈奴が勢力を伸ばしてきて、陰山《いんざん》山脈からオルドス[(1)]・モンゴル高原地域を支配するようになり、河西地方の月氏は匈奴に攻撃・征服されて、西方への移動を余儀なくされた。遊牧民族である匈奴も、月氏の支配していた河西地方の東西交易の利権の確保や物資補給・経済安定のための整備などを目的として、この地を支配するようになった。こうして匈奴はモンゴル高原を拠点に、河西から西域や中央アジアに続くオアシス地帯を支配するようになる。

♣前漢時代

こうした状態の頃、前漢の若い武帝（前１５６―前87）は西域を支配して東西の交流の利権を得ようと、状況視察のため張騫《ちょうけん》（?―前１１４）を西域へと派遣した。それに先立って武帝は、匈奴の農産物補給を断ち、西域への交易ルートとしての河西回廊を征するため、衛青《えいせい》（?―前１０６）と霍去病《かくきょへい》（前１４０頃―前１１７）という精鋭軍団を送り込み、前１２１年には河西地方の匈奴を駆逐してこの地方を占領した。さらに長安―河西回廊地域間に長城（漢の長城）を築いて、交通の安全を確保し、武威・張掖・酒泉・敦煌の４地区に直轄の郡を置いた。これが私たちが旅した、この地方の城塞都市の始まりである。

♣三国・晋時代

３世紀の頃は世界的に乾燥化の時代で、中国の歴史では後漢末から三国・晋時代に当たる。その頃、西から移住してきた遊牧民族（五胡）によって、河北は五胡十六国時代の混乱期となる。晋の王室をはじめ門閥貴族やそれに付随する民衆の多くが江南地方へと逃げ込んだが、一部、別の地域の逃げ込み先として河西地方があった。前涼《ぜんりょう》や西涼《せいりょう》は、漢民族によって河西地方に建てられた独立政権である。

しかし、４３９年以降の南北朝時代に入ると、これらは河北を統一した北魏に組み込まれてしまい、政治的な独立性は失われてしまった。河西地方は古来、東西文化の交流地であったことから、政権とは関係なく文化的に重要な役割を果たしてきた。特にこの時代、この地はインドからの仏教伝来の通り道となった。仏図澄《ぶっとちょう》（？―３４８）や鳩摩羅什《くまらじゅう》（３４４―４１３）らにより中国語に翻訳・注釈された仏教は、タクラマカン砂漠の西域北道・西域南道いずれの道を通っても、この河西回廊を通って東の中国本土へと伝えられたのである。

♣隋・唐時代

隋・唐の時代、唐は西域の経営に力を入れ、安西都護府《あんせいとごふ》を亀茲《きじ》（今の庫車《クチャ》）に置いた。河西回廊も東西貿易繁栄の影響を受け、河西回廊の中心地、沙州（今の敦煌）は人口10万以上となり、周辺民族が行き来する交易の中心地となった。しかし、沙州を中心とした河西地方の繁栄も、安禄山の乱（７５５年）以降、衰え始める。唐の勢力が弱くなったこの地方には、ウイグル族（トルコ系民族）やチベット族・タングート族（チベット系民族）などの周辺民族が勢力を伸ばしてきて、諸民族の貿易力争奪戦の地となった。

♣宋・西夏時代

宋が中国を統一すると、タングート族が河西回廊に勢力を拡大し、西夏《せいか》（自称は夏《か》）を建国した。この西夏成立時期（11世紀後半）に、莫高窟《ばっこうくつ》に歴史に残る多量の文物（敦煌文書）が封じ込められたのである。それらは現在、「敦煌学」として解読・研究されている。

東西貿易の要路を確保して経済基盤を整えて、独自の文字（西夏文字：図8）まで制定した西夏は、文化的に次第に成熟していく。井上靖の小説『敦煌』は、この時代を背景に描かれたもの。その頃モンゴル高原に台頭したモンゴル帝国は、勢力を増すとともに河西回廊や西域にも進出し、この地の経済的利権と商業交通の確保をねらった。それまで繁栄していた西夏は前後4回の侵攻によって、モンゴル帝国の一部に組み込まれ、河西回廊を根拠地とした独立政権は途絶えてしまったのである。

♣元・明時代

河西地域はその後、元や明を引き継いだ北元、さらにはタタール（モンゴル系の一部族）や、オイラート（明代のモンゴルの部族）などの支配をうけるが、かつてのような繁栄はなく、戦略的・経済的に重要な地域とはみなされなくなった。それは、「陸のシルクロード」がそれまでのような意義がなくなったからである。唐の時代から、東西の交通は江南の各港を東の起点とする「海のシルクロード」へと重点が移っていった。景徳鎮など明代の重い陶磁器を西方に運ぶには、「海のシルクロード」つまり「セラミック・ロード」を利用した海運の方が、陸上輸送より有利になったからである。

図8　西夏文字で書かれた「妙法蓮華経観世音菩薩普門品」
1959年に莫高窟元代舎利塔で発見された。木版印刷。敦煌文物研究所所蔵。

♣清代以降

こうして、清代以降になると河西回廊はユーラシア大陸の東西を結ぶ貿易や文化の要路ではなくなり、中国国内の中国本土と新疆ウイグル地域を結ぶ単なる一地域となった。今日ではむしろ観光や宇宙開発基地などとして注目を集めている。

［注］

（1）黄河の湾曲部に囲まれた部分で長城以北の地域で、中国内モンゴル自治区の一部に相当する。

5 世界の8大奇跡、兵馬俑《へいばよう》

♣始皇帝の書体

兵馬俑は、秦始皇帝陵（驪山《りざん》陵）の一部で、殉死者の代わりに死後の皇帝を守る軍団として副葬した。「俑《よう》」とは赤色粘土を焼いて作った素焼きの人形の総称である。メンバーの今村が前回（2000年）兵馬俑を訪れた時は、今日の1号坑の発掘が終わった段階で、観光客もそれほど多くなく、1号坑の大きなかまぼこ型の館内を観察しただけであった。私たちは、8月2日、旅行の2日目に、中国人観光客で混雑する兵馬俑を見学した。

図9　1号坑建屋と博物館名の石碑

図10　凛とした篆書体の「秦兵馬俑一号坑遺址」

まず1号坑建屋前の青々とした芝生広場と「秦始皇兵馬俑博物館」と書かれた大きな石碑を背景に、この旅で最初の記念写真を撮った（図9）。記念撮影を終えて建屋に近づくと、黒地に金の「秦兵馬俑一号坑遺址」の凛とした字体に目を奪われる（図10）。字体は秦始皇帝が用いた篆書《てんしょ》体である。

秦始皇帝は貨幣や度量衡などさまざまな基準を統一しているが、文字の統一もその一つで、皇帝用の文字として篆書体、それ以外の公式体として隷書《れいしょ》体を定めた。篆書体の特徴は、線は同じ太さで等間隔、勢いは一定で偏りがなく、角は丸みを帯びる。これら特徴と文字の美しさのためか、今でも印章用の字体として使用されている。

♣兵馬俑《へいばよう》の発見

兵馬俑は1974年3月29日、臨潼《りんとう》県西楊村の農民・楊志発《ヤンシファ》さんら6人が、村の南に井戸を掘っていたとき、最初に青銅の武器、さらにバラバラになった素焼きの人形の胴体や頭などが出てきた。その後中国政府の1年間の発掘で、東西200mあまり、南北600mあまりに及ぶ兵馬俑1号坑のほぼ全容が明らかとなった。

1976年4月、1号坑の東端北側に2号坑が発見され、さらに、同年5月、1号坑の西端北側に3号坑が発見された。始皇帝陵の周りにはこれら3カ所を含めて遺跡が5つある。

♣多様性に富む兵馬俑《へいばよう》

今回私たちは1号坑から3号坑、2号坑、陳列館を見学した（図11）。始皇帝陵の建設についての実態の記録は、始皇帝の死後100年、司馬遷の『史記』秦始皇本記にかなりくわしく述べられている。しかし、兵馬俑に関しては全くふれられていない。『史記』以外の記録もない。つまり、兵馬俑は1974年までの2000年あまり、完全に忘れ去られて地下に眠っていたのである。広大な面積を占める1号坑では、歩兵・騎馬兵などの俑をもっともよく見ることができる（図12）。

現在私たちが観るのは、発掘して、埋められた当時の姿に復元された様相なのである。9つの隊列（各隊列は4人横列である）が、各隊列幅とほぼ同じくらいの幅の隔壁を隔てて（図13）、すべて東向きに配列されている。〝東向き〟とは、秦の軍団が亡ぼした6国を威圧するためと考えられている（図11）。ともかく、埋められた時のままに、忠実に復元したものである。人物の背丈は180㎝くらいで、現在の人の身長と同じかやや高い。おそらく当時の人物と同じに作ったのであろう。

現在発掘された将兵の数は約8000体だという。発掘時には壊れてバラバラになっていたものを丹念につな

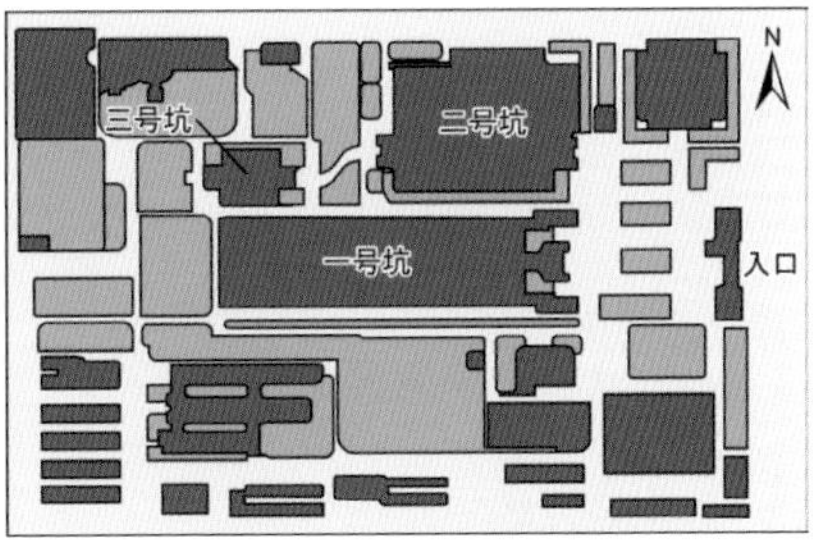

図11　3つの展示館の位置図

図12　隊列の人物像

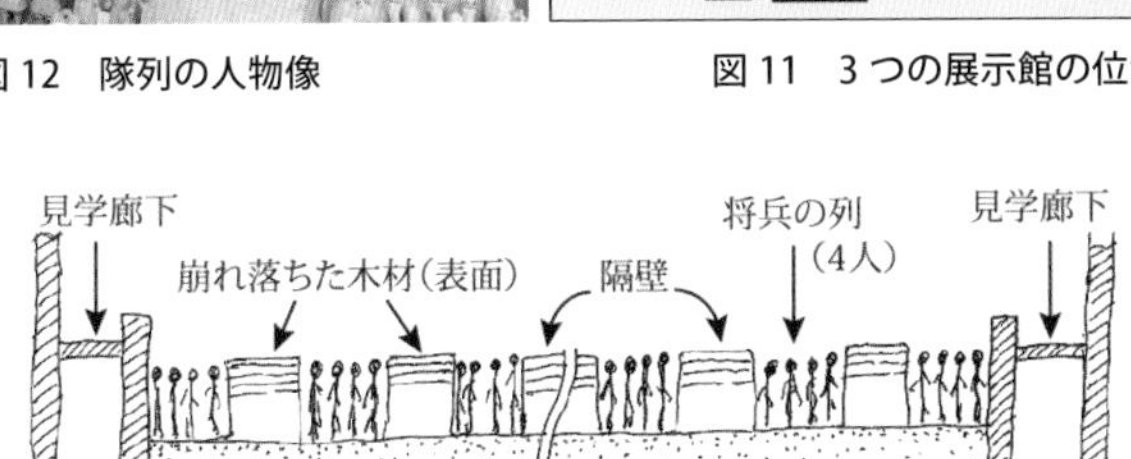

図13　将兵の列と木材の残る隔壁（南北断面を想定）

ぎ合わせて、埋められた当時の姿に復元したものである。人物の俑《よう》（素焼き）のうち、将兵（指揮官・騎兵・歩兵など）は、階級や役割に応じて形が異なる。亡くなった始皇帝の身を守る将兵の像だけでなく、文官や芸人の俑も発掘されている。このことから見て、兵馬俑は始皇帝の生前の生活をそのままに、死後の世界にもっていこうという考えのもとに作られたもののようである。

兵馬俑を研究している中国の始皇帝博物院とロンドン大学・考古学研究室（両者は共同で研究している）の詳しい調査・研究によると、俑の将兵８０００体は、すべて一人ひとり顔かたちが違う。これには実際、見学している私たちも驚く。髪型や顔のつくりだけではない。目は一重瞼が多いが二重瞼もあるし、将兵の耳の形もそれぞれ違う。始皇帝の死後の世界を守る将兵とはいえ、現実に生きている人物のように作られているのは明らかである。手や足や胴体は鋳型を作ってそれに粘土を流して作ったと思われるが、８０００人という多数の顔を一人ひとり違えて作るのにはどういう手法を使ったのか？　おそらくまだ研究中なのだろう。ロンドン大学の研究班によると、耳一つとっても、２つと同じ形はないというから驚きである。

♣兵馬俑《へいばよう》建設に使われた木材の生産地地図発見！

メンバーの今村はこの10年あまり中国の地図作成や測量の研究をしていて、当時の地図とこの兵馬俑建設との関係に気づいて驚いた。１９８６年に甘粛省天水北道区の党川郷の1号墓の中から発見された4枚の松の木板の両面に、７枚（その中の1枚の1面には図がない）の地図が描かれていた。地図は「水系図」をもとに土地を表示している（図14）。秦代の墓の中から出土した墓誌を記した竹簡などの器物の研究と、この木板地図の中に描かれている「邽丘《けいきゅう》」「略」「賜」などの地名から、戦国末期の秦国に所属していた邽《けい》県の地図であることがわかる。考証の結果、この1号墓は遅くとも前239年、すなわち秦王政（始皇帝：前259—前210）の亡くなる29年前に建設され、地図の作製はそれより早い可能性が強い。

調査・研究の結果、これらには地図が3幅あって、秦の木版画には山脈や河流・溝渓・狭窄部・道路・境界などが描かれ、さらに各所に地名が表示されている。また行政区画図が2幅あり、前記の地名などに加えて山名・寺廟・居住地と郷里の地名などが記されている。地名は居住地の大きさによって長方形の枠の大きさが違い、枠内に地名が記されている。そのほか、物産区域図と森林分布図が各々1幅ずつあり、山川

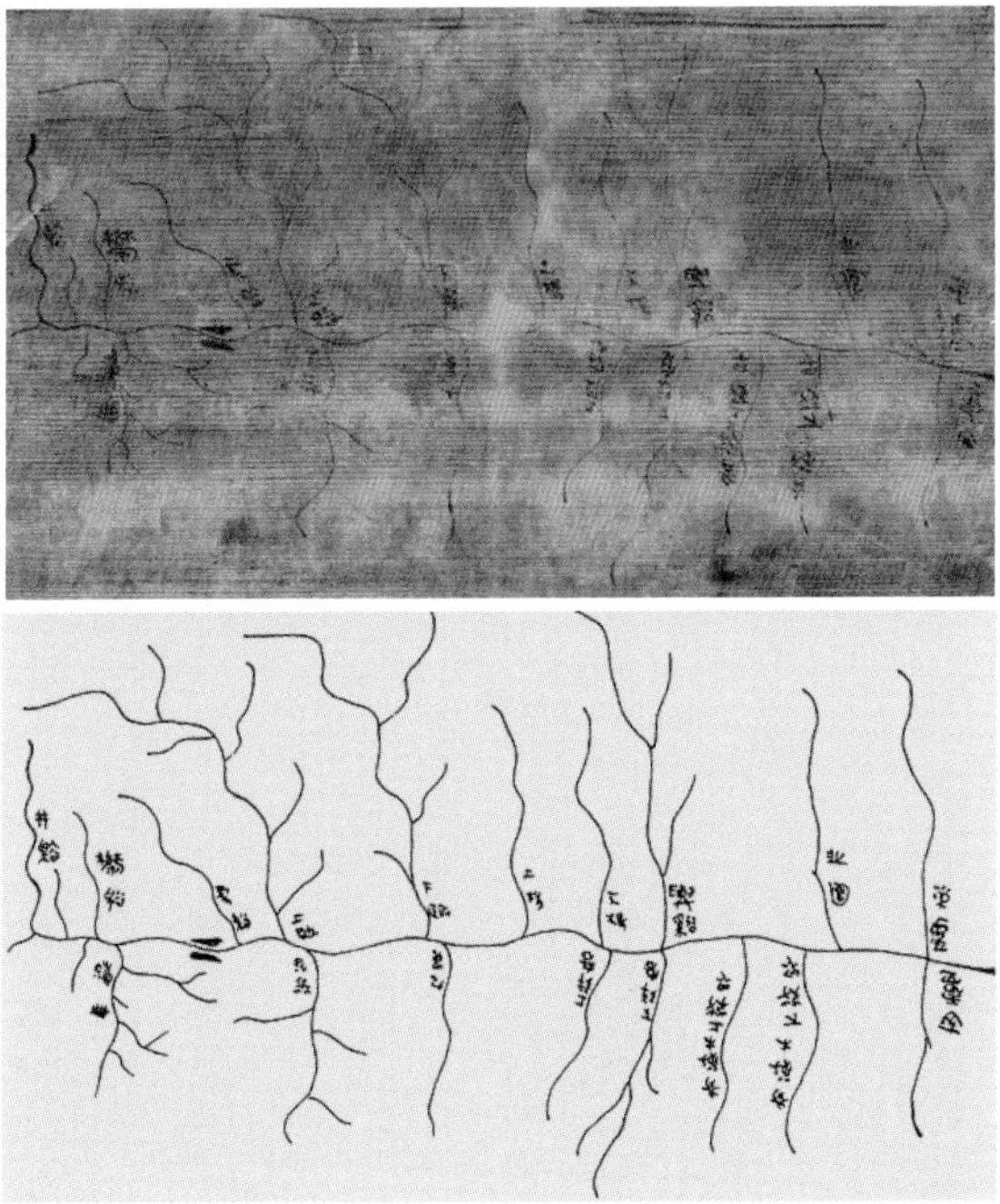

図14　秦の木版画（上）とそのトレース図（喩喰・廖克，2010）[1]

の地形・狭窄部と主要道路・交通状況などが図示され、各地点間の距離が示されている。さらに各種の木材と物産分布状況が、比較的豊富に、しかもかなり精度良く表示されている。

図中の河川沿いには「有薊木《ゆうけいぼく》」や「陽有薊木《ようゆうけいぼく》」「陽尽柏木《ようじんはくぼく》」「多木」「大松」といった5種の樹木名が記されている。「有薊木」や「陽尽柏木」などはおそらく木材の分布状態を示したもので、森林資源の現況を示したものと思われる。西安の兵馬俑抗や秦始皇帝陵などに大量に使われた木材が、ここから出ていたようである。つまりこの地図は、地理的・行政的な機能や軍事用だけでなく、土地の林産業の生産性をも表示する経済的な機能も持っていた可能性がある。

♣兵馬俑《へいばよう》での木材の使われ方

今村は今回、上述の秦代の地図が秦始皇帝陵関係の建設に使われた木材の産地を表わした地図であることから、秦始皇帝陵関係に木材がどう使われたかに大変興味があった。それで、1号坑に入るとまず木材の利用状況をよく見ようと思った。

建設当時コンクリートはないから、1号坑～3号坑はもちろんのこと、始皇帝陵自体も天井部分には木材が使われたはずである。そう思って案内のガイドにしつこく聞くと、図13に示したように、将兵列の間の隔壁部分の表部上面を覆っている（表面は平らでなく波打ってみえる）のが木材の列だという。つまり、1号坑の天井が落ちて現在残っているのが、隔壁部分の表面にある木材なのだ。もちろん天井だけでなく隔壁自体にも使ったと思われるが、現在明らかに木材が認められるのは、隔壁表面部分に波状に残存するものである。

もう一つ明確に木材が使われている箇所を確認できる。それは、1号坑の入口部分である（図15）。これは側面から見ると明らかに太い柱を立て、その天井部分に太い梁を渡しているのが確認される。大きく見てこの2点（隔壁自体に使われたものも多いと考えると3点）から、秦代に唯一残る地図（図14）が、秦始皇帝陵関係に使われた木材の産地を示す地図であるという認識を強くした。

♣進化した金属武器

兵馬俑で出土したのは将兵その他の人物俑だけでなく、馬車や戦車・戦闘で使われた金属（青銅）武器も多数ある。青銅でできた刀や矢じり・槍・戟《げき》・弩《ど》などさまざまの武器である。兵馬俑でそれらの一つひとつを見ることはできないが、これまでの研究成果の一部は、各坑の壁面にカラーパネルでくわしく展示されている。それらを見て驚くのは次のような点である。

第1に、矢じりなど4万本以上にのぼる大量の金属製品は、すべて旋盤によって大量生産されていたという事実である。これは、矢じり（20％の錫が含まれていて大変堅い）をシリコン樹脂でかたどったものを電子顕微鏡で見ると、その表面に、ある一定の方向に並んだ平行の線状痕がよく見えることから、確定されたようである。

第2に、馬車や将軍などの持つ刀や鎧などに残る金属片や塗料など、埋没当

図15　1号坑の入口に使われている木材（矢印）

図16　奥では兵馬俑の修理作業が進む

初には彩色が施されていたことがわかる。

第3に、弩《ど》（大弓：石弓ともいう）は秦の何百年も前から使われていたが、秦代のものはさらに進化していて、今日の洋弓のように金属製の引き金の付いた弓で、何種類かあっても部品には互換性があり、組み立てが簡単で、ほとんど訓練なしで使えるようになっていた。その仕掛けは、今日の競技用の洋弓にきわめて近かったらしい。

♣短期間での建造の驚き

始皇帝（前２５９—前２１０）は謀臣・李斯《りし》（？—前２１０）の助言を受けて、皇帝になった13歳の時から自分の墓（始皇帝陵）の建設にかかった（『史記』による）。54歳で亡くなるまでの40年の間、この巨大な始皇帝陵（発掘されたのはその一部の兵馬俑だけで、墓陵は未発掘）の建設に毎日70万人（72万人ともいう）の技術者や工人・人夫などが従事したが、始皇帝が亡くなったときには未完成であった。

では、これだけの労働力をいかにして確保したのか。これまでの研究によると、罪人や借金者・強制的に集められた人夫などで、すべて法治主義にのっとって強制的に働かされたらしい。強制労働で亡くなった生身の人夫や職人は、兵馬俑の隣に、別に専用の集団墓地を作って

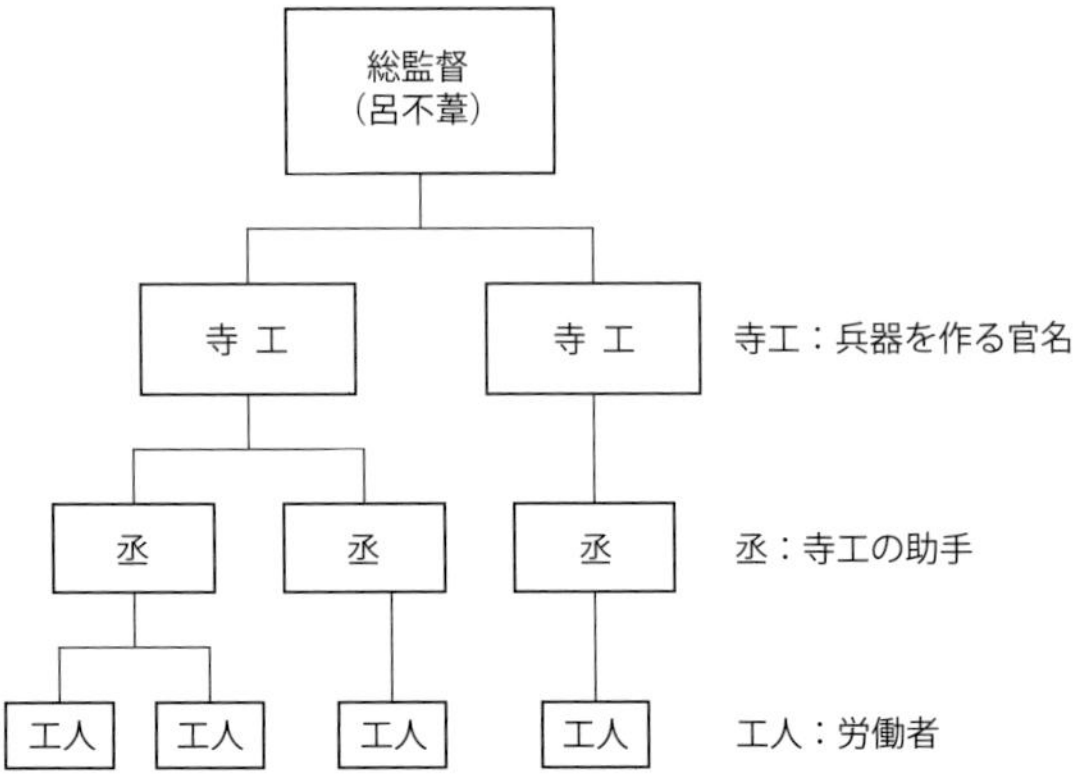

図17 兵馬俑建設の管理体制（始皇帝博物院資料による）
呂不葦は始皇帝をその父親・荘襄王の時代から皇帝にまで育てあげた人。始皇帝は呂不葦の子とも考えられている。

埋められていた。発掘によって、その数量までもわかっている。兵馬俑は始皇帝の合理主義に基づく（つまり殉死ではない）素焼きの人物像であるが、人夫や職人など工事で亡くなった者は別に葬られたのである。

建設の工程管理は、呂不韋を総監督とする体系化された4階層に分かれた責任体制の下で行われたようである（図17）。製品の質や工期などすべて階級ごとに決められていて、それに沿わないと、法にもとづいて処罰されたようだ。これまでの兵馬俑の科学的な研究によって、秦代当時の科学技術と始皇帝陵のような大規模土木工事の進め方やその管理体制なども明らかになってきている。私たちは兵馬俑の見学に大いに満足した後、目がくらむような夏の明るい戸外に出て、現実社会に引き戻された。

［注］

（1）喩嗆・廖克編著（２０１０）『中国地図史』測絵出版社（中国語）。

6　華清池《かせいち》と秦始皇帝陵

♣華清池と楊貴妃《ようきひ》

8月2日、兵馬俑を見学した後、西安市から30㎞ほど東の驪山《りざん》の麓にある、玄宗（６８５―７６２）が愛妾・楊貴妃（７１９―７５６）のためにつくった離宮を訪れ、多くのロマンスを生んだ2人の享楽地「華清池《かせいち》」を見学した。ここは、周代から３０００年以上の歴史を持つ古来の温泉地である。約

３０００年前、この地で爆裂（水蒸気爆発か？）が起きて、温泉が湧き出したのだという。

　園内に入ると、長さ１００ｍくらいの池が目に入る。その向こうには舎屋が連なる。前回（２０００年）来た時には、池の中の入口寄りにグラマーな楊貴妃の白い立像があったが、ガイドに聞くと、先年、浴場の近くの地上に移したのだという。その楊貴妃の白い立像（図18）から奥に進むと、玄宗が入ったという大きな（10ｍ×６ｍくらい）浴槽「蓮華《れんげ》湯」――２人で一緒に入ったこともあるだろうと邪推する――（図19）と、楊貴妃が〝恩沢をうける前〟に入ったという海棠《かいどう》[1]の花形をした小さな（３・６ｍ×２・７ｍ）楕円形の「海棠湯」（図20）が、発掘されたそのままの様相で展示されている。双方とも湯殿には白い大理石が敷き詰められている。そのほか唐の太宗以降の皇帝が入ったという、一見プールのように見える縦長の大きな風呂（18・２ｍ×５ｍ）がある。見学経路には温泉の源泉や、「太子湯」と称される小さな風呂も見える。子供の太子が湯あみをしたところか。ガイドによると、そのほかに宮女専用の「尚会湯」もあるそうだが、見学はしなかった。もちろんこれらの周囲の建物は「御湯遺蹟跡博物館」として復元されたものである。

　温泉は現在も湧いており、掲示されている何種類かの成分表を総合的に判読すると、泉温43℃の重炭酸――硫酸カルシウム・ナトリウム泉で、湧出量は毎時

図 18　陸上に移された楊貴妃の立像

図 19　玄宗の浴槽「蓮華湯」

1万ガロン（約4万リットル）と読み取れる。たしかにこの泉質ならば皮膚疾患や冷え性などに効きそうである。

周知のように、楊貴妃は中国四大美人（西施《せいし》・王昭君《おうしょうくん》・貂蝉《ちょうせん》・楊貴妃）の一人と称される豊満《グラマー》な美女であったらしいが、もともと玄宗の息子の妃であったのが玄宗に見初められ、一度道観（道教の寺）に入れられた後、宮殿に入り玄宗の妃《ひ》の一人としてトップに位置した〝傾国の美女〟である。その美貌ぶりは白居易の『長恨歌《ちょうごんか》』に、次のように詠われている。

楊家に女《むすめ》あり　初めて長成《ちょうせい》す
養われて深閨《しんけい》に在り　人未だ識《し》らず
天生の麗質《れいしつ》　自ずと棄て難く
一朝選ばれて　君主の側《かたわら》に在り
瞳を廻らして一笑すれば　百媚《ひゃくたい》生じ
六宮の粉黛《ふんたい》　顔色なし

つまり「さしもの大奥の麗人たちの美しい化粧も、楊貴妃の前には色褪《あ》せて見えた」ほどの美人だったというわけである。白居易の次の段には、海棠湯での湯あみをするこの美女のなまめかしさが、余すところなくあらわされている。

図20　楊貴妃の浴槽「海棠湯」

図21　楊貴妃の手植えの柘榴

春寒うして浴を賜う　華清の池
温泉　水　滑《なめ》らかにして　凝脂《ぎょうし》を洗う
侍児　扶《たす》け起こせども　嬌《きょう》として力なし
始めて是れ　新たに恩沢《おんたく》を承《う》くるの時
雲鬢《うんぴん》　花顔《かがん》　金歩揺《きんぽよう》
芙蓉の帳《とばり》は暖かに　春宵《しゅんしょう》を渡る
春宵短かきに苦しみ　日高くして起き
此より君主　早朝せず

この詩の前段を読むと、楊貴妃の肢体の清潔な滑らかさが眼前に見えるように伝わってくる。抜けるように白い肌を、なめらかな温泉の湯が滑り落ちる。ぴちぴちとした白い肌が、湯をはじくのであろう。湯あみをしてぐんなりとした体を腰元が助け起こす。女性の肢体の滑らかさは、色の白さとともに腰に手をまわした時の、なんとも頼りないような手ごたえにある。そのさまを白居易は見事に表現している。

白居易の『長恨歌』を頭に、こうした様を想い描きながら、2つの湯をしみじみと見学した。温泉地の出口付近には、楊貴妃が手植えしたとされる柘榴《ざくろ》の老木が、たくさんの実をつけていた（図21）。2人のロマンスの地にふさわしい果実だと思った。

♣秦始皇帝陵

華清池へ向かう途中、バスを止めて車中から、柘榴畑などの濃い緑に覆われた始皇帝陵を眺めた（図22）。『史記』秦始皇本紀・集解には、「墳高50余丈、周囲5里あまりある」と記載されているから、換算すると、墳墓の高さは１２０・６ｍ、底辺の周長は２１６７・８ｍとなる。２０００年あまりたった現在、土の圧密沈下や風雨による削剥・侵食、陥没、人為的な破壊などを受けて低くなっているが、今なお地面から65ｍの高さがある。

陵園の東門には地下に兵馬俑軍団が埋葬され、秦始皇が千軍万馬の軍隊を操っていたことを誇示している。その模様は前述のとおりすでに発掘・研究されて今日観光に供されているが、始皇帝陵はまだ発掘されていない。現在の科学技術で間違いなく当時の状態を保持して発掘できるか疑問がもたれ、発掘に踏み切れないでいるとも言われている。

『史記』秦始皇本紀には、秦始皇の陵墓は「三度地下水脈に達するまで掘り下げ、下に銅板を敷いて棺槨《かんかく》を納め…、水銀を流して百川・江河・大海を作り、機械仕掛けで水銀を注ぎ込むようにした。上には天文を備え、下には地理を備え…」と記されているから、かなり地下深く（数十ｍか？）まで掘削したうえで、陵墓空間が建設されたことがわかる。この陵墓に作られた棺槨（ひつぎ）の置か

図 22　始皇帝陵の遠望

れた空間の上面には、当時の天体（日・月・星辰）をリアルに表現し、下面には実際の地理に似せた地形の凹凸と多条の江河・大海を配置し、そこには水の代わりに水銀を流した。その水銀は機械装置によって永続的に循環流動するように作ったという。この「上具天文、下具地理」という表現から見て、始皇帝陵が秦時代当時流行していた「天円地方」（天は円形であり、地面は方形をしている）という蓋天《がいてん》説の宇宙観にもとづいて作られた陵墓であることがわかる。おそらく秦始皇は、現世では天地四方を支配した主宰者であったことを、後代に示しておきたかったのであろう。

最近の調査結果によると、秦始皇帝陵を横断する方向の陵墓表面の土壌水銀蒸気の含有濃度が周囲の土壌の４倍あることからみて（図23）、『史記』記述の「水の代わりに水銀を流した」という記述は確実のようである。それがどう流動し、いつまで作動したかはわからない。

秦始皇帝稜はこのようないわくつきの陵墓であることが頭にあったため、そのことを思いながらしみじみと眺めた。

♣皇帝の料理「大秦小宴」

兵馬俑博物館を出て秦始皇帝陵を眺めた後、昼食に、秦始皇帝が臣

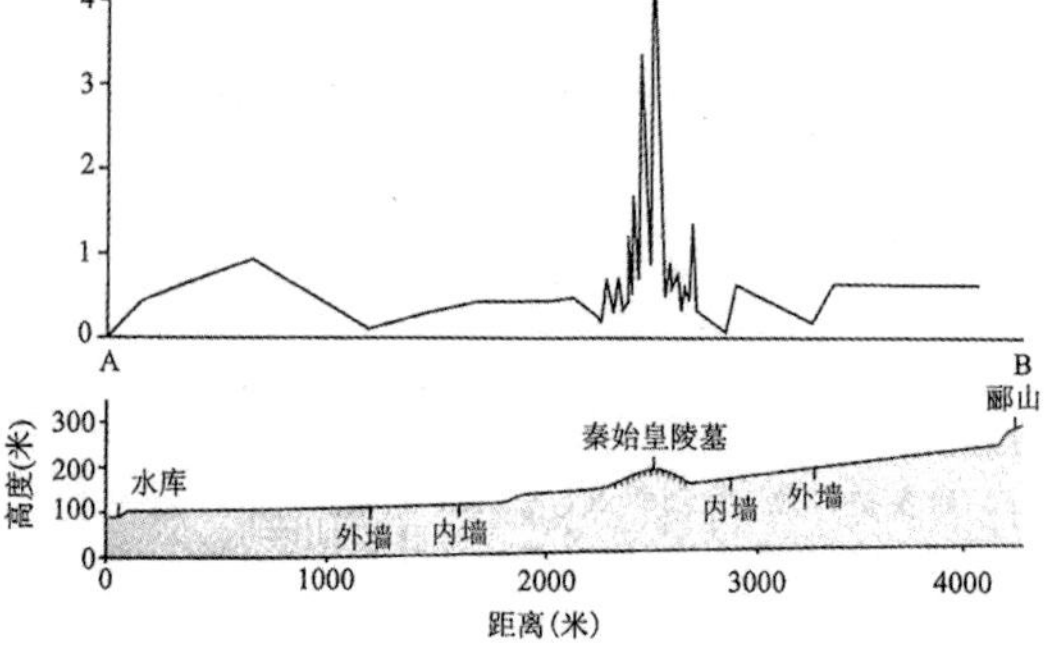

図23　秦始皇陵墓の土壌中の水銀含有量の変化（余定国, 2006）[2]
周囲土壌の４倍の濃度がある。

下をもてなしたといわれる料理「大秦小宴」を食べた。レストラン「真愛驪山」は黒と白を基調とした簡素で小綺麗な部屋に、直線で構成された机と椅子がしゃれた雰囲気を醸し出している（図24）。

皇帝の料理は懐石料理のように小皿でいくつも提供されるスタイルで、味付けや見た目は控えめ、香辛料はあまり感じられない。腹を満たす料理ではなく、刺激とうま味に慣らされた現代人の舌には物足りなく感じるのはしかたない。風味をゆっくり味わう素朴な料理である。これまでの中国旅行で出会った中国料理のイメージとは、味も見た目もまったく異なる料理に「たとえるなら、これは積んでおいた稲わら風味のそば（図25）。こっちは薄味のういろうといったものだね」などと会話の弾む昼餐となった。

〔注〕

（1）バラ科の落葉小高木で中国原産。春の終わりころ淡紅色の五弁花を房状につける。楊貴妃の古事から「睡《ねむ》れる花」と呼ばれる。

（2）余定国著／姜道章訳（2006）『中国地図学』北京大学出版社（中国語）。

7　大雁塔

華清池を見学した後、夕方、西安東南郊外にある大雁塔を訪れた。バスを降

図24　レストラン真愛驪山の内部

図25　皇帝の料理「大秦小宴」の小皿

左のお碗が「積んでおいた稲わら風味」のそば。

りて大雁塔を左手に見ながら数分歩き、「大慈恩寺」と大書してある大門を入ると、いずれも灰色をした磚《せん》（レンガ）で作った鼓楼が右手に、鐘楼が左手に立つ奥行きの広い大慈恩寺の境内に着く。大門の外には、黒褐色をした玄奘三蔵（602—664）の大きな立像（図26）が目に入る。私たちは三蔵法師の旅の難儀を偲び、その前で集合写真を撮った。

その後、境内に入ると大理石の数十段の階段を上がったところに大雄宝殿がある。大慈恩寺は、隋の大興城のあった「無漏寺」（「無漏」とは迷いの世界でさまよわないこと、「漏」は煩悩）のあとに、648（貞観22）年に当時の皇太子・李治が、亡き母親（文徳皇后）の慈母の恩に報いるために建立したものとされている。その真正面にある大雄宝殿（大雄とは釈迦のことで、その本尊を安置した建物）を入った所にある法堂のさらに奥に、大雁塔はそびえている（図27）。その入口には「大雁塔」とアーチ型に書かれている。

大雁塔は仏塔で、日本でいえば五重塔や三重塔などに相当する。このような仏塔は紀元前3世紀頃、釈迦の舎利《しゃり》（遺骨）を祀《まつ》るために造営されたのが始まりで、インドではストゥーバ（stuba）と呼ばれている。仏教がシルクロードを経て中国に伝わったのは前漢の哀帝の前2（元寿元）年のころとされるから、仏塔が中国で作られ始めたのは、それ以降のことになる。このような仏塔は中国では磚《せん》塔（レンガ造りの塔）、韓国は石塔、日本は木塔が多いという特徴がある。

図26　玄奘三蔵の立像

図27　大雁塔

図28　大雁塔の屋根に下がる風鈴と同じもの

中国の仏塔の特徴は、第1に、大雁塔のように内部に階段が作られていることである。仏教の塔では通常階段はない。インドのストゥーバにも韓国の石塔、日本の五重塔にも、基本的には階段はない。中国の場合、機能的には見張り台を兼ねた塔であった可能性がある。外敵の侵入をいち早く知るために高い塔が必要だが、仏塔がそれを兼ねていたようだ。

「大雁塔」の名前は、雁の群れから落ちて死んだ1羽をお釈迦様の化身として、塔をたてて埋葬したことに由来するという。大雁塔が周辺地域からよく見えるのは7階建て64mの高さがあるからで、たしかに見張り台を兼ねていた可能性が高い。玄奘三蔵がインドから持ち帰った経典や仏像などを保存するために、高宗にお願いして建立した塔で、もともと玄奘が自ら設計して建てたものは5階建てであった。各階には仏舎利が納められていたという。ただ、当初は表面を磚《せん》（レンガ）で覆った土壁で作っていたため、老朽化したので、武則天（則天武后：624―705）の時代（701―705）に新たに磚で作られ、7階建てになった。その後、熙寧《きねい》年間（1068―1077）に火事に遭って、1550年頃に再建されたそうである。

入場チケットを購入して塔正面の階段を上る。レンガ造りの塔は屋根の張出しが小さく、各層の4面に窓が1つずつあるだけの柔らかみを感じる佇まいである。入口で立ち止まって眺めていると、どこからか、柔らかく乾いた「カラン、カラン」という鐘の音が聞こえてくる。見上げると青空に伸びる土色の塔、その各層の屋根の四隅に掛けられた縦横30㎝ほどの鉄製の風鈴（図28）が、乾燥した風に揺れている。人は生まれ死に、世は移り変わっていくが、はるか唐の時代もこうして響いていたのかと思うと、時間の隔たりを超えて、ふと玄奘を近くに感じる気がした。

中国特有の中の階段は塔内をらせん状に急勾配でつくられており、朱塗りの柱と橙色の手すりを伝いながら、最上階を目指す。その途中の薄暗い中に、仏像や大雁塔の模型、１９９９年にインドの玄奘寺から寄贈されたという、王冠の上に九輪を乗せたような仏教芸術品などが展示されている。

最上階から南を見ると、西安の街を貫く大通りが霞の先まで続くのがよく見える（図29）。たしかに立派な見張り台の役目を果たしていたのだろう。唐代の人々もこの大雁塔から長安の街を眺めて、条理の行き届いた広大な街を感動して眺めたであろう。反対側（北側）を見ると、同じく真っ直ぐな大通りの先に西安の高層ビルが霞の先まで林立していて、現代の街であることを思い知らされる。２０００年に大雁塔に上った今村は、最上階から、まだ低い建物しかない西方に続く街路を眺めやって、「ここからシルクロードは続くのか」という感動と、「そこを玄奘三蔵はただ一人でインドまで赴いた」事実に、心に信仰をもった人間の意志の強さに驚嘆した記憶がある。

盛唐の詩人・杜甫（７１２―７７０）がこの塔に登って作った次のような詩がある。

高標《こうひょう》蒼穹《そうきゅう》に跨る　烈風時として休《や》むことなし
曠士《こうし》の懐《かい》に非《あらざ》るよりは　茲《ここ》に登らば百憂を翻さん

図29　大雁塔7階からの眺望

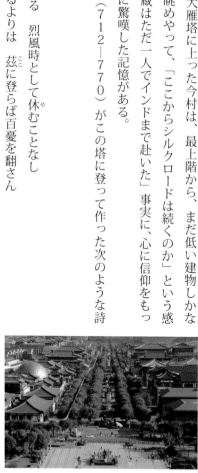

（高い高いめじるし＝大雁塔が青空に跨って立っている。
そこには烈しい風がいつも吹きすさんで休むことがない。
よほどの物事にこだわらない心の広い人でない限り、
こんなところへ登ってきたら、
さまざまの憂いの心を沸き立たせることになるのではないだろうか。）

この塔には、そういう思いを抱かせる何かがあるようだ。

大雁塔見学の後、夕食は西安名物の餃子だ。大通りに面した店にバスが横付けできないらしく、一つ北の通りで降りて、裏通りを餃子レストランまで歩く。通りには狭く小さい集合住宅が建ち並び、歩道脇には健康遊具が設置されている。レストランの建物は落ち着いた灰色と茶色で構成されている。静かな日常の顔をした通りを歩くのは楽しいものである。西安餃子は主に蒸し餃子で、野菜や魚介・クルミなどいろいろな食材を使っている。黄色・緑色・紫色など色彩豊かで、形も花や貝を模したものがあり目にも楽しい（図30）。味付けは控えめで、どれも小ぶりであれこれ違いを楽しみながら味わった。

夕食後に店外に出ると外はすでに暗くなっていたが、大通りは電飾に彩られた光り輝く楼閣と広い歩道を埋め尽くすようなにぎやかさ（図31）。夜のにぎわいはこれからといった雰囲気に誘惑される中、私たちは再び裏通りを歩いてバ

図30　カラフルな西安餃子

図31　電飾で輝く楼閣と通りのにぎわい

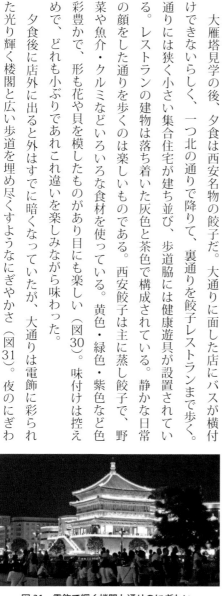

スまで戻った。

8 中国鉄路高速で蘭州へ

8月3日、西安を後にして河西回廊へと出発する。西安から蘭州までは、中国版新幹線「中国鉄路高速（CRH）」での移動である。中国の鉄道は1997年の第一次鉄道高速化計画を皮切りに、順次高速化への取り組みが進められてきたが、2007年の第六次鉄道高速化計画の実施で、より高度な運行システムと高性能車両が導入され、時速200㎞を超える速度での運行が可能となり、中国における鉄道運行の画期となった。以来、高速鉄道網は急速な勢いで運行区間を延ばし、2017年度末時点で営業距離は2万5000㎞に達している。(1) なお、中国の高速鉄道の展開に関しては、臧世俊の論文(2)に詳しい。

早朝にホテルを出た私たちは、専用バスで城壁内の古い街並みや城外に立ち並ぶ高層マンション、工場群などを眺めながら西安北駅に向かった。駅は高速鉄道の開業に合わせて新設されたターミナル駅で、西安の城壁から北に10㎞ほど離れたところにある。高速鉄道4路線のほか、西安市の中心部と結ぶ地下鉄線が乗り入れており、全面開業の暁には、アジア最大級の旅客駅になると言われている。(3)

駅の第一印象は、鉄道駅というより空港のターミナルに近い雰囲気である。駅から南を望むと、巨大都市西安の高層ビル群がスカイラインを形成しており、そのスケール感も鉄道駅離れしている。利用客の多くは高速鉄道を用いる長距離路線の利用客のようで、駅構内には国際空港さながら、飲食店や物販店が多く出店しており、その感を一層強くする（図32）。

中国の高速鉄道の乗車方法は日本の新幹線と異なり、一人ひとりがセキュリティチェックを受けて入場する。出発ホームには自由に立ち入ることはできず、列車が来るごとに切符とセキュリティチェックがなされる。したがって、日本のように、多くの乗客でホームがごった返すことはない。もっとも、これは路線の運行頻度の違いによるところも大きいだろう。在来線も含めて、概ね10分に1本程度の出発頻度のようである。

私たちは優雅にも一等座（日本のグリーン席）で、車両はほぼ満席である。乗車するのは、徐州東駅（江蘇省）と蘭州西駅（甘粛省）を結ぶ「徐蘭旅客専用線」を構成する路線のうち、西安北駅と宝鶏南駅（陝西省）を結ぶ「西宝旅客専用線」および宝鶏南駅と蘭州西駅を結ぶ「宝蘭旅客専用線」の区間である。このうち後者は、２０１７年７月に開通した区間である。営業距離は合わせて５５０㎞ほど。東京から新大阪に至るのと同程度の距離で、これを約３時間で結ぶから、東海道新幹線「のぞみ」よりやや遅い程度の速度である。

中国では前述の第六次鉄道高速化計画を進めるにあたり、運行システムや車両などの技術を、日本をはじめとする海外から調達している。今回の旅行で乗

図 32　西安北駅構内のようす

図 33　高速鉄道の車両

車した列車は「CRH5型」と呼ばれる、フランスの技術を基本に設計された車両である（図33）。車内の設備などは日本の新幹線と変わらない。座席の配置は一等座は2＋2、二等座（日本でいう普通車）は3＋2であり、この点も日本の新幹線と同様である。総じて乗り心地も良く、快適な旅行ができた。車内には、飲み物や軽食（スナック中心）を積んだ車内販売のワゴン車が巡回してくるが、暖かいお茶は無料で提供してくれる。この点は日本にないサービスとして特筆される。それだけ運賃が高いということかもしれない。

本線、とくに「宝蘭旅客専用線」の区間は開業から間もないこともあり、詳しい線形を示した地図は入手できなかった。グーグルアースを用いて想定線形を拾ってみたところ、おそらくは途中の主要駅を直線的に結んでいるものと思われ、所々でトンネルをくぐることもあった（図34）。

西安北駅を出発して、しばらくは都市化の進んだ地域を進むが、ほどなくして車窓は農村景観に替わる。

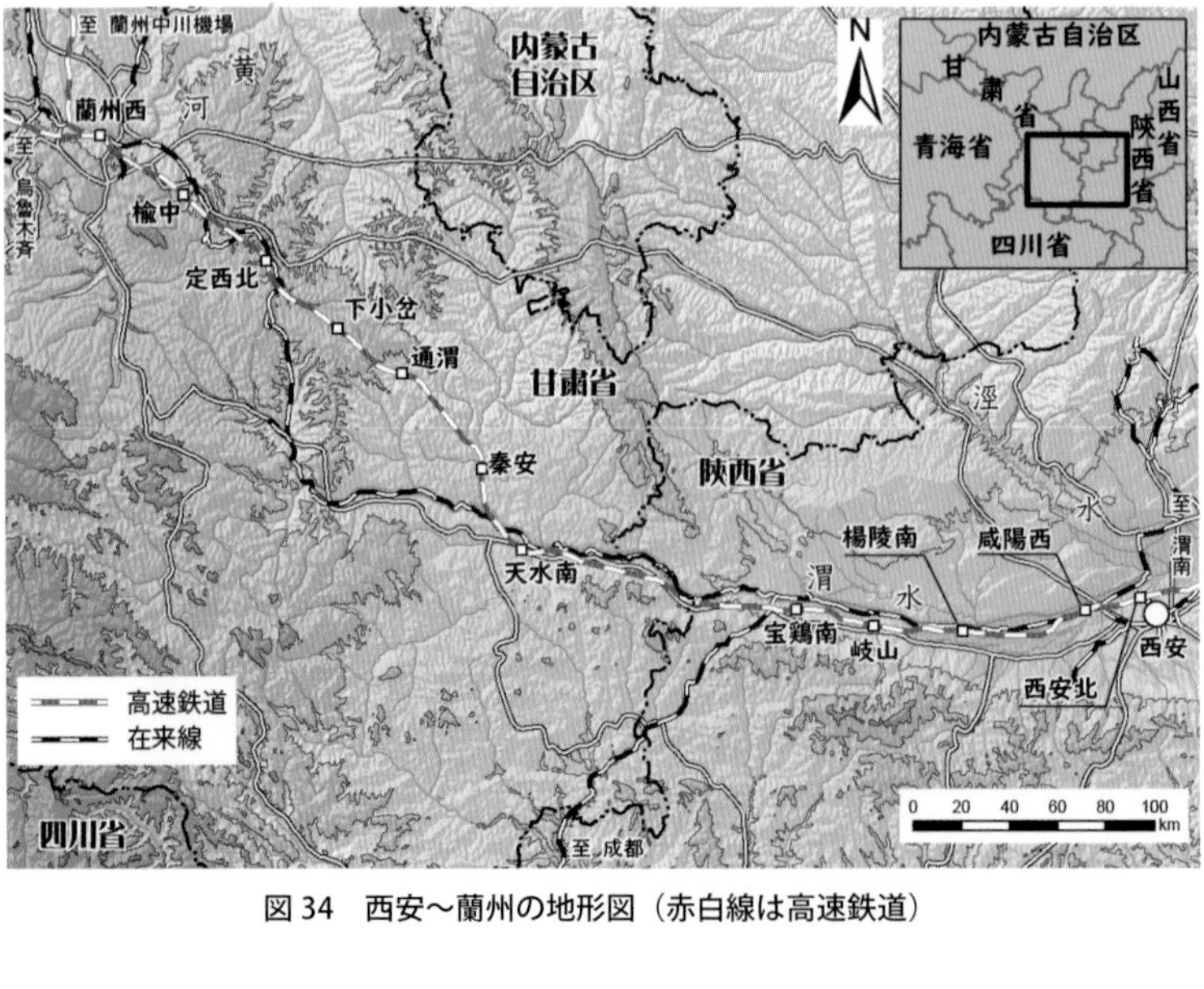

図34　西安〜蘭州の地形図（赤白線は高速鉄道）

主要な作物は麦のようである。植生も多く、青々としたのどかな風景がつづく。宝鶏南駅を過ぎると、長いトンネルを越えて甘粛省に入る。天水南駅を過ぎると植生は少なくなり、駅の周辺以外では集落の分布も疎になってくる。このあたりでは、山の斜面を等高線状に輪切りにしたような、茶色い崖と植生の緑が交互に現れる景観が多く見られた（図35）。帰国後グーグルアースで確認したところ、段々畑として利用されている土地のようだ。

列車は、目的の蘭州西駅までの間に途中5駅で停車したが、乗降客はそれほど目立たず、駅のホームも閑散としている。省のいずれを問わず、途中途中に工場が分布し、隣接して高層マンションが立地しているのが印象的だ。

車窓からの風景を楽しんでいるうちに、列車は私たちが下車する蘭州西駅に到着した。ここではまとまった数の乗客が下車していたが、西安北駅と異なり、構内に商業系の出店はほとんど見られない。降車客は足早に次の目的地へと向かっていくようである。私たちが乗った列車の終着駅は嘉峪関南駅だから、ここから約5時間半、始発駅の西安北駅からは9時間近くかかることになる。

高速鉄道の蘭州西駅は、蘭州市の中心部に位置する在来線の蘭州駅の北西約10㎞地点に位置している。駅には、中国鉄路高速（ＣＲＨ）のほか、蘭州中川空港（蘭州市の北方に位置する）とを結ぶ路線をはじめとする複数の路線が乗り入れるなど、蘭州市の主要ターミナル駅となっている。北側に新しい市街地

図35　甘粛省側の車窓からみる段々畑

図36　高速鉄道の車窓からの途中駅の景観

を挟んで黄河があり、新市街地は今まさに建設ラッシュであった。
私たちは蘭州駅から専用バスに乗り換え、待望の「河西回廊」の旅を続けた。

［注］
（1）「中国の高速鉄道、2020年には総延長3万キロで新幹線の10倍以上に―中国メディア」Record China 2018年1月4日。https://www.recordchina.co.jp/b324805-s0-c20-d0046.html
（2）臧　世俊（2014）「中国の高速鉄道建設の発展と世界的展開」千葉商大論叢 52―1、355―388頁。
（3）西安中信国際旅行社ホームページ。https://nwcts.com.cn/1/xiangaotie.htm

9　黄河第一橋と白塔山公園

♣黄河を望む

中国の大河といえば黄河と長江（揚子江）であるが、私たちはそれまでシルクロードの旅で黄河をまだ見ていなかった。今までの旅は沙漠の景色が優先し、河に出会うことは希であった。たとえ河に遭遇しても、そのほとんどは数㎞先で沙漠に消えてしまう河川であったり、伏流水としてオアシスを潤す程度の内陸河川であった。そうしたことから、河とは無縁の旅であったといっても過言ではない。しかし、今回の河西回廊の旅は、シルクロードの旅として唯一、「世界五大文明[1]」の発祥の一つとされる黄河と出会えたことは感慨深い。
かつて私たちは2007年に天空列車でチベットを訪れた際、夜明前の車窓から見た黄河や、長江（揚子江）の源流域（氷河から流れ出した沱沱《トト》河が無数の水流を集め、巨大な氾濫原を網の目状に蛇行しながら流下する）の湿地帯が朝焼けに黄金色に輝く景色を眺め、大河の大きさに感嘆したものである。

黄河・長江は「河水」・「江水」といわれ、寒冷・乾燥と高温多雨という2つの気候帯に属し、地勢的に性格が大きく異なる。中国4千年の歴史の半分以上は黄河流域に歴代の皇帝の都が置かれたほか、軍事活動の多くは黄河流域が舞台となり、政治・軍事の中心地であった。これに反して、長江流域は気候が温暖多雨地域で、水量が豊富で農業生産に恵まれている。そのため、多くの農産物を中心とした交易や経済活動が盛んな地域であったのではなかろうか。そうしたことを思いながら黄河を眺めていると、盛唐の詩人李白（701―762）の長編の詩「将進酒（将に酒を進めんとす）」の冒頭の一節が脳裏をかすめる。

君見ずや　黄河の水　天上より来るを
奔流して海に到りて　復《ま》た廻《かえ》らざるを
君みずや　高堂の明鏡　白髪を悲しむを
朝には青絲の如くも　暮れには雪と成るを
人生　意を得れば　須《すべか》らく歓を尽《つ》くすべし
金樽をして空しく　月に対《たい》せしむる莫《な》かれ
（後略）

これは李白が黄河を人生になぞらえての詩である。しかし李白は、長江を下ったことはあっても、黄河の畔に立ったことはない。

♣黄河第一橋

蘭州市は甘粛省の省都で、漢文明と異民族文化の十字路をなす東西に細長い都市である。面積は1・3万㎢、人口328万人（2019年）。私たちは西安からの高速鉄道で蘭州に着くと、昼食後に黄河第一橋と白塔山公園を訪れた。

蘭州市の中央部よりやや東の五泉山と白塔山が対峙するあたりで黄河が一番狭くなっているため、黄河数千年の歴史の中で、14世紀明代になって初めて浮橋が架けられたという。黄河はよほど架橋の難しい河とみえて、西蔵高原の源流部を除くと、上流から河口までの4000㎞の間に近代になるまで橋は一つもなく、人々はすべて船で渡っていた。

明代の橋もたびたび流されたようで、清代20世紀初頭になって、ドイツの会社が長さ230m、幅7m、荷重5トンの鉄橋を架けたが、「保証期間は30年、もし蛟龍のたたりがあればこの限りにあらず」と契約書に書かれたほど頼りないものだったらしい。これが当初の「黄河第一橋」である。現在は堂々としたトラス橋「中山橋」に掛け替えられており、右岸の橋の袂には「黄河第一橋」の記念碑が建てられている。河岸には羊皮袋の筏がたくさん並び、かつての渡

図37 「黄河第一橋」（右）と黄河（河畔には観光用の羊皮筏）

河の風情を楽しむ観光客で賑わっていた（図37）。

♣ケーブルカーで登る白塔山公園

蘭州市街地には、黄河の地峡部を挟んで、南に香蘭山が対峙している。市街地の標高は約1511mで、香蘭山はそれより700～800mほど高く、急峻な斜面を境して聳えている。この北麓に、前漢の若き匈奴《きょうど》追討軍司令官「驃《ひょう》騎《き》将軍」の霍去病《かくきょへい》（前140頃―前117）が馬に飲ませるために鞭《むち》でつついて5つの泉を湧かせたという名勝「五泉山」がある。香蘭山山頂から見下ろすと、この地が前漢時代に「金城」と名付けられ、西方の匈奴を防ぐ要害の地であったことが納得できる。

私たちは黄河を眺望するため、黄河右岸駅からロープウェーに乗り込んだ。ゴンドラの車窓からは眼下に雄大な黄河を眺め、約5分程度で山頂の白塔山公園駅（約1700m）に到着した。白塔山は、明代に立てられた寺と白い仏塔が名前の由来である。ロープウェー駅からさらに徒歩で数分登った小高い丘の頂上から、黄河の流れとビルの林立する蘭州の市街地を一望する（図38）。この付近の黄河の川幅は約200m、黄褐色～赤褐色に濁り、満々と水をたたえて、かなり速い流れで黄河鉄橋の下を東方へ流れ下る。

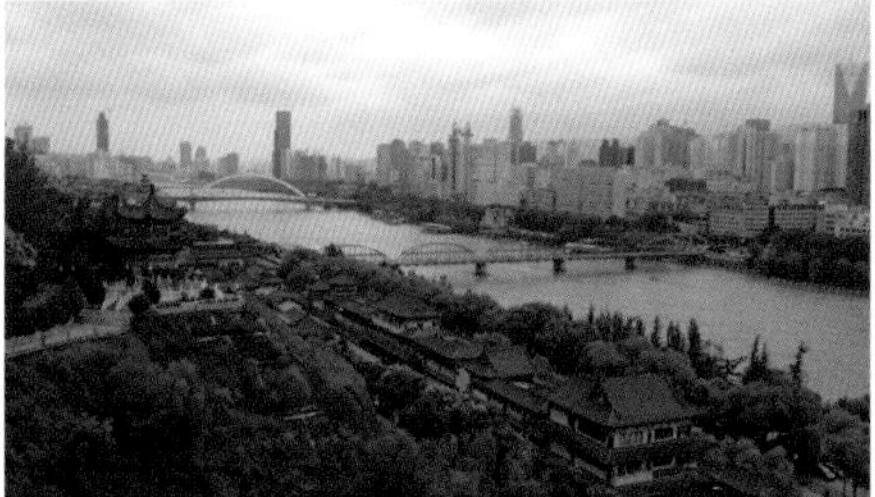

図38　白塔山公園から望む黄河

♣ワインに悔しい思いをする

白塔山観光では悔しい思いをした。それは、ロープウェーに乗る前、売店で中家が眼ざとくワインを見つけ、老店主に値段を聞いてみると、30〜40元と破格の値段を答える。蘭州から武威までは長距離のバス旅になる。私たちは毎回習慣となっているナンとワインを確保するために、早速数本を予約する。老店主はにっこりと頷き、予約は完了したと思っていた。

白塔山での黄河見学を終えて、再度売店に立ち寄ると、先ほどの老店主は不在で、意地の悪そうな叔母さんが店番をしているではないか。私たちは先ほど予約したワインを購入しようと値段を聞くと、1本120元だという。先ほどの3〜4倍の値段だ。店内を見渡しても、先ほどの老店主の姿は見えない。しまった、先ほどの話を聞きつけた〝やりて婆さん〟が値段をつり上げているのだ。仕方なく私たちは、ワインなしで武威までの旅はつらいだろうなと思いながらも、しぶしぶその店を出た。

その後、ガイドがワインを数本買ってバスに戻って来た。なかなか気が利くガイドだとその時は感謝したが、車内で値段を聞いてびっくり。1本300元だという。嘘だろうと内心思うが、時すでに遅し。先ほどの叔母さんの顔が一瞬にして仏に変わった。私たちは車内で高級（高い値段？）ワインとナンを手に、重い気持ちで河西回廊を次の都市、武威へ向かった。その時のワインは何となくほろ苦く、悔しさに窓の景色も曇りがちであった。

[注]

（1）最近の研究では、中国では「黄河文明」より1500年ほど古い「長江文明」があり、それは日本の「縄文文明」と同じく〝森の文明〟が栄え、稲作が生まれたとされている（縄文文明では水田稲作は生まれていない。安田喜憲『文明の環境史観』中央公論新社、2004など）。このため、最近では長江文明を含め「世界五大文明」とされている。

10 黄河の源流と流路

ここで黄河について少し記しておきたい。黄河流域は地理的に西蔵高原と黄土高原[1]、オルドス・ループ[2]、華北平原に分けられ、7つの省と2つの自治区を縫って流下する。長さは5464km、流域面積は75万km²と、長さ・面積とも日本列島の約2倍の大きさである。

1978年の測量で、鄂陵湖《オーリン》（標高4268m）、孔陵湖《ザーリン》（4294m）の名称の統一と、源流はカルチューの星宿海《シースーハイ》（4350m）とすることが決められた。しかし1980年になって、さらに上流の雅拉達沢山《セラダツオ》（峰、5214m）の麓にある約古宗利盆地《ヨグソンリエ》（4878m）の小さな湧水が源流と認定された。約古宗利はチベット語で「大麦を焼くフライパン」の意味だという。ところが、2008年には、香港の探検家ワン・ハウマンが、黄河源流は星宿海より528m高い4878m地点であると発表した。さらに彼は1985年と2005年に長江の源流（5170m）、2007年には瀾滄《らんそう》江の源流（5175m）へと到達している。これら3つの大河の源流域はいずれも青海省玉樹チベット族自治州にあり、「三江源流地域」と呼ばれている（図39）。

黄河は巴顔喀拉《バイエンカラ》山脈（チベット語で「青い山」の意）に源を発し、西蔵（チベット）高原を蛇行しながら北流し、青海省の東部で祁連《チーリエン》山脈の東端を抜ける。甘粛省に入ると「甘粛三峡」と呼ばれる硫家峡・塩鍋峡・八盤峡などの深山幽谷を刻みながら流れ、三峡を抜けると盆地が開けて、黄河第一の渡河地点となる蘭州盆地に至る。蘭州市内では東流するが、市街地を離れると黄河は北へと流路を変え、再び切り立った崖に周囲を囲まれて寧夏に入る。寧夏は「天下黄河富寧夏」と言われるように土地の肥沃さと水の豊かさで知られ、西夏王朝（11—13世紀）もかつて寧夏の銀川に都をおいていた。銀川平原を抜けると、オルドス高原を北上し、巴彦淖尔市《バヤンノール》（内モンゴル自治区）で向きを東方へ変え、包頭市からは南へ大きく屈曲する。この屈曲部の北東端までが黄河上流域とされ、それ以下が中流域となる。

　黄河中流域では黄土高原の真っ只中を陝西省と山東省の境界に沿って流れ、黄河の含有土砂の大部分はこの地域から供給される。さらに、黄土高原随一の大瀑布、壺口《フーコウ》瀑布を経て西安方面から渭水《いすい》と合流して、再び東へと流路を変え、函谷関の北を経て、やがて華北平原に入って悠々と流れる。洛陽・鄭州からは開封で北東に流路を向け、

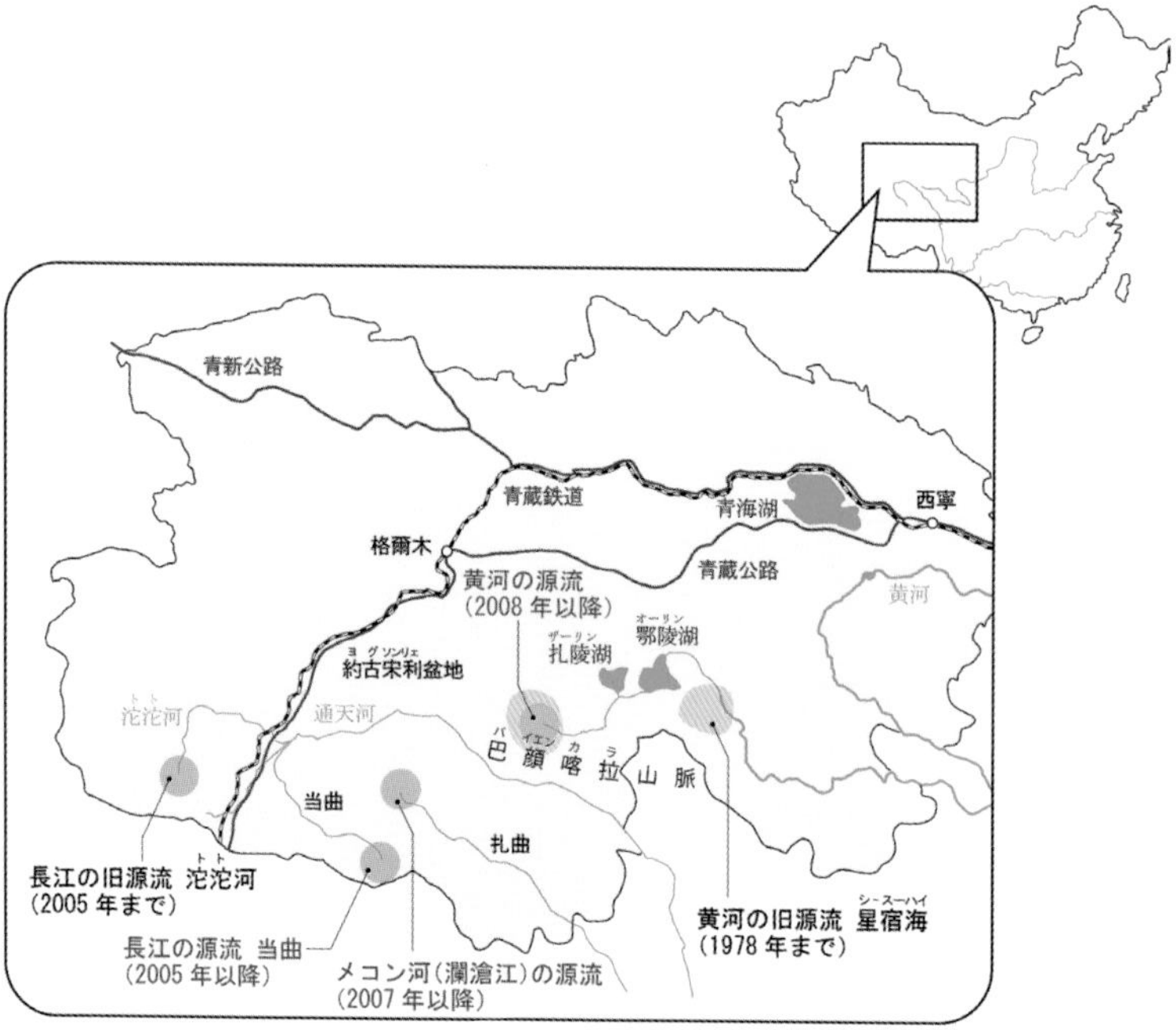

図 39　黄河・長江の源流域（森下・池渕，2015）(3)

山東省北部で渤海へと注ぐ。特に鄭州から下流域では黄土の堆積が多いため、河床が浅くなって天井川となり、有史以来しばしば氾濫をくりかえしてきた。そうしたことから、黄河を治めるのは困難を極め、歴代王朝の重要な関心事の一つであった。

黄河の水文学的特徴としては、流量の割には砂が多く（１㎥に約44kg）、古来、「水１石に泥６斗」と呼ばれるほどである。そのため下流では洪水氾濫のため河道変遷が激しく、太古から「水を治めるものは国を治める」と言われてきた。

［注］

（１）シルトを意味するレス（Loess）高原とも呼ばれる。標高１０００～２０００ｍ、広さ40万～64万㎢。

（２）黄河は蘭州で漢字の「几」の字のような形で大きく屈曲する。この部分はオルドス・ループ（Ordos Loop）とも黄河屈曲部とも呼ばれる。

（３）森下郁子・池渕周一（２０１５）『世界の川シリーズ７　長江と黄河に行く』ユニウス。

11　蘭州ラーメン

蘭州ラーメンは甘粛省蘭州発祥のイスラム料理（清真《せいしん》料理）である。そのためスープの出汁《だし》や具には、豚ではなく牛やヤクの肉を使う。日本では一般に「蘭州ラーメン」と呼ばれているが、甘粛省内で見た店先の看板には「牛肉面（麺）」とか「牛肉拉面（麺）」と書かれている（図40）。市内だけで数千軒の蘭州ラーメン店があるといわれる。たしかに、バスの車窓からも、至るところでこのような看板を見かけた。
中国の麺料理と言えば、新疆ウイグルで食べたラグ麺が思い出深い。親指と人差し指で作った輪っかほどの太さの麺生地が、大きな桶にとぐろを巻いて寝かされている。注文を受けるとその麺生地を取り上げ、両手にぐるぐると巻いて、捻りながらグイッと延ばす。延びたら左手に通っていた麺を右手に通す。折り畳まれるので麺の数は2倍、太さは半分くらいになる。それをまた両手で捻りながら延ばしては畳む。これを繰り返して、細く長い麺にしていく。適度な太さになったところで、沸騰した湯に投入する。こうしてコシのある、つるつるした長い麺が茹で上がる。麺は浅い皿に盛られ、その上に羊油で炒めたトマトやナス、唐辛子などやや汁気の多い具を載せてできあがり。気温40℃を超える乾燥地域でも、食欲を湧かせる料理であった。

ラーメンは中国語で「拉面」と書く。意味は「拉」が引き延ばす、「面」が穀物の粉（主に小麦粉）を指す。日本では生地をのし棒で押し広げ、畳んで包丁で細く切るため、麺の長さは生地の広さ、太さは切り幅で決まる。それに対して、麺の長さも太さもただひたすら生地を引き延ばすことでつくり上げるこの調理法こそ、まさに「拉面」だ。

8月3日、中国高速鉄道で蘭州に着いたあと、黄河第一橋や白塔山公園を訪れる前に、お昼に名物の蘭州ラーメンで腹ごしらえをした。道に迷ったバスは

図40　「中国蘭州牛肉拉麺」の看板

図41　調理場奥で生地を捏ねている

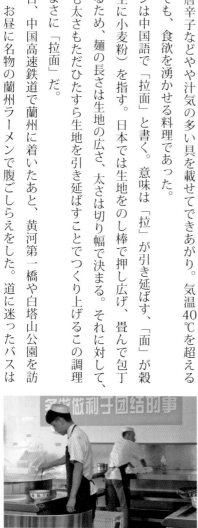

ぐるぐると黄河沿いを2周して、ようやく清真中国蘭州牛肉拉麵の食堂「東方宮」に到着した。店内では通路のすぐ脇に調理場があるので、料理風景を見ることもできる（図41）。料理人はよく捏ねた小麦粉を両手に持ってグイッと長く引き延ばす。それを捻りながら折り畳み、1本を2本に、2本を4本にと、ラグ麵と同じ作り方だ。蘭州ラーメンは麵の太さや形も選べるらしく、その場で注文通りの麵にするのだから器用なものである。

我々は白いクロスの掛けられた円卓に着く。各席には大きな角皿が置かれ、ゆで卵や野菜料理などと共に薄切りの肉が盛られている。この店では肉を別に供する。清真料理屋なのでビールではなく、お茶を飲みながら待つ。

運ばれてきた蘭州ラーメンは、スープ表面の7割が刻みネギ、3割がラー油に覆われ、イチョウ切りの大根がちょこっと顔を出している。箸を入れて白い麵を持ち上げ口に運ぶ。やや黄色味を帯びた白い麵は太さ5㎜ほど。柔らかく、とても滑らかである。絡み合う麵を手繰るようにする。塩の効いたさっぱり味のスープ、ラー油とネギが香ばしさと辛みを添える。そこに好みで加えた香菜《シャンツァイ》独特の香味が快い。麵はかなりボリュームがあり、食べても食べてもスープの下から現れる。女性陣は最初に「若い男の人どうぞ」と周りに分けていたが、それでも食べきるのが精一杯の様子。最後は皆満腹になったようだ。後味はさっぱりしていて重たさを感じない。食後に絶品の自家製ヨーグルトを食して胃を落ち着かせた。

蘭州ラーメンの5つの要素だという「一清（澄んだスープ）、二白（大根）、三紅（辣油）、四緑（香菜やニンニクの芽）、五黄（麵）」を存分に味わうことができた。さらに麵づくりの工程は、見ていても楽しい。中国国内で人気の高い蘭州ラーメンは、現地で食べてなるほど納得の味であった。最近では日本で独自に進化したラーメンが中国に逆輸入されて「日式拉麺」として食べられていると聞く。神谷の知り合いの女性も、北京の日本語学校時代には日本風ラーメン屋によく通ったと話していた。

日本でも蘭州ラーメンを食べられないかと思ったら、真下が東京の神田神保町にあるお店「馬子禄《マーズルー》」で食べたことがあるとのこと。帰国して調べると、都内には同様の店が数店舗ある。池袋にも「火焔山」という烏魯木斉《ウルムチ》の人がやっている店があることが後でわかった。さて日本で食べる蘭州ラーメンの味は如何。味比べが楽しみだ。

12　河西回廊の意味を悟る：明の長城

8月4日、武威から張掖へと向かう。河西回廊のいわば中枢のような場所を通るわけである。前漢・武帝のころ、西方民族や北方の匈奴がこのあたりまで入ってきていた。それを武帝の命によって駆逐してこの地の支配権を確立したのが衛青《えいせい》と霍去病《かくきょへい》（後述）の両将軍であった。シルクロードは漢代には唐代ほど利用度が高かったわけではないが、武帝はここに武威・張掖・酒泉・敦煌の4つの郡を置いた後、駆逐した北方民族や西方からの民族の侵攻を防ぐ必要があった。このため、陽関と玉門関の設置と同時に、ここに長城を作ったのである。その後、前59年の宣帝の時には烏累《うるい》城に西域都護府が設置されている。
張掖の南南東約１７０㎞の山丹県清泉鎮には、道路より東北東側にほぼ並行して高さ５ｍほどの長城が延々と数㎞にわたって続く（図42）。明の１５７２（隆慶６）年に作られた長城で、この付近を「山丹長城」と呼ぶ（図43）。私たちはその長城を見て興奮し、長城に続く烽火台のところで車を止めてくわしく観察した。烽火台は高さ15ｍくらいで、四角錐の上部を切り取ったような形をしている。つまり一面だけを見ると縦長の台形をしている。長城・烽火台とも版築で黄土を突き固めてできており、壁面には横方向に20㎝くらいの厚さで固められたことを示す筋が見える。烽火台の脚部には「明長城」と記した小さな石板が建てられている。

ツアーガイドの話によると、漢の武帝の前１１１（元鼎６）年に高さ５ｍほど（馬が飛び越えられない高さ）の長城が98・５㎞にわたって作られていたが、長年の風化・侵食によって壊れたり低くなったりしていたので（現在では高さ３～４ｍの土の塊が残る程度、図44）、明代にほぼ並行して新たに作ったのが現在見る長城だ。だから脚部の説明石板には「明代修復」と付け加えるべきではないかなどと思った。唐代にはこの地域に治所・安西都護府が亀茲《きじ》（今の庫車《クチャ》）にできていて辺境防衛に力を入れていたため、特に長城の修復は必要なかったらしい。

図 42　延々と続く明の長城

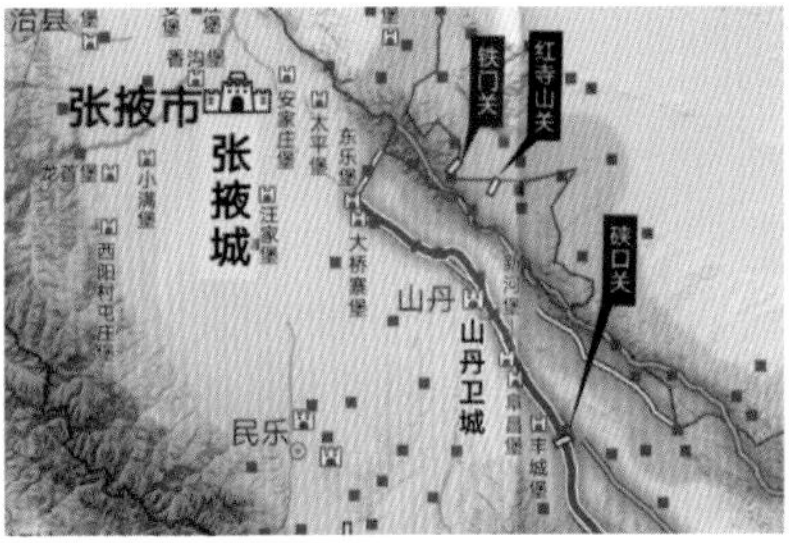

図 43　明の長城図（帝都絵工作室，2019）[1]

これら連続する明の長城を見ると、この地域がまさに西北西―東南東に伸びる「回廊」であることを痛感する（図45）。南側は祁連《チーリエン》山脈で隔されており、北側は一部に低い山はあるものの、大勢は茫々千里の沙漠で隔てられているから、ここに沙漠側からの侵入を防ぐ長城を作れば、北や西からの異民族の侵入を効果的に防ぐことができ、河西回廊は安泰であることが理解できる。

［注］

（1）帝都絵工作室（2019）『長城絵』北京連合出版公司。

13　張掖《ちょうえき》の大仏寺

♣張掖の歴史

8月4日、張掖の手前で明の長城を見た後、11時35分に張掖市に着く。張掖は河西回廊に残る2000年前の漢代の城址（鏁得城《しゃっとく》）の城壁に囲まれているというが、バスで通っただけではその位置はよくわからない。前111年、この地域への漢の進出によって、初めて郡県が設置された。その後、なんとか漢民族の西域経営は続き、鏁得城は河西回廊の重要な鎮地として大きな役割をはたし、城市に繁栄をもたらした。3世紀から始まる五胡十六国時代になると、

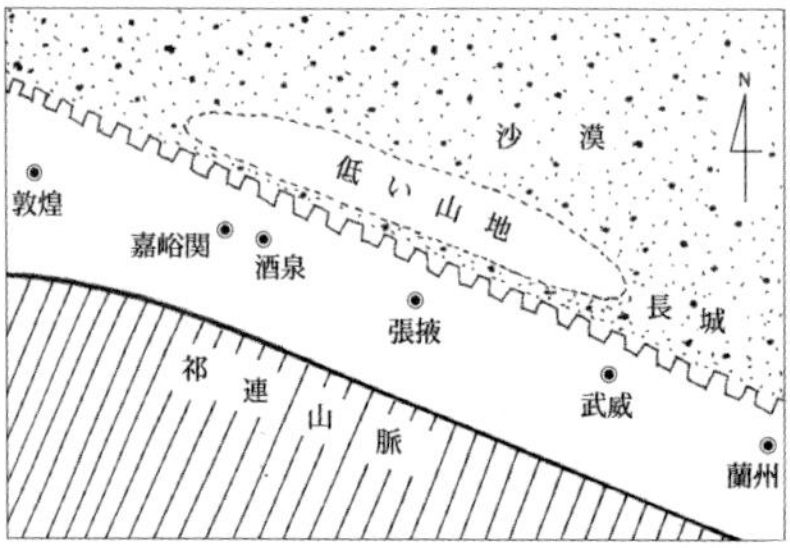

図45　河西回廊の位置付け略図

図44　明の長城に並行して続く漢代の長城

この地域は5つの涼《りょう》国王の興亡の舞台となった。

このころ、中国の仏僧・法顕《ほっけん》（339?―420）は、この地を通ってインドへと向かっている。8世紀の初めになって、中国（漢民族）の勢力はこの地域にまで及ぶが、唐代になると吐蕃（チベット族）の進出があって混乱が続く。中国は張義湖によって一時的に河西地域を回復するが、続いてウイグル族が甘州を占拠した。その後、200年にわたる西夏《せいか》（チベット系タングート族が建てた国）の時代となる。13世紀初めになってモンゴルによる西夏や南宋の滅亡と、目まぐるしく変わったのが、張掖のおおまかな歴史である。

♣マルコポーロも滞在した交易の街

張掖というのは「国の臂掖《ひえき》（ひじとわきの下）を張り、西域に通じる」という意味でつけられたという。張掖は漢代に霍去病《かくきょへい》が匈奴を破ったのち、武威《ぶい》と並んでシルクロードの要衝となった。水と土がよくて農産物も豊富なため、「金の張掖、銀の武威」と呼ばれて、シルクロードの交易都市として栄えてきた街である。最近では武威の方が発展しているのかもしれない。

大仏寺の近くの大通りの交差点には、若々しい姿のマルコポーロ（1254―1324）の白い大きな立像が、円筒形の台座の上にさっそうとした姿で立っている（図46）。マルコポーロはフビライ（1215―1294）の命で、ここ

図46　張掖の街並みと若いマルコポーロの立像（左）

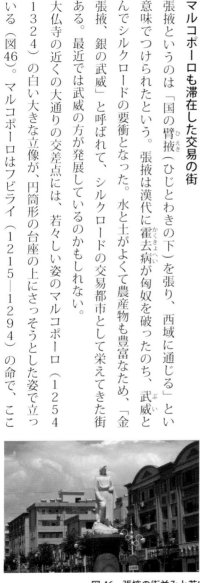

に役人として1年間滞在した。それを記念しての像であろう。

♣大仏寺を訪れる

青色の地に「大仏寺」と金文字で大書した大仏寺山門の前でバスを降り、境内に入って真正面の10段ほどの階段を上ったところに、まったく彩色のない地味な木造2階建ての外観（内部は1階）をした建物がある（図47）。建物の入口には「大仏殿」の簡単な説明が中国語と英語で記されており、「大仏殿が大仏寺の主要な建築である」と書かれている。大仏殿は長方形の建物で高さ20・2m、その中に釈迦牟尼《しゃかむに》の涅槃《ねはん》像が横たわっている（図48）。身長は34・5m、肩幅7・5mで、アジアで最大の室内大仏だと書かれている。大仏は、木材で骨格を作り、粘土で塗り固めた塑《そ》像で（説明板には「木胎泥《もくたいでい》塑像」と記す）、顔料で彩色されている。この説明板では、「絵画と文物の一体となった芸術の殿堂である」と仏像をアピールしている。

大仏殿の入口の黄色の板に墨で書かれた2本の柱の片方には、「睡仏長睡睡千年長睡不醒」（睡仏＝釈迦の涅槃像は、千年の長きにわたって眠っていても、長睡が醒めることはない）とあり、この意味以上に大きな意味があるようには思えないが、もう一方の柱には、「問者永問問百世永問難明」（永《とこしえ》とは何かを問う者は、百世にわたって問うも、永に明らかにすることは難しい）とあり、仏の

図47　釈迦の涅槃像のある木造の大仏殿

図48　大仏寺の釈迦の涅槃像

道の遼遠さを物語っているように思えてならない。

大仏殿の後ろには白色系のチベット様式の仏塔（チョルテン）が見える。このほかにも仏教関係の展示場があるようだが、私たちは見学しなかった。

この大仏はチベット系タングート族が建てた西夏初頭の1098年の完成だから、900年あまりの歴史があることになる。釈迦の涅槃の像の規模は前述のとおりの巨大さで、足裏の長さは4m、耳は2mとされている。このため、一目で全体像を見ることはできない。寺院内は薄暗く、私たちがフラッシュをたいて撮影しても、大仏の一部しか撮れない。

大仏の身体には金箔が施されている。大仏の頭の横には菩薩の一人が大仏の方を向いて立ち、足の横にも別の菩薩が大仏の方を向いて立っている。涅槃像の背後には、10人の釈迦の弟子たちの立像が見える。大仏は半眼に眼を開いているのだが、写真を撮ると薄暗い中に目玉がぎょろりと輝いて見える。マルコポーロの時代と違って涅槃像に埃が被ったままなのは、像の金箔など彩色部分を傷つけない配慮だろうか。

マルコポーロの『東方見聞録』の第1章19では、大仏寺を含むこの地域のことを、次のように伝えている。[1]

甘州はタングートの首府で、大きく立派だ。住民は偶像崇拝教徒（仏教徒の意味）、イスラム教徒・キリスト教徒がおり、キリスト教徒は市内に3つの立派な教会を持ち、偶像崇拝教徒は彼らの様式に従って建てた修行院や寺院を持っている。その内部には大小さまざまな偶像があり、高さ約15ｍもあるものや、木製・粘土・石づくりのものもある。いずれもピカピカに磨かれ、金でおおわれている。前述の大きな像は横に寝ており、周囲に大小の像が並んで礼拝している。

私たちは地元の人たちに倣って大仏像に参拝した後、薄暗い裏側に回って説明を聞いた。男は時計回りに、女は反時計回りに歩いて回るべきだというのだが、その理由は聞けなかった。私たちはぞろぞろと反時計回りに歩き、説明を聞いた後は、各自思い思いに自分の興味のある部分に後戻りしたり、説明をお願いしたり、かなり自由に見て回った。

［注］
（1）マルコポーロ著／青木富太郎訳（1969）『東方見聞録』社会思想社。

14　七彩丹霞《しちさいたんか》地質公園

午前中大仏寺を拝観し、張掖市内で昼食をとった後、七彩丹霞地質公園へ向かう（図49）。張掖市内から七彩丹霞地質公園へ向かう道は、まだ建設途中であった。初めは高速道路のように中央分離帯のある広い道であるが、突然、柵やコンクリートなどで行く手が遮られる。私たちのバスの運転手は遠方に車影を確認するやいなや、そのバリケードの隙間を強引に突破したり、ほぼ完成している対向車線をすり抜けたり…。ともかく市内から約50㎞ほど西にある七彩丹霞地質公園に1時間弱で到着した。

　ガイドによれば、七彩丹霞地貌は２００２年に〝発見〟され、２００８年から地質公園として一般公開されるようになったという。最近になって観光地としての整備が進んだということなのだろう。今回訪れた張掖の七彩丹霞地貌は赤、青、緑、黄、白…などの、まさに七色に彩られた傾斜した地層が山肌に露出する一帯で、広東省の〝元祖〟丹霞《たんか》地貌とは趣を異にする。

　ゲート広場の先にある広いビジターセンターで専用バスの順番を待っている間、この公園の解説リーフレットなどを探したが見当たらない。新しいのでまだ準備ができていないのだろうか。そう思っていたが、今回訪れた他のジオパークや世界遺産の多くにも、無料の解説パンフレットや地図などは配備されていなかった。

　園内の専用バスに乗って、３カ所ほど見晴らしの良い場所に案内された。案内板が随所に整備されている。最初のストップポイントでは向斜構造（船底形に褶曲

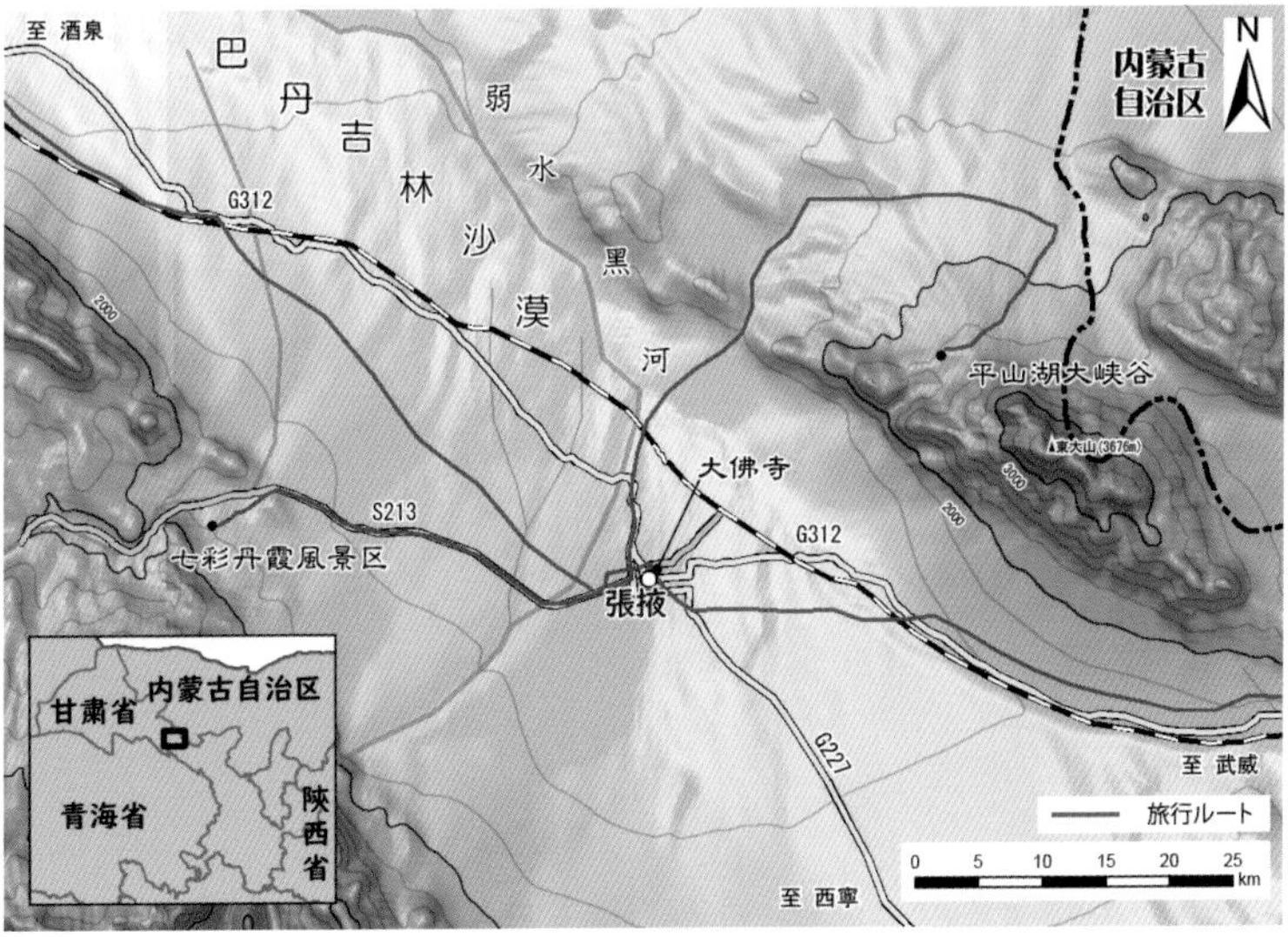

図 49　張掖周辺地形図

した凹地構造）の説明があり、向斜の両翼に30度ほどの傾斜を持つ地層を目で追うことができる。地質は大部分が白亜紀の陸成（湖沼成や河成）のシルト層で、細かい礫を含む地層や砂岩層もしばしば挟まれている。それらが赤や緑など多様な色彩を放っているのは、主にシルト層の部分である。砂岩や細礫岩は黄褐色から赤褐色をしている場合が多い（図50）。

なぜ地層の色がこのように多彩なのか？　案内板にはこの点についての十分な説明はないが、後にビジターセンターで購入した本(1)には、少し詳しく書かれていた。高安の要約によると以下のようである。

> 七彩の地層は、白亜紀の炎熱気候のもとで風化して形成された。地層中に3価の鉄が多い場合には紫紅色（赤鉄鉱 Fe_2O_3 などの色）に、2価の鉄が多い場合には黄緑色（水酸化鉄 $Fe(OH)_2$ などの色）になる。また石膏（$CaSO_4 \cdot 2H_2O$）を含む場合にはこれらの色が淡くなり、白色や灰白色を呈するようになる。

そもそもこの地域は、約2億年前の中生代ジュラ紀から白亜紀にかけて起こった大規模な地殻変動を被った地域である。祁連《チーレン》山脈の北側に形成された内陸盆地には広大な湖が形成され、隆起した山脈から流れ込む河川はこれらの盆地や

図50　七彩丹霞公園の多彩な地層と地形

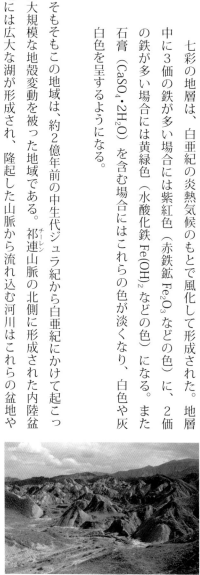

湖に大量の土砂を運んで埋め立てていったようだ。

1億年前を中心とする白亜紀は、地球全体が異常なまでに温暖化していたことでも知られる。当時の地球の平均気温は現在よりも10℃以上も高かったというデータもある。白亜紀の大陸分布についてはいくつかの案が提唱されているが、いずれも甘粛省のあたりは現在の日本と同じくらいの緯度にあったとされている。しかし、地球全体の温暖化によって、かなり「炎熱」気候にさらされていたことは確からしい。

メンバーの高安は、かつてアメリカ・アリゾナ州のペインテッド・デザート（Painted Desert）という砂漠地帯で、七彩丹霞とよく似た光景を目にしたことがある。一帯には、七彩丹霞をつくる地層よりも1億年ほど前の三畳紀はじめに堆積したカラフルな地層が分布している。その公園のビジターセンターを兼ねた博物館には、珪化木と一緒に産出する大型の両生類や爬虫類の化石などとともに、当時の環境がわかりやすく説明してあった。それによれば、まだ地質時代のペインテッド・デザート一帯は、現在のインドのように雨季と乾季が明瞭な熱帯モンスーンで、雨季にはナンヨウスギの仲間の大木が洪水で大量に流されてきて地層に埋もれ、乾季には干上がった氾濫原では灼熱の太陽の下で風化が進行したという。

七彩丹霞地貌をつくる地層も、同様な環境にさらされていたのかも知れない。白亜紀の地層なら、恐竜の骨や足跡化石が出てきても不思議ではない。しかし、いずれの場合も一年周期で起こる雨季と乾季の繰り返しによって地層がさまざまな色に風化するとしたら、少し時間が短すぎないだろうか？

いずれにしても、地層の化学成分や「炎熱」気候だけでは説明が不足しており、その形成にはどうしても時間の要素を導入する必要があるような気がしてならない。公園のゲート近くに併設されている博物館には、何かこの謎を解くヒントがあるかも知れないと期待して帰りに立ち寄るつもりでいたが、時間が無くなり見学することはできなかった。

七彩丹霞地質公園では、その後も指定されたコースを専用バスで移動し、ストップポイントで指定された厚い木板の桟道を歩いて見学したが、地質について書かれた説明版があったのは最初のポイントだけで、あとは名前が付けられた奇妙な形の山や珍しい色をした山並みの説明が中心であった。奇岩奇勝が売りで、観光客もそれしか観ていないようだ。

なお、七彩丹霞でみられる赤い地層は敦煌莫高窟《とんこうばっこうくつ》の壁画を彩る赤色の岩絵具に用いられているとのことである。

［注］

（1）張掖丹霞文化旅游股份有限公司編（2017）『七彩丹霞地貌』甘粛文化出版社（中国語）。

15　平山湖大渓谷

8月5日、6時半に張掖を出発して朝食の弁当はバスの中で済ませ、張掖丹霞地質公園の平山湖大峡谷へ向かう。午前中は2時間ほどかけて、広大な地質公園のヤルダン地形を見て回る予定である。

♣グランドキャニオンを思わせる侵食地形

張掖の北東部に分布する山地は、南側の祁連山脈より標高が低く規模が小さい。山麓から山地の頂きまでの比高は500～1000m程度だ。この山地の北麓に分布するのが「平山湖大峡谷」である。公園は広大な地域にあるため、専用のシャトルバスが用意されており、入口でそれに乗り換え、この地域を広く見渡せる最初の展望台に向かう。

公園入口のゲートを過ぎて大峡谷へ向かうと、まず低い開析扇状地が見え、だんだんと比高の高い開析扇状地（台地）に変わってゆく。この付近までは扇状地面が残っているが、大峡谷付近になると丘陵地形に変わる。

展望台への道路の南側の斜面にも小起伏面が残っていて、谷はまだ浅く急激な侵食が及んでいない。現在侵食は大峡谷から北西へ向かい、その後山地を横断して張掖へ至る河川の勢いがあるが、将来は大峡谷の南の山地を侵食している小河川が、谷頭《こくとう》侵食を増加させてゆく可能性がある。また、背後の山地に小起伏面が残っているのは、隆起速度が早いために、河川の侵食がまだそこにまで及んでいないのであろう。

展望台から次の観察地点までは、シャトルバスを降りての歩きとなる。展望台では、広々としたアメリカのグランド・キャニオンの小型を思わせる小起伏をなす侵食地形を遠望する（図51）。白亜紀（？）の扇状地性の水平な砂岩・礫岩の互層地域で、侵食で削り残された角張った地層列が、赤褐色の崖面を見せて連なっている。その山腹と並行して走る浅い谷筋部分は、数十mほど低い草付きの山腹を見せている。赤褐色の突兀《とっこつ》とした削り残しの山列と、削られて低山化して草に覆われた緑色の山腹のコントラストが美しい。

尾根筋にある別の展望台へ至る道路の北側には、平面的には樹枝状～羽毛状をして細かいが、深い谷が発達している。この谷は谷底から地表面までの比高が100～150mに及び、谷壁は垂直に近い部分もある。大峡谷付近の地質は山地から流下したと推定される古い扇状地性の礫層で、最大径10㎝程度、主に5㎝以下の亜円～亜角礫層と砂泥層の互層が北方へ5度前後で傾斜している。まさに小型のグランドキャニオンのようなこの地形の成因は、地質とこの地域の急激な隆起にあると推定される。乾燥地域で時折大きい雨が降った場合、締まった扇状地礫層の面を面的に侵食するよりも、低い地域に流水が集中して下刻する作用の方が増すためと考えられる。

シャトルバスを降りたところから、狭く深い谷底に降りる見学コースが設置されていて、谷側（尾根沿いの部分には両側）には、木製の手すりが設けられている。見学ルートに沿って歩くと、緑色をなす斜面の実態がよく見える。緑の草付きの斜面を見ると、ソリフラクション[1]によって表層の緑が少しずれ落ちたかたちをしていて、斜面の方向に小さな道のような空間（裸地部）ができている。この細長い空間をヤギや羊の群れが頻繁に通るため、ますますこれらの空間は幅広くなり、家畜の通り道めいてくるのだ（図52）。

図51　グランドキャニオンのようなヤルダン地形

図52　ソリフラクション

♣下り400段・上り700段の渓谷底へ

尾根筋の展望台から渓谷の底へは400段の階段を降り、渓谷をぐるりと半円形に回った後、今度は700段の階段を上ってシャトルバスの待つ駐車場に行くことになる。膝の具合の悪いメンバー2人は渓谷底へ下るのをためらっていたが（とくに下りが膝にはこたえる）、ほかの皆が下りるというので、意を決して峡谷巡りに参加した。2人とも、気に病むほど膝の苦痛を感じることなく同道できた。

ここは大きな峡谷ではなく「渓谷」とある通り、侵食によって狭くて深い谷が削り込まれた部分である。まず、この渓谷の底めざして急崖に設置された階段の多い山道を下る。下りの400段は、整備された階段もあれば鉄の梯子を置いただけの部分もあるが、谷底が直接見えるわけではないので、それほど恐怖を伴う急な階段ではなく、時には語り合いながら、時には真剣な顔をして黙々と降りていく。渓谷の狭い両側の崖面は最初の展望台で遠望したように全体的に赤褐色をしており、固結していて侵食に強い礫岩の部分はやや突出した断面をしているのに対し、砂質～シルト質の部分は50～70㎝くらい深くえぐれて、奥へ切れ込んだ断面を見せている。地形・地質屋が多いとはいえ、あまり面白味がないのか、ここではそれ以上の詳しい観察はせず、谷底を目指して黙々と下りていく。

現在谷底に流水はないが、時々水流があるようで、砂質の谷底のため平坦でしっかりしていて歩きやすい（図53）。谷底に近いところで、崩壊土砂がたまって緩傾斜の小さな崖錐を形成したところには、植生（灌木や草本類）が生えて緑をなしている。花や植物の好きな長田はそれらを丁寧に観察し、写真に収めていた。崖面は無植生で赤褐色の地層がむき出しである。

♣ “神木” か？ 谷底の一本だけの槐《えんじゅ》の樹

谷底に降り切って傾斜のほとんどない平坦な谷底を進むうちに、その中間ほどのところに、高さ15m・樹径50cmくらいの槐《えんじゅ》が一本だけ生えている（図54）。これはどうやってここに活着したのだろうかと皆で議論になったが、わざわざ人工的に植えたとは考えられないから、鳥が種を運んできたか、風で飛来して活着したのだろうという、まずは平凡で無難な結論となった。ただ、やはりこの狭い、しかも雨の時には流水があるはずの谷底に活着してこの大きさにまで成長したことには誰もが驚き、少なからず神聖さを感じたのではないか。日本なら樹の周りにしめ縄を張って尊崇の念をあらわすに違いない。ここではそれ以上に、樹の周りには花崗岩を削って飾り模様の付いた八角形の柵（これをここまで運び込むのは大変だっただろう）が設けられており、その正面には「向い龍」を彫った長方形（80cm×60cmくらい）の鼎《かなえ》がおかれている。その左側にはガラス張りの長方形の賽銭箱があって、かなりの賽銭が入っていた。

私たちは谷底の比較的広いところで集合写真を撮った（図53）。谷底は時々水流もあるため、細粒の砂利からなり、割合平坦である。そこを過ぎたあたりから崖に刻まれたかなり大きな支谷沿いの斜面を上っていった。700段といわれていたのだが、メンバーの神嶋が正確に数えて、713段であることを確かめた。下りは400余段なのに谷底からの上りは700余段なのはなぜか。そ

図54　渓谷底の“神木”？の槐の樹

図53　渓谷底で記念撮影

れは、上りの終点は下りの起点よりかなり標高の高いところがシャトルバスの駐車場になっていて、その近くまで階段が設けられていたからにすぎない。

登りきったところは平坦面になっていて、シャトルバスの駐車場のほか、展望台やレストラン、トイレなどがあり、一部のレストランは拡張工事中であった。シャトルバスの広い駐車場では、車両の交通整理をしていた広島大学（単に広島の大学ということかもしれない）に留学していたという中国の青年が流暢な日本語で話しかけてきて、楽しいひと時を過ごした。

この渓谷を見た後、自分たちの専用バスで２００km先の張掖へ向かった。

［注］

（１）寒冷地で、地面の凍結・融解の繰り返しによって、表層物質が斜面下へごくゆっくりと（年間数cm）移動していく現象。

16　酒泉公園と霍去病《かくきょへい》

８月５日、七彩色に輝く「丹霞国家地質公園」を見たあと、酒泉へ向かう。祁連《チーリエン》山脈に近づくわけだが、雨模様で山頂付近は雲に覆われていてよく見えない。ゴビ灘《タン》の沙漠を酒泉まであと30kmくらいのところまで来ると、急に緑が多くなり畑も増える。畑の仕切りには白樺が植えられており、その幹の下２mくらいは石灰で白く塗られている。畑は集約的で、トウモロコシやひまわり・キャベツ・ササゲなどの豆類・各種瓜類などが、沙漠に似あわず、ちまちまとびっしり植えられている。

午後5時30分頃、酒泉市に着く。酒泉の街全体の雰囲気は、河西回廊の他の街より落ち着いた感じだ（図55）。街路樹の多くは日本でいう針槐《はりえんじゅ》（ニセアカシヤ）の花と似ているが、それよりも少し緑っぽい。ガイドの説明によると落葉高木の槐で、花の蕾はニセアカシヤ同様、食べることができるという（図56）。この蕾《つぼみ》は槐米《かいべい》といい、李時珍（1518―1593）の『本草綱目』には、「槐米は、形は米粒のようで、炒めた後に水に煎じて染めると、その黄色は甚だ鮮やかである」とある。黄色の染料にもなるということだ。

酒泉では、大通りをまたぐ鐘鼓楼《しょうころう》（時刻を報ずるための太鼓を打ち鳴らす独立した建物）と霍去病《かくきょへい》像を見る予定であった。ところが、あいにく鐘鼓楼は修理中で遠望しかできなかった。案内によると、この鐘鼓楼は大通りをまたぐ高さ33ｍの建物である。高さ10ｍほどの四角い石造りの門の上に建てられた3層の楼閣で、鐘鼓楼の各階の上部中央には、この土地の地理的条件を示す次のような扁額が掲げられているという。

東面　東迎華獄（崋山と獄山）
西面　西達伊吾
南面　南望祁連
北面　北通沙漠

図55　酒泉の街並み

図56　街路樹の槐とその花

この扁額を直接見ることができなかったのは、かえすがえすも残念だ。

酒泉公園は市街地の２㎞ほど東にある。公園入口の門から50ｍほど奥まで、中国の歴史を刻んだ茶色の文書の石板が路面に敷き詰められていて、それらを読みながら進むと中国の歴史がわかるという仕掛けだ（図57）。その先に「酒泉」と記された５ｍ四方くらいの伝説の泉がある（図58）。前漢の武帝（前１５６―前87）の時代、匈奴征伐で大勝利を挙げた若い将軍・霍去病（前１４０―前１１７）は、褒美として武帝から酒20樽を下賜《かし》されたが、将兵全員にはいきわたらないため、全部の酒を泉に注いだところ美酒に変わり、全員がその泉の水を飲んで戦勝を祝ったという伝説がある。おそらくこの泉はもともと水質がよく、古来、おいしい水が得られたのであろう。

霍去病は武帝が愛した将軍である。霍去病の父は霍仲孺《かくちゅうじゅ》で、母は大将軍・衛青《えいせい》の姉であった。つまり、去病は衛青大将軍の甥にあたる。衛青の姉であり去病の伯母に当たる衛子夫が、武帝に寵愛されて房太子を生んで皇后になったため、親族である霍去病も武帝の覚えがよく、寵愛されたようだ。

霍去病は騎射に優れ、18歳にして衛青将軍に従って匈奴征伐に赴いた。その後も何度も匈奴征伐に赴き、３万の首を挙げて、前１２１年には驃騎《ひょうき》将軍となった。さらに、前１１９年には衛青将軍とともにそれぞれ騎兵５万、歩兵・後方

図57　中国の歴史が刻まれた石板

図58　伝説の泉「酒泉」

支援部隊数十万を率いて出動し、匈奴の本拠地・龍城を撃破して、衛青と同じ大司馬に任じられた。「去病《きょへい》」という変わった名前は、「病気が去る」（つまり元気に育つ）という願いを込めて付けられたのだが、名前に反して24歳という若さで病没している。

酒泉公園の中央部付近に前述した「酒泉」の泉の奥に、巨大な群像がある（図59）。その中央部に若くてはつらつとした霍去病の姿がみえる。遠方から見ると大きなコンクリート造りのように見えるが、やや赤みを帯びた花崗岩を刻んだ像を組み合わせた巨大な彫刻群像で、霍去病のすぐ横には将兵や酒瓶で酒を注ぐ（？）人物、食べ物を捧げ持つ婦人などが刻まれ、両側には戦車でマントを翻して疾走する将兵像などが刻まれている。これら群像の横には、青銅製の槍を持った6人の将兵の立像がある。

衛青や霍去病の繰り返しの匈奴征伐によって、河西地域に平和がもたらされ、中央アジアや西域との交流もスムーズにいくようになった。若き将軍・霍去病が匈奴を討伐した輝かしい武勲を『史記』匈奴列伝は次のように述べている。

漢、驃騎将軍去病を相手、万騎をひきいて隴西より出しむ。焉支《えんし》山を過ぐる千余里匈奴を撃つ。

図59　若き霍去病たちの群像（右）と6人の将兵の立像（左）

だが、歴史家としての記述の「公平性」を旨とする司馬遷は、これに続けて匈奴側の心情を次のように記している。

匈奴、祁連・焉支《えんし》の二山をうしない、乃《すなわ》ち歌って曰く、我が祁連山をうしなう、我が六畜(1)をして蕃息《ばんそく》せざらしむ。我が焉支山をうしなう。我が婦女をして顔色なからしむ(2)と、その悲惜《ひせき》すること、乃ち此《かく》の如し。

酒泉は、歴史をしみじみと感じさせる落ちついた街である。

[注]
(1)うし・午・未・鶏・豚・犬などの家畜。
(2)女たちにとって大切な紅やおしろいを手に入れることができなくなった。我がかわいい女性たちは、どのようにして化粧をするのだろうか。

17 嘉峪関《かよくかん》

♣嘉峪関市

嘉峪関市は張掖《ちょうえき》から北西に40・1㎞、河西回廊の中心部よりやや西方にある人口21万人(2019年)の工業と観光の都市である。都市の歴史は武威や張掖よりやや新しいためか、これらの古代都市に比べてやや安っぽい（深みのない）感じを受ける。ただここは、市の南西約６㎞のところにある嘉峪関が明代の長城の西の端側の起点であるという点で、とくに注目されている。やはりこの町も昔から古代シルクロードの要衝で、西の守りの拠点であったのだ（図60）。

♣嘉峪関《かよくかん》

嘉峪関は、東は酒泉市につながり、西は玉門関《ぎょくもんかん》に、南は「天下第一墩《とん》」に接し、そのさらに南は祁連《チーリエン》山地の喉もとの要地に連なっている。嘉峪関の「嘉峪」とは「美好の山谷」の意味だそうで、たしかに地形的に周辺よりやや高い位置にある。明の１３７２（洪武５）年に西北辺境の軍事基地として建設が始められた関所で、中国の東端にある山海関が「天下第一関」と呼ばれるのに対し、嘉峪関は「天下第一雄関」といわれている。

嘉峪関は明代の長城沿線にある１０００以上の関所の中では現在まで最もよく保存されており、明代に整

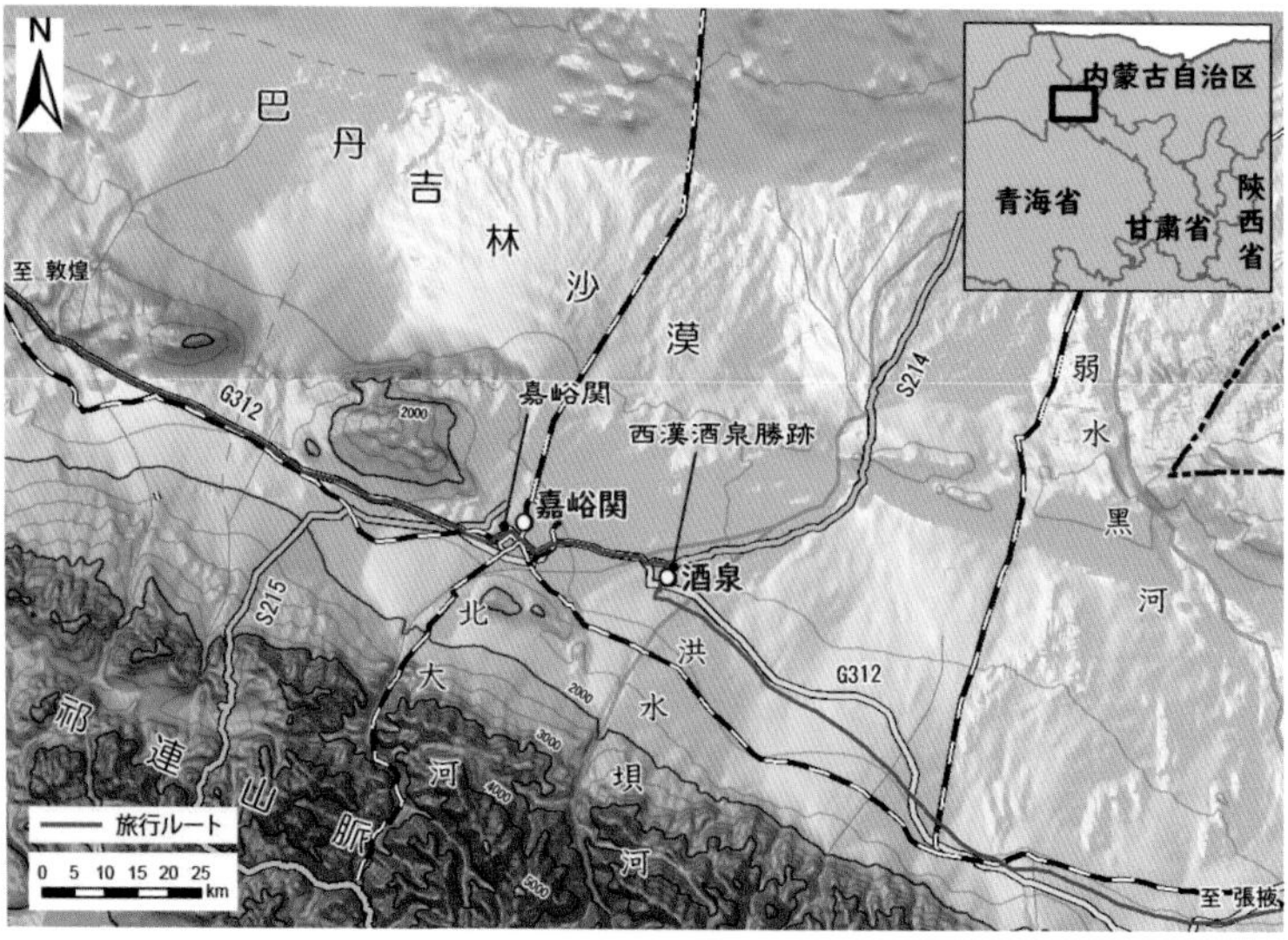

図60　嘉峪関周辺の地形図

備された長城（前述）の最西端に位置する。明代には吐蕃《とばん》（チベット）などが日増しに強大になって、常に河西回廊に侵攻してはこの土地を犯すようになった。嘉峪の山隘《さんやく》（山あいの狭まったところ）はこれに対する防衛の要点であった。このため嘉峪関の建設は、明代中国の西部防衛の最重点地区だったのである。嘉峪関のあるところは周囲より高くなっていて、四方を見渡すのに適した場所に作られたことがよくわかる。１５３９年には城壁や羅城、烽燧台《ほうすい》がつくられ、１５６６年に城楼と４つの角楼、２つの敵楼（歩哨楼）が完成して、今日に及んでいる（図61）。

　私たちは駐車場近くの入園口から公園の専用カートに乗って、２㎞くらい先にある嘉峪関の東閘《こう》門近くまで行った。そこまでの間には飲食店やお土産店などがびっしりと並んでいる。ひとつのカートに乗り切れなかった若いメンバー３人は、時間を置かずに歩いてやってきた。

　カートを降りて東閘門までなだらかな坂を５分くらい登る。嘉峪関は、内城、外城、城壕の３つの防衛線からなる。城壁は黄土を版築で突き固めた部分が主体であるが、西側は黄土を固めて焼いたレンガを積み上げて作られていて、きわめて堅固である。関所全体が

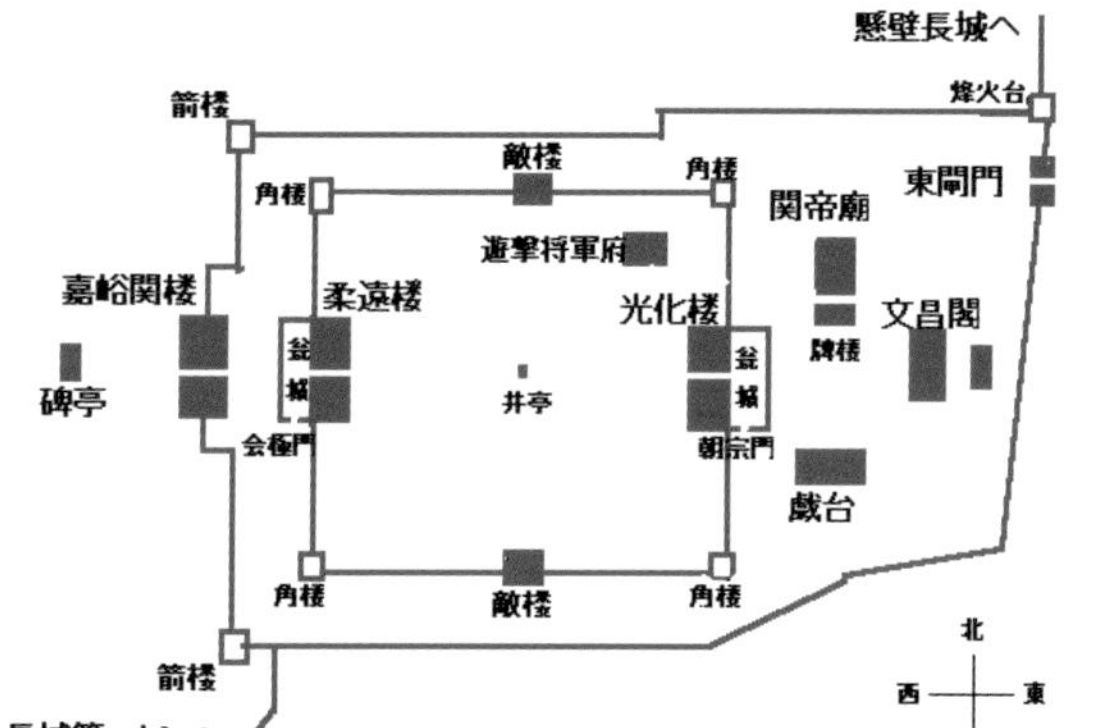

図61　嘉峪関の全体構成（百度による）

2重の広大な城壁—外城を取り囲む城壁と、その内側の内城を取り囲む城壁—に囲まれている。現存する内城の面積は2・58万㎡、関所を取り囲む城壁の高さは10・5m、その周囲は733mあるという。

私たちは「天下雄関」という扁額がかかる東閘門から城内に入った（図56）。「閘門」というのは水門のことだが、なぜこの門を閘門と呼ぶのかわからない。水に乏しい沙漠のこと、水をためて水攻めにするわけではないだろうから、もしかしたら「この門を開けると城内から水の奔流のように、将兵がどっと押し寄せるぞ」という脅しの意味を込めているのかも知れない。

東閘門をくぐると、すぐ左に文昌閣とその斜め前に関帝廟、一番南側に遊戯台がある。道教の建物らしい。北斗七星のうちの第四星を文昌宮という。文昌神はもともと星の神様だったが、道教では文昌帝君と呼ばれた学問の神様としてあがめられているらしい。その割には印象の薄い建物だ。関帝廟は横浜中華街にもある廟だが—横浜の場合は商売繁盛の神様として祀られている—、武勇で有名な関羽を祭った廟で、この嘉峪関の心理的な用心棒のようなものか。2つの建物の前は扇子など土産品売り場になっている。遊戯台は清代の1792（乾隆57）年に遊撃将軍・袋什衣《たいじゅうい》の指導のもとに建設されたそうで、当時、城を守っていた将兵や場内に居住する人々、さらには往来する旅人たちの娯楽の場として建設されたものだという。その形は典型的な中国伝統の形をした遊戯場で、壁面には「八卦図」などが展示されている。

内城は西が広く東がやや狭い梯形をなし、東西に「光化楼」と「柔遠楼」という2つの城楼（楼は高い建物のこと）がある。双方とも、10・5mの城壁の上に建てられた高さ17mの3層の瓦葺きで、他を威圧するように勇壮な姿で建っている。光化門は内城の東門で、入口の上には「光化門」の3文字が記されている。これは東方を向いた門で、朝日が昇ることを示している。柔遠門は内城の西門で、入口には「柔遠門」の文字がある。これは関外の遊牧民族の〝懐柔〟政策と、辺境地域の安撫をはかるという考えからつけられたという。

その周囲には、内城内をめぐる幅3mほど、長さ700mあまりの廊下がある。朝宗門のあたりから登ってその廊下に出ると、内城の内側を上からよく眺めることができる（図62）。城の四隅には角楼があり、東西南北を見張る役目をなしている。南北の城壁の中段には敵楼（歩哨楼）がある。これは敵を見張るための守備兵が住むほか、食料や武器の貯蔵庫の役目をしていたらしい。内城の城壁の上には箭《せん》楼・敵楼・閣楼・水門の開閉扉などの14座がある。ガイドによると、遊撃将軍の事務所と居住場所（家族も居住していた）は、城内に堅牢な建物で作られているが、それ以外の将兵の駐屯には城外の広場が使われたという。

城内の片隅（光化楼の下）に丸みを帯びた長径2mほどの変成岩が置いてあり（中央はお椀くらいの大きさにくぼんでいる）、その岩を付近に落ちている小石でうまくこすると燕の鳴き声がするというので、ご婦人方はめいめい試していた。その岩は楼閣の建物の内側が直角をなす隅に置かれているため、小石でこするとその音が微妙に反響して、燕の鳴き声のように聞こえる。

嘉峪関楼（図63）の西の後部のひさし（城壁の下部の数十cm出っ張った部分）

図63　西の入口・嘉峪関楼

図62　内城の全体像

の上に、1個のレンガが残っている（図64）。嘉峪関を建設するとき、易開占という技術力第一級の工匠がいた。彼は嘉峪関の建設に要するレンガの使用数量を真剣にくわしく計算して、正確には10万個のレンガが必要だと計上した。こうして嘉峪関のプロジェクトが完全に終わったとき、ただ1個のレンガが残され、そのほかの材料はすべて使い切られていた。人々は苦労して完成させた工匠の功績を記念するために、その1個を前述のように城壁のひさしの上に置いて、その功績を後世にまで伝えようとしたものだという。

　嘉峪関楼の西門の外側上部には「嘉峪関」の扁額がかかっている。門を出ると、当時なら〝外国〟であるわけだ。私たちはその威圧するような嘉峪関楼の前で集合写真を撮った。

　旅行案内には、北西側（つまり沙漠側）から雪をかぶった祁連山を背景に嘉峪関の城壁とその内側の楼閣を撮った写真が載っている。私たちが訪れた時には、夕日に輝く嘉峪関楼など城郭の写真はよく撮れたが、遠方の祁連山連峰は雲に覆われていてよく見えなかった。祁連山連峰と城郭双方がきれいに撮れるのは、冬でないと無理なのかもしれない。

　城郭の一隅から南北方向（南が西安の方向か）へと続く高さ5～6mの明の長城が見え（図65）、ここが明の長城の西端であることがよくわかる。明の長城は、5里に1燧《すい》（のろし台）、10里に1墩《とん》（土をずっしりと盛り上げた報警台）、

図64　いわくつきの1個のレンガ

図65　嘉峪関から延びる長城と雲に覆われた祁連山脈

30里に1堡《ほ》（砦）、１００里に1城の軍事防衛体制をとっていたという。

18 玉門関《ぎょくもんかん》

敦煌の北西約90㎞のところに、玉門関はある（図66）。前漢時代の前１０８—前１０７年ころ、武帝（前１５６—前87）によって河西回廊を防衛するために漢の長城が酒泉から西方へと延長され、その西端に設けられたのが玉門関である。さらに、ここからタリム盆地のロプノールまで１４０㎞連なる漢の長城が作られた。敦煌の南西70㎞の西域南道に入る関所が「陽関」であり、西域北道（天山南路）や天山北路に入る関所が、この「玉門関」[1]である。玉門関は、漢の武帝が西域の道路を設置したとき、西域から主として玉《ぎょく》石を輸入したときの関所であったところから、この名がある。

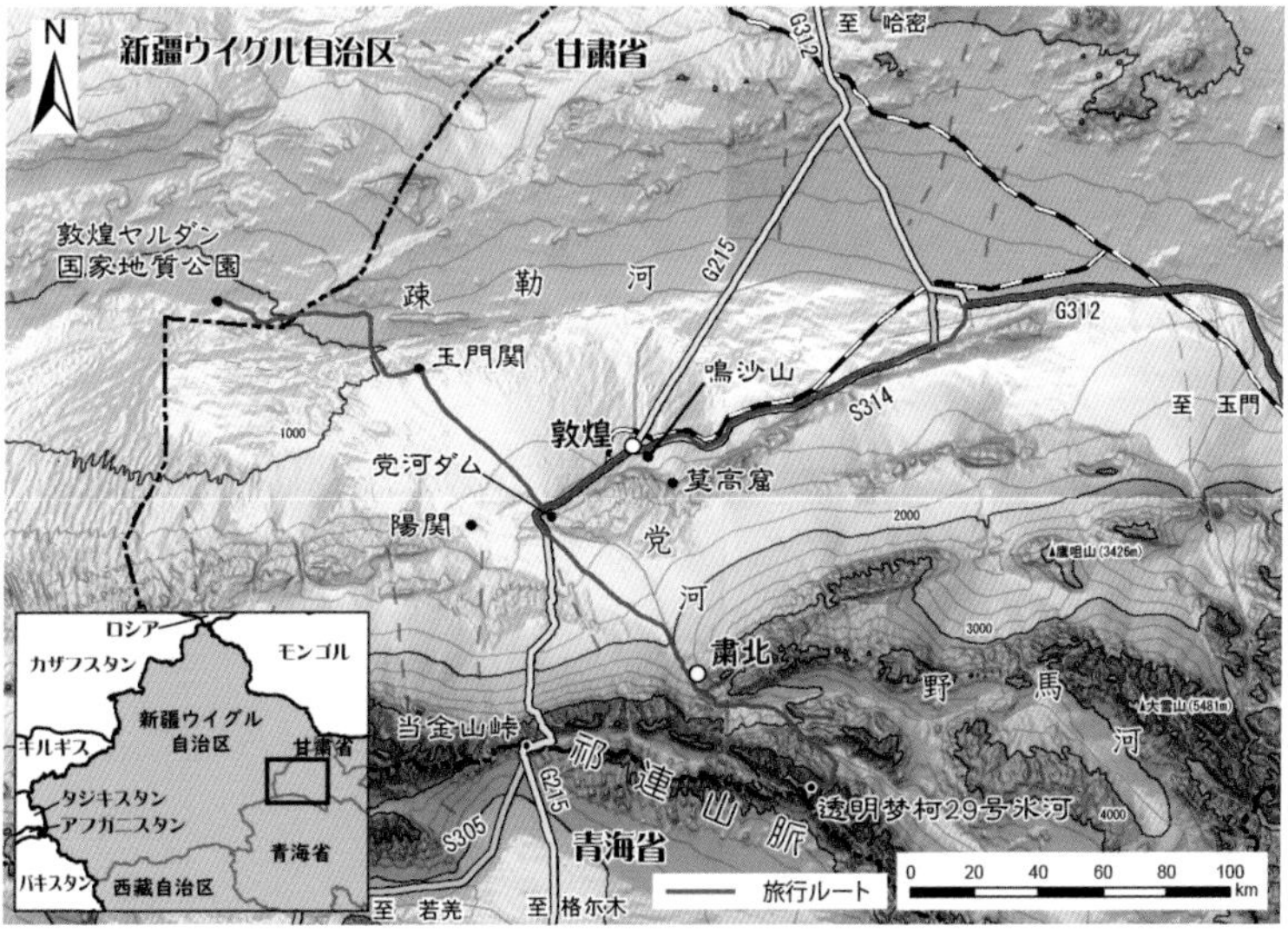

図 66　玉門関周辺地形図

玉門関と陽関は敦煌郡龍勒県境にあり、都尉《とい》治所で西域防衛の重要な将兵の駐屯地であった。当時、中原《ちゅうげん》と西域とを結ぶ交通路は、これら2つの関所を結ぶ道路しかなかった。つまり、玉門関は西域と中国とを結ぶ重要なシルクロードの関所であると同時に、軍事上の要衝でもあったのだ。現在の遺跡は唐代に建設されたもので、陽関に残るものが漢代の烽火台であるのに対し、玉門関は関所の建物の天井が壊れて抜けた東西南北に壁を持つ方形の関所の建物である。

玉門関景区の入口にある建物（「玉門関景区集票所」とある）から10㎞ほど沙漠を走ったところに、もう一つの新しい入口の建物がある。おそらくこの10㎞の間に、南の陽関のように、今後観光用にいろいろの施設を作るのだろう。関所のすぐ前の新しい建物の中には事務所とトイレ、そして小さな博物館がある。その入口の天井からは数百枚の細長い板が短冊状に吊り下げられており、その各々には歴史的な事実を記した文言が書き込まれている。

入口の事務所の建物を出たところには「小方盤城遺址」と刻んだ案内岩塊があり（図67）、そこから200mほど砂利道をくの字型に行ったところに、玉門関の建物の遺跡がある（図68）。遺跡は黄土を版築で固めた厚さ4～5m（厚いところで5m、薄いところで3m）の壁の部分のみが残る。壁には横方向に版築の筋が残っている（図69）。この建物を「小方盤城」と呼ぶらしい。この城の前身は前漢時代に玉門都尉府の治所であり、後漢時代には玉門侯官の治所であっ

図67 小方盤城遺址の案内岩塊と玉門関（中央）

図68　玉門関を展望台から望む

たところで、現在はこの1座だけが残っている。幅は約26m、高さは10m、面積は約700㎡である。西と北面に開口部（出入口？）があるが、土洞の入口のように遺跡の入口は鋭い二等辺三角形にえぐられているため、崩落による人身事故を避けるために方形の木枠を入れてある。建物の周りには幅1・5mほどの歩道がめぐらされている。

道路の入口（西面）から90度左側（こちらが北面か？）に別の出入口があり、そこには板張りの歩道が作られ、その先50mほどのところにある低い展望台へと通じている。その展望台の先は湿地帯になっていて、草原の間には大小の水たまりがあり、その1㎞ほど先には浅い湖が見える（図70）。そのさらに数十㎞先には、侵食を受けた茶褐色の台地が広がっている。このように、水の多い場所（オアシス）に関所を建設し、人民を管理するとともに、旅人のための宿泊所も設けられていたようである。

広く人口に膾炙《かいしゃ》している唐の辺境詩人・王之渙《おうしかん》（668―742）の『涼州詩』に次の詩があり、この地を訪れる人の心を打つ。

黄河　遠く上《のぼ》る　白雲の間《かん》
一片の弧城　万仞《ばんじん》の山
羌笛《きょうてき》　何ぞ須《もち》いん　楊柳《ようりゅう》を怨《うら》むを

図69　壁の内側（版築の痕跡がよく見える）

図70　展望台の先に広がる湿地帯と湖

春光度《わた》らず　玉門関
（黄河を遠くどこまでも遡って、白雲の間をゆくと、
ポツンと一つの小さな町、そして万丈の山々。
羌人の笛よ、なにもそんなに物悲しい別れの曲を吹きたてることはないではないか。
ここ玉門関の外には、春の陽光さえわたっては来ないのだ）

もともと玉門関は、そんなところだったのだ。だが、西域からの旅人は、緑と水の多いこの関所に着くと、過酷であった沙漠に思いをいたし、安堵の安らぎを覚えたに違いない。

［注］
（１）玉門関を通り、天山山脈の東部からタクラマカン沙漠を横断して西域南道へ入り、和田など玉（ぎょく）の産地へ抜けるルートも使われた。法顕が通ったルートがそうである。

19　敦煌地質公園のヤルダン地形

8月8日午前中、玉門関を見た後、敦煌の西北約１６０㎞のところにある敦煌地質公園の「雅丹《がたん》景区」、すなわちヤルダン地形の多い地区（東西15㎞、南北２㎞、面積46・35㎢）を訪れた（図66参照）。ここは私たち地形・地質屋が期待していたところである。ヤルダン地形に関しては２０１４年に訪れた

准噶尔《ジュンガル》盆地の昌吉回族自治区にある魔鬼《まき》城や2015年の花土溝《かどこう》から塔克拉瑪干《タクラマカン》沙漠への途中で詳しく見たが（第Ⅲ編、7章）、『地形学辞典』[1]にあるような、ある一定方向に配列した岩盤列を見たことはなく、そういう配列の地区はごく一部ではないかという疑問を持っていた。今回、敦煌地質公園で初めて一定方向に並んだ岩盤列の地形を見ることができた。しかし、それもやはり、ある地形区だけに限られていることがわかった。

公園の専用バスに乗って雅丹景区に入ると、あるところからバスの右側は砂面に島状に不規則に大きな岩塊が分布するヤルダン地形だが、左側の岩盤は浅紅色ないし黄褐色をした「戦艦列」とか「軍艦列」と呼ばれるヤルダン地形が続くようになる。いずれも岩塊は全体として黄褐色の緩い傾斜の地層で、ラミナ（地層の最小単元である細かい葉片状の堆積構造）のある塊状の細粒砂層と、ややルーズな粗粒砂や細礫の互層からなる。侵食された断面で見ると、塊状部分は硬くて突出しているのに対して、粗粒砂や細礫層部分は侵食されて凹んでいる。この層相は、天山北路で見た魔鬼城とほとんど同じである。ほぼ南北方向にまっすぐに何列もの「戦艦列」状の岩盤列が続く。岩塊の真南を通ると岩盤列が一直線に続いているのがわかるが、少し離れると、直線状であることは全くわからなくなる（図71）。

園内を回る専用バスに乗って回っても、なかなか正しい岩盤列の形状は把握

図 71　地上で見る直線状岩列（岩列の間は真っ平らな砂面，足元は砂岩層の上に細礫が散在）

できない。この景区の平面的な分布をみると図72のようになる。この図は景区の入口に展示されていた見取り図をもとに描いたもので、その館内に飾られていた写真が図73である。この写真を見ると、岩盤列の平面形状、すなわち「戦艦列」状のヤルダン地形の岩盤列を正しい形で見ることができる。岩盤列と岩盤列の間の空間は真っ平で、岩盤は細粒の礫や砂で覆われている。この礫や砂の厚さは、数カ所で確認した限りでは数cm以下できわめて薄い。近くでヘリコプターやハンググライダでの遊覧飛行をやっているから、それで見ると図73のような配列状況を見ることができよう。

　この景区のほぼ終わりのあたりに「孔雀岩」と称する、孔雀の姿に似た岩塊があり、観光写真撮影のスポットになって

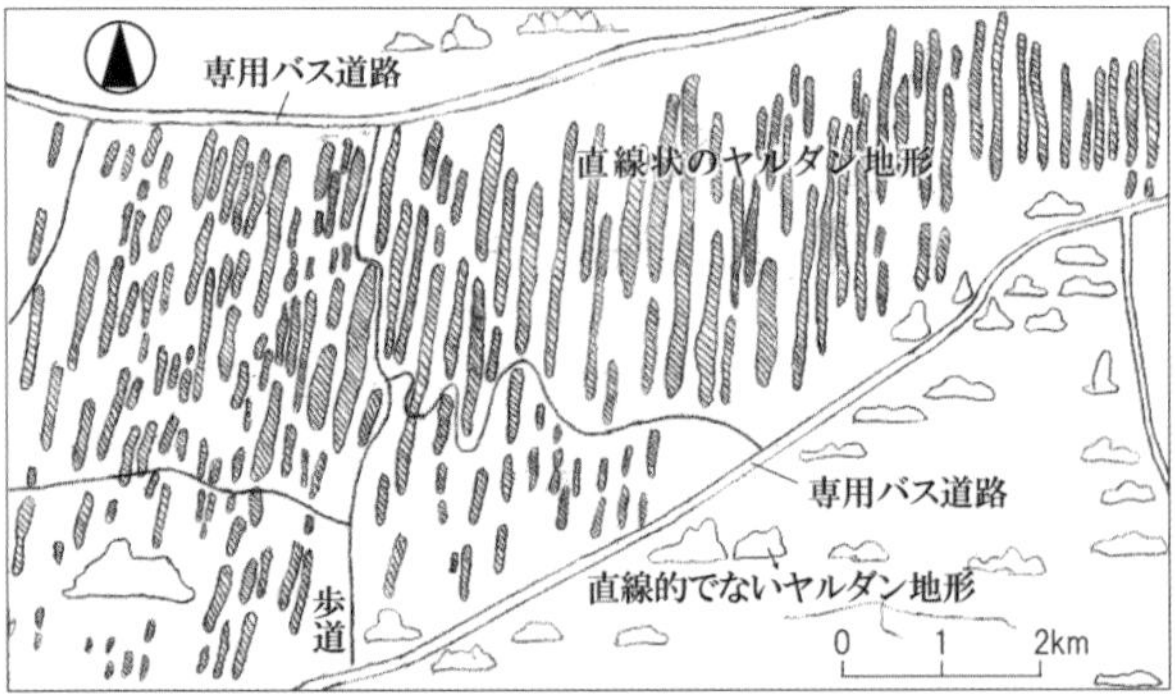

図72　直線状の岩盤列（公園の看板をもとに作成した平面形）

図74　写真撮影のスポット「孔雀岩」

図73　斜め上空から見た直線状岩盤列（公園資料による）

いる（図74）。その他、駱駝・スフィンクス・鳥・人・仏・馬・パオなど千姿百態の岩塊があるため、「天然の彫塑博物館」と呼ばれている。ただ、私たち地形・地質屋にとって、その形状にはほとんど興味がわかない。

この地区は地磁気が強烈で、コンパスが正しく使えないというが、私たちは、そのことには全く気づかなかった。やはり天山北路の魔鬼城と同様に、夜間に風が吹くとぞっとするような音がして、人を恐怖に陥れ、夜にこの中を歩くとなかなか出られないため、ここも「魔鬼城」と呼ばれている。

こういう直線状の岩盤列はいかなるメカニズムで形成されるのか。例によって地形・地質屋仲間でこの直線状岩盤列の形成機構を、周辺の山岳地形や沙漠の観察結果から考察すると、次のようなメカニズムが想定される。

①岩盤列を形成する地質は、祁連《チーレン》山脈から供給された30万〜70万年前の中期更新世の堆積物（少し固結した泥・砂・細礫の地層）である。敦煌の莫高窟《ばっこうくつ》とここは一連の堆積物のようで、祁連山に近い莫高窟が礫層を主とする粗粒の堆積物であるのに対し、ここは祁連山から遠いため、細粒の砂や泥を主とする細粒物質の堆積地となったのだろう。侵食されていない台地と岩盤列の高さがほぼ同一であることから（図75）、侵食前の地形は旧湖成層の堆積面と思われる。この台地状の地形が緩く南に傾斜して水の侵食（平行な雨裂侵食タイプか）を受ける。

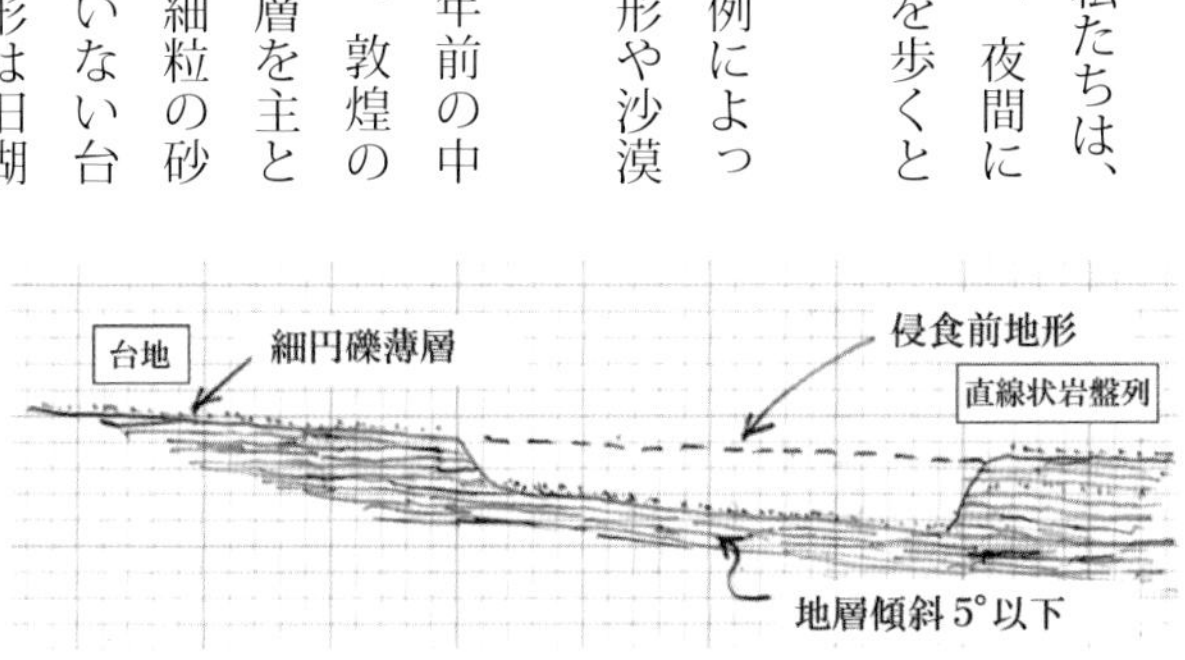

図75　ヤルダン地形の縦断面図（上野図）

②侵食が進み、侵食されなかった南北系の岩盤が残り、さらにそこに風速30ｍもの風が続くため風食も進む。路傍で上表面は平坦で、雨裂が進んだ緩傾斜層のところが見える。これが中間段階か。
③強風の多い風食によって侵食が進み、岩盤列間の空間は低平化して、岩盤列間の間隔が次第に広くなり、岩盤列がより明確化する。

岩盤列の近くの台地上に、現在形成されつつあるバルハン型砂丘の子ども（バルハン型砂丘に成長する過程にあると思われる超小型の円形砂丘）の存在は、風食によって細粒砂が供給されつつあることを示しているように思われる。

♣漢の長城

秦始皇帝の没後、秦が崩壊するとその虚をついて匈奴が強勢となり、漢王朝の領土を犯すようになった。匈奴は漢初、西域の大月氏《だいげっし》を西方に追い払い、西域を基地にしてしばしば漢との境界を犯した。漢王朝が当初、匈奴に対して和親政策をとっていたしばらくの間は安寧が続いた。

しかし、若い武帝は和親政策をやめて、匈奴に対して積極的に攻撃を開始し、黄河の屈曲部以南と河套《かとう》平原を占領すると、陰山《いんざん》山脈の長城を復活させてあたりを固めた。さらに、前121年、霍去病《かくきょへい》が河西回廊を平定して西域諸国へのルートを確保すると、河西地方を武威と酒泉両郡に分けた。前111（元鼎6）年、これに張掖と敦煌を加えて4郡とし、陽関と玉門関の2つの関所を建設した。同時にこの地を守るための長城の建設が始まり、前100年に完成した。これで長城は黄河上流から西へと延長され、玉門関にまで達したのである。長城はここからさらに西北方向に弧状に伸びているが、私たちが見学した玉門関の西方５㎞ほどのところにある党谷隧に至る部分の漢の長城は、幅３ｍ・高さ３ｍ（建設時には馬で乗り越えられない高さの５ｍはあったと思われる）で、漢の長城の中ではよく保存されている部分である。長城は葦などの植物と黄土や砂などを交互に積み上げて版築で固めて造られている。

玉門関の西北方向の長城は塔里木《タリム》盆地のロブノールの西方まで弧状に伸びており、玉門関―ロブノール間で80カ所の烽燧《ほうすい》台（高さ７ｍ以上、ふつうは10ｍ前後が多い。昼は煙で、夜オオカミの糞を燃やして火合図にする。このため狼煙ともいう）があるという。10里ごとに一つの大きい烽燧台を置き、10里ごとに大きな墩《とん》（盛り土）、５里ごとに小さな隧《すい》の烽燧台を置いた（明代の長城もほぼ同様、17章参照）。漢の長城は２０００年以上の風雨にさらされてかなり侵食が進んでいるが、この付近では全長70㎞以上続き、その中でも20㎞ほどは保存状態が良いという。

この日私たちが見学したのはこの部分で、高さ約２・３ｍ（最低部分は０・３ｍ）、厚さ４ｍ（最も薄い部分は０・２ｍ）であった。最も高いところでは、葦・紅柳・羅布麻《らふま》・芨芨草《きゅうきゅうそう》・胡柳樹などの草の層（厚さ約10㎝）と黄土の層（約20㎝）が最も高いところは９層にも重なっていた（図76）。長城の両側脚には城壁の侵食で出た土砂が堆積して、ゆるい小斜面をなしている。長城の低いところの内側には「天田」と称する細かい砂を敷き詰めて、侵入者の足跡がわかるよ

図 76　漢の長城（左の方の高まりは墩台）

図 77　漢長城遺跡にて

うにしたという。一種の防衛措置である。(2)

この長城の前には「漢長城遺蹟址」と刻された大きな石があり、私たちはそこで集合写真を撮った(図75)。

辺塞詩を多く残した盛唐の王昌齢《おうしょうれい》(698―757)は、漢の時代の関所やそれにつながる長城のことを、七言絶句「従軍行」に次のように表している。

秦時の明月　漢時の関《かん》
万里長征して　人未《いま》だ還《かえ》らず
但《ただ》　龍城《りゅうじょう》の　飛将軍をして在らしめれば
胡馬《こば》をして　陰山《いんざん》を度《わた》らしめず

(秦の時代の明月は、漢の時代にもこの関所を照らしていたことだろう。この関所から万里のかなたに出征した兵士たちは、いまだ帰ってこない。ただ、敵地・龍城に李広のような将軍を派遣して、にらみを利かせたら、異民族の乗る馬に、陰山山脈を越えさせることは無かったであろうに)

[注]

(1) 町田　貞・井口正男・貝塚爽平・佐藤　正・榧根　勇・小野有五編(1981)『地形学事典』二宮書店。
(2) インターネットサイト「百度」による。

20　祁連《チーリエン》山、透明夢柯《トウミンモンカ》29号氷河の実体験

♣敦煌から党河本川へ

8月7日、メンバー待望の、祁連山中の透明夢柯29号氷河見学の日である（図66参照）。透明夢柯とはモンゴル語で「雄大な雪山」という意味だそうだ。特別に6時半に朝食をお願いして、7時には出発した。高山に弱い女性2人は参加を見送り、敦煌観光に集中することになった。

最近では1日2万人の観光客が訪れ、ホテルも増えてとみに活気づいてきたという敦煌も、早朝のこともあってまだ静かであった。市街地のすぐ南西にある鳴沙山《めいさざん》には、ようやく朝日が差し始めていた。ガイドによると、そこでは毎日500頭の駱駝が出て、観光客を楽しませているという。敦煌の市街地より5℃ほど気温が高いという鳴沙山の中にある月牙泉《げつがせん》は、最近地下水が減ってやや縮小気味なので、他から水を補給しているのだというが、その方法についてはガイドも説明してくれなかった。市街地を出ると、緑の濃いブドウ畑がひろがる。このブド

図78　党河南山の透明夢柯29号氷河（Googleから作成）

ウ畑も敦煌のもの静かな観光資源の一つかもしれない。

　市街地を離れて広大なゴビ灘《タン》―ここのゴビ灘は祁連山から北方に広がる半径70㎞ほどのきわめて緩傾斜の扇状地であることが衛星画像からわかる―を少し走ると、国道から2㎞ほど西側に、忽然と中国の古代城郭の建物があらわれる。１９８７年に井上靖の小説『敦煌』を映画化したときの映画のセットで、当時の竹下首相が日本から２５０万元（約４５００万円）を提供して建設されたという。現在も中国映画のセットとして利用されている。映画『敦煌』の撮影には、20万人のエキストラと３０００頭の駱駝、2万頭の馬が動員されたという。今回の訪問前に再度この映画を見たが、たしかに壮大なスケールの沙漠での戦闘のシーンは、実戦もこうであったのかと想像させられる出来であった。

　透明夢柯29号氷河に行く道路は、途中まではこれまでに何度か通った陽関に行く道で、西側に清代の烽火台を遠望しながら走る。敦煌市街地側に広がる鳴沙山のバルハン型砂丘地区が終わり、党河ダムを過ぎたあたりから、釈迦の涅槃像にそっくりの山があらわれる（図80）。全く自然の山なのに、仏教伝来の地域として重要な敦煌郊外によく似合いの山があったものだ。釈迦の涅槃像のシルエットは長さ4・5㎞ほどあり、10分間くらい車窓から眺められる。

　そこを過ぎると、「直線方向当金山、右に曲がると陽関」と表示した標識が見える。２０１５年に阿尔金山《アルトウン》を越えて南方の花土溝《かどこう》へ行ったときの分岐点

図79　祁連山脈山麓の扇状地

図80　釈迦の涅槃像に似た山体

だ。真っ直ぐ「当金山」の方へ行くと私たちの向かう透明夢柯29号氷河の方向で、右へ大きくカーブすると「陽関」へ至る分岐点である。「当金山」は阿尓金山脈を越えて青海省の柴達木《チャーダム》盆地へ通じる標高３５５０ｍの峠で、２０１５年に行ったときにはその峠で防寒具を身に着けて集合写真を撮ったことを思い出す。

分岐点からしばらく走り、標高１４３０ｍあたりで、左に行くと透明夢柯29号氷河、右に行くと当金山に向かうという分岐点に至る。このあたりの道路の両側には、朝日にキラキラ輝く石膏の結晶が目立ってくる。２０１５年に阿尓金山を越えて青海省に入った時も、やはりキラキラ輝くものを見た。その時、鉱物に詳しい高安に「輝くのは石膏」であることを教えてもらい、車を止めて採取したのを思い出す。

9時15分頃、党河ダムの上流にいたるゴビ灘でトイレタイム。沙漠では毎度のことながら、専用バスの右側に男性、左側に女性と分けて青空トイレで用を足す。少し山麓を走ると、祁連山からの出口の大きな扇状地の扇頂部に近づく。党河は扇状地を削り両岸に高さ数十ｍの崖を作って幅広い函状の谷を形成し、道路沿いを流下している。その様子をメンバーの多くがカメラに収めた。

♣粛北モンゴル自治県から氷河地点へ

9時35分、祁連山脈の入口にさしかかると、眼前に明るく一見近代的な街が

図81　氷河見学に向かう途中の近代的な街

忽然と現れた（図81）。地図によるとこの街は「粛北モンゴル自治県」の街なのだ。その街のはずれの「党河峡谷民族文化風情団管理中心」と漢字とモンゴル文字双方で大書された事務所に着く。私たちはここで専用バスを降り、山岳用四輪駆動車に乗り換える。もちろんドライバーはモンゴル族であり、街はずれにはゲル（中国語ではパオ）も見える。

私たちは5台の車に分乗して、山岳道路を登った。その街から標高2500mくらいまでの道路は舗装されているが、それより上は砂利道で、もうもうと砂ぼこりをたてながら一定距離を

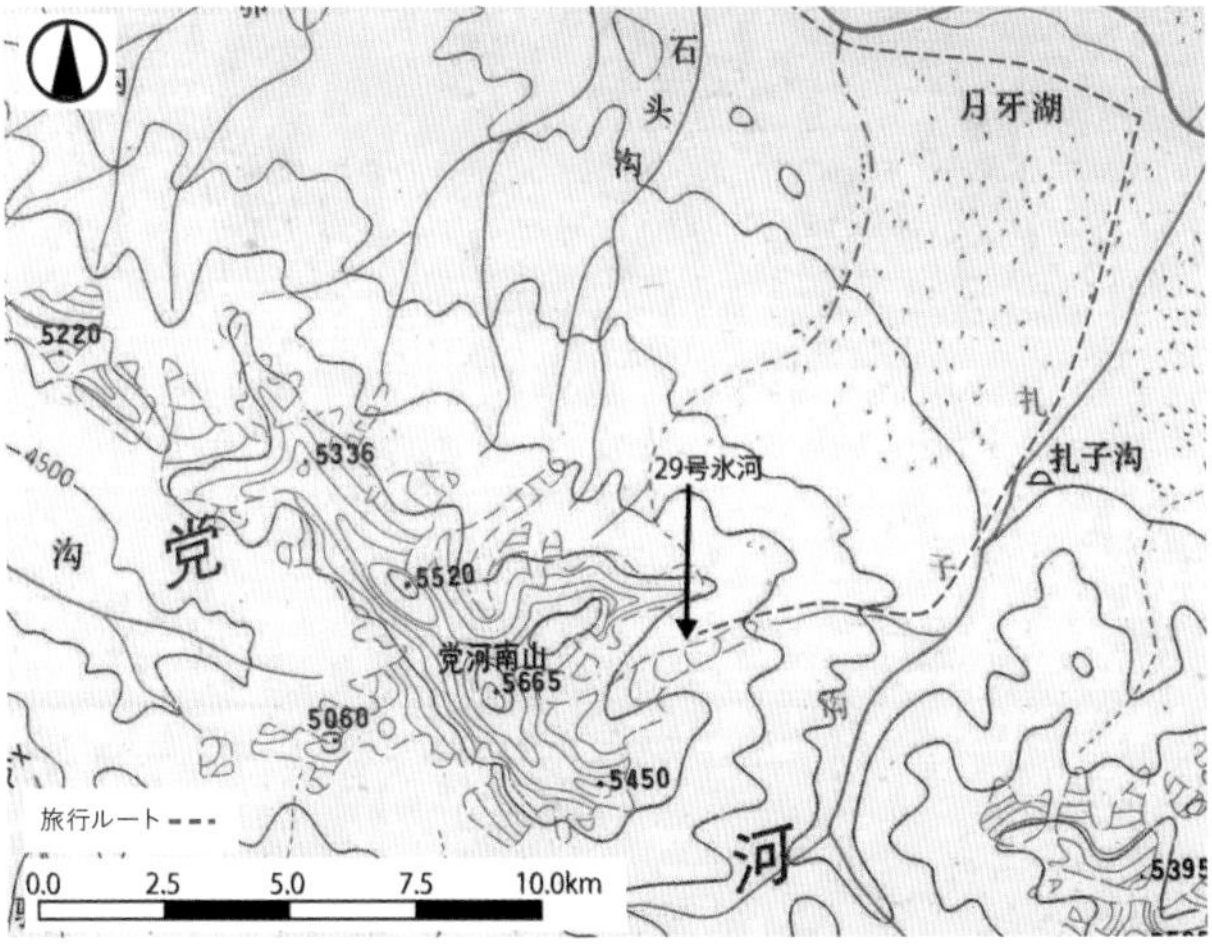

図82　党河南山周辺の地形図（「祁連山山脈三峰氷川分布図」西安地図出版社）

図83　透明夢柯29号氷河観光用の四輪駆動車

図84　雪山が見えてきた

おいて走る（図83）。標高２９００ｍのところでトイレタイム。車が止まるたびに北久保が各人の血中酸素濃度を測定して回る。彼女はその成果をどう〝料理〟するつもりなのか、初めての試みで興味津々である。

標高３０００ｍのところにまた道路の分岐点がある。党河本川沿いに「独山《ドウシャン》子《ヅー》」へまっすぐ行く道と、右に曲がって「扎子溝《ジャーヅーゴウ》」と書いた支川方向に向かう分かれ道である。私たちが向かう透明夢柯29号氷河は後者の方向だ。このあたりから、前方に朝日に輝く雪山が見えはじめる（図84）。

標高３４１０ｍで車を止めて周辺を観察。すでに砂利道は古いモレーン（氷河堆積物）の上を走っている。この辺のモレーンにはうっすらと草が生えている。

標高３６００ｍでまた車を止めて対岸の支谷を見ると、谷の上方には消滅しかかった氷河が見える（図85）。周りの山岳斜面は全く植生のない岩山ばかりである。私たちが立つ手前の緩い傾斜地もやはりモレーンの堆積地で、多少草の生えた斜面だ。かつて氷河が運んできた「迷子石」があちこちに見え、主谷にはすでに氷河がみえる。透明夢柯29号氷河である。

標高３９４０ｍで再度車を止めて、谷筋の氷河とその周辺の山々を見る（図86）。この高さになると、モレーンの上にも植生はない。谷いっぱいに透明夢柯29号氷河のモレーンが広がる。灰白色の表面をしており、その上流側にはやや白味のある新しいモレーンが覆いかぶさっている。融氷水は細い流れとなって

図85　支渓には消滅しかかった氷河が見える

図86　氷河末端の氷混じりのモレーン

下流側のモレーンの脚部（ほとんど底に近い部分）を削りながら流下している。これらのモレーンは不揃いの角礫からなり、その上に両岸斜面に張り付いて残ったモレーン（側堆石）が崩れ込んでいる。やや白味のあるモレーンの上流側になると、29号氷河自体が上を覆って分布してくる。

車で行ける終点が標高４３７５ｍで、私たちの氷河観察もここまでであった。この付近になると氷河の汚れも少なく、ほぼ白氷の流れとなる。それでも表面には周辺斜面からの新しい崩落岩塊がのっている。また、やや急傾斜の氷河表面には、陥没状に表面がずり落ちてできた滑落崖のような小崖が認められる。これらの状況から、到達した位置での氷河は消耗域にあることがわかる。涵養域の氷河は白銀に輝く部分であり、山頂に近い斜面に望むことができた（図87）。なお、氷河には簡易な気象観測機器（詳細は不明）が設置されている（図88）。

標高４３００ｍを超えても、高山病になったメンバーはいない。前述の管理センターから酸素ボンベを何個か積み込んできていた。試しに酸素ボンベをつけて吸ってみて、「うん、たしかに呼吸が楽だね」というメンバーは何人かいたが、どうしても必要だというメンバーはいなかった。

♣氷河とモレーンの形成についての考察

祁連山脈の氷河地域は全体で１９３１㎢あり、その96％が河西回廊側に流下

図 87　上流部の透明夢柯 29 号氷河

図 88　氷河上にある気象観測機器

していると いう。[1] 祁連山脈の氷河の融け方ははやく、１９７２年から２００７年までの35年間で27カ所の氷河が消失した。２０５０年までに、主だった氷河は消失するだろうと推察されている。[2]

祁連山脈の氷河については以下のような特徴が認められる。

①祁連山脈の氷河（中国語では「冰川」）の涵養源は、標高４５００m以上の高地に降る雪であるが、標高５０００m級の山々からなる山脈であるため、涵養域が狭い。

②祁連山脈の氷河は、ヨーロッパアルプスと同様の山岳氷河であり、U字谷やカールなどの氷食地形を形成している。

③モレーン（氷河堆積物）を構成する角礫の岩種は、カリ長石を含む花崗岩類を主体とし、塩基性岩類、チャート、粘板岩などの角礫である。

④モレーンは、温暖化に伴って次第に上流側へ遷っているようで、最下流の、車が通る緩斜面は最も古いもので、灌木や草が生えている。上流のモレーンほど植生はなくなり、無植生のモレーンでは、下流のものほど灰白色で、上流のものほど白味が増す。

⑤相対的に見て、モレーンの堆積は氷河の後退に連動して表2のような特徴があるようだ。

私たちは透明夢柯29号氷河の観察に満足して、午後3時過ぎに粛北蒙古族自治県の街に降り、来客接待用のゲルで遅い昼食を摂った（図89）。ゲル内に冷房はないが、高度のせいか暑さは感じない。ゲルでの食事では羊の肉が柔らかくておいしい。ラグ麺も大変おいしい。疲れている身には、沙棗《すななつめ》と豆を甘く煮た料理がことさらおいしく感じられた。

表2　モレーンの特徴

位置	下流	中流	上流
堆積幅	広い	中	狭い
植生分布	灌木・草	草	無植生
構成物	不揃いの角礫	不揃いの角礫	氷混じりの不揃いの角礫

敦煌への帰路、午後5時頃、ゴビ灘の上の5カ所で小型の竜巻のようなつむじ風を見て、かつて准噶尔《ジュンガル》盆地の沙漠で頻繁に見たことを思い出した。

♣血中酸素飽和度測定の試み

シルクロード旅行では今回初めて、血中酸素飽和度の測定を試みた。血中酸素飽和度の測定を思い立ったのは、工程表に「祁連山脈の山岳氷河の見学」があったからだ。山岳氷河の見学地は標高4600mにあたり、当然酸素濃度が低く、高山病にかかる危険性が危惧されたことから、参加メンバーの体調管理と高山病予防のためにも測定することを決めた。

血中酸素飽和度とは血液中の酸素の量のことで、SpO_2と呼ばれている。値は%で表し、血液中の酸素の濃度が飽和状態だと100％、正常値は99～96％である。身体に疾患がある場合や体調不良などを起こしていると数値が低下することがあり、90％以下の場合は、十分な酸素を全身の臓器に送れなくなる状態（呼吸不全）になっている可能性がある。医療機関では、入院中の患者の体調管理や、手術中の容体の変化を監視するためにも使われ、体調を評価する上で非常に重要な数値だ。

血中酸素飽和度の測定にはパルスオキシメーター（図90）を使う。パルスオキシメーターの端子に指を挟むだけで簡単に測定ができる。挟んだ指先に光を

図89　ゲルでの食事

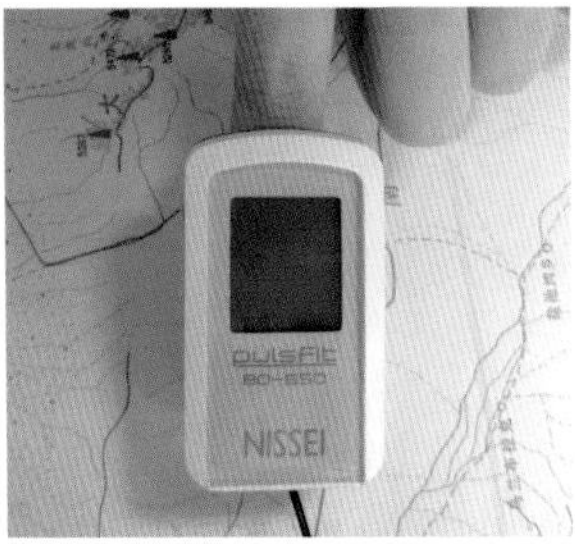

図90　パルスオキシメーター

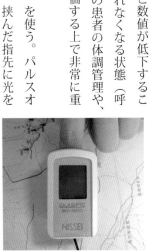

当て、指内部の動脈に含まれる酸素の量を測定して数値化し、採血することなく、わずか数秒で測定が完了する。

今回めざす氷河の観察地点の終点は標高４３７５ｍ、酸素濃度は平地の約60％である。これは大気中の話で、体内では約50％にまで血中酸素飽和度が減る可能性がある（高度順応には個人差がある）。そうした過酷な条件のもと、メンバーは5台の四輪駆動車に分乗して山岳道路を登り、約５００ｍ高度を上げるごとに皆のSpO_2を計測した（図91）。なお、図の○印は酸素吸入（図92）後の測定値である。最初はメンバー数人が途中で登るのをやめて待機するかと思われたが、全員標高４３７５ｍの氷河展望地点に到達した（図93）。

図をみると、高度が上がるにつれて、全員の血中酸素飽和度が下がっていることがわかる。とくに、標高２０００ｍ付近を超えると急に下がり始めることが判明した。また、標高ごとの減少率の平均値を見ると、標高２０００ｍから２５００ｍに至った際の血中酸素飽和度の減少率は約４％で、他の標高差での減少率平均値２・

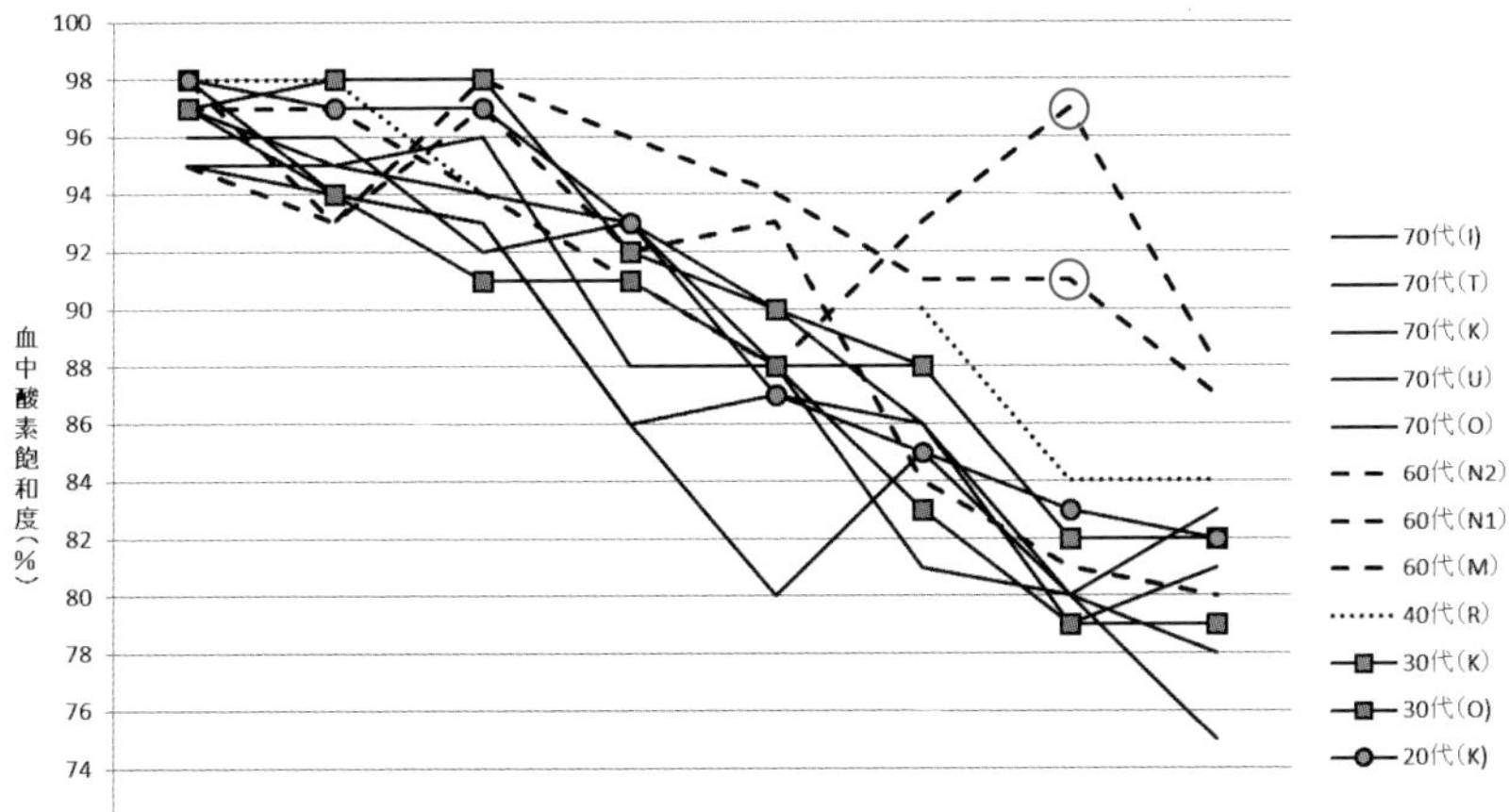

図 91　血中酸素飽和度測定結果（○印は酸素吸入を実施）

1％と比較するとその数字がいかに高いかがわかる。

　標高4375mでは血中酸素飽和度が80％を下回っているメンバーが数人いたが、高山病になる人は1人もいなかった。今回は、血中酸素飽和度を測ることにより、各自体調変化を知ることができた。測定値が大きく減少した際には、酸素吸入したり深呼吸をしたりして体調管理を行った結果、高山病にかかることがなかったのではないかと思われる。もしかしたら、雄大な山岳氷河に感激し、高山病になることを忘れていたのかもしれない。現地ガイド（モンゴル族）も私たちの測定を物珍しそうに観察していたので、彼らの血中酸素飽和度も測定した。彼らは休憩場所では腰を下ろすこともなく周囲を散策したり、そのつどタバコを吸ったりしていたが、測定値は私たちと同程度の値で、いかに高標高（低酸素状況）に順応しているかがわかった。

　メンバーの一人は嘉峪関（8月6日）で血中酸素飽和度が80％と低い値を示していたが、体調を崩さなかった。そうしたことから、血中酸素飽和度の値は個人差が大きく、必ずしも測定値が直接体調変化を示す指標になるわけでもないことがわかった。なお、手先が冷えると測定に時間がかかったり、エラーが発生しやすい。測定では、100m程度の標高ごとに測定を実施していれば、標高と血中酸素飽和度との関係をもっと正確に検討できたのではないかと思う。

　今回の測定結果で特筆すべきことは、標高2000mから2500mに達す

図92　酸素吸入のようす

図93　標高4375mの展望地点での記念撮影

るまでの間の血中酸素飽和度の減少率が最も大きかったことだ。標高２３００ｍは、富士山５合目（富士スバルライン駐車場）の高さに相当する。富士登山をする一般の登山者は５合目まで車を使い、それから山頂に向かう。車の移動で体力は温存されるが、標高差による血中酸素飽和度は約４％減っている計算になるのに、一般にそれには気づかない。５合目付近ではしばらく散策するなどして高度順応させることが、高山病予防に繋がるのではないかと思う。航空機内の与圧が標高２０００ｍ程度の気圧に設定されていることも、高山病を防ぐためのものであろう。

この測定を担当していた北久保は登山の経験がなく、登ったのは東京の高尾山（標高５９９ｍ）程度だという。そのため高山病が怖く、氷河見学を断念しようかと考えていたが、メンバーの説得やサポートにより、人生初めて祁連山脈の山岳氷河に立つことができた。そして氷河を直接手で触り、その冷たさに、日本からはるか数千㎞の距離と、高度４３７５ｍの標高地点にいることを実感したのである。

［注］

（１）インターネットサイト「百度」による。

（２）中国科学院寒区旱区環境・工程研究所の最新の研究による。

21　祁連《チーリエン》山脈周辺の植物

♣乾燥地帯の植生

敦煌から祁連山脈へ向かう一帯は、標高１０００～２０００ｍのゴビ（砂礫の多い荒れ地）である。

日中の気温は30℃後半、湿度20％程度とかなり乾燥している。ガイドブックによると、８月の敦煌の降水量は５㎜である。車窓から外を眺めると、背丈50㎝程度の灌木類が点在している。ガイドによるとラクダ草などで、枯れたように見えても水をあげれば復活する丈夫な植物だという（図94）。

植物の好きな長田が休憩の際にその一つに近づいて観察してみると、沙拐棗《シャーグエイドウ》という植物で、固い茎が連なり先端は針のように鋭く尖っている（図95）。それでも駱駝は血を流しながらこれを食べる。植物の水分は主に日光の当たる葉から蒸散するから、沙漠に生育する植物は葉から蒸散する水分を抑えるため、表面積をできる限り小さくする。その結果、葉は丸まり細長い針状となる。その葉は葉針と呼ばれ、乾燥地で生き抜くための植物の知恵だ。

固い茎の間には直径１㎝ほどの丸い種がぶら下がっている。植物の種は果肉に包まれ、鳥などに食べられて運ばれるが、生物をほとんど見かけないゴビでは、いつ来るかわからない動物を待つよりも、常に吹いている風に任せて移動するほうが効率的なのだろう。種は風に吹かれて拡散し、行き着いた先々でたくましく生育しているようだ。

♣ゴビの植生と微地形

植物の根元に目を向けると、小さな砂のマウンドがみられる（図96）。「ネブ

図 94　マメ科のアルハギ属の一種 *Alhagi* sp.（中国名「駱駝刺」；ラクダ草）

図 95　沙拐棗の葉針と丸い種（タデ科カリゴヌム属の一種 *Calligonum* sp.）

カ」と呼ばれ、日本語では「茂み砂丘」と呼んでいる。風で運ばれた砂が植物の根元に捕捉され、20～50㎝程度の高まりとなっている。平面形は一般に円形が多いが、風下に向かって成長して楕円形となったものや、複数のネブカが重なりひょうたん型になったものも見られる。捕捉された砂は植物の根に固定され、植物の成長とともにネブカも次第に大きくなるが、砂の供給と流失のバランスがあるのか、敦煌周辺のゴビでは最大でも高さ1m程度のようだ。

♣高山の植物

透明夢柯《トウミンモンカ》29号氷河に出かけた日のことである。祁連山脈に近づくと高標高になることから、気温は30℃から急激に20℃まで冷えこむ。高山病対策のため、標高3620mのモレーンの上でしばし休憩をとる。周囲は草原が広がり、ところどころに大きな礫が点在している。草原には紫や黄色の小さな高山植物が見られ、先ほどまで不毛なゴビにいたことを忘れてしまう。高山植物は地面を這うように生育しており、厳しい環境を耐えているのだろう。青いリンドウやエーデルワイスのような花々が健気に咲いている（図97）。私たちはしばし息苦しさを忘れて楽しんだ。

　モレーン上の砂利道を進み、氷河展望地点に到着する。正面の党河南山（標高5665m）の分水嶺を越えるとその先は青海省だ。付近一帯には岩にへば

図 96　植物の根元にできるマウンド状の高まり「ネブカ」

りついたコケのような植物や、綿毛を携えた白い花が、石の隙間に身を寄せて生育していた（図98）。氷河のある極寒の地にも植物が生育していることに驚く。私たちは酸素不足による息苦しさで体が重く、動くのも精一杯で、約30分程度滞在して下山した。

帰国後、これらの植物について植物図鑑[1]で調べると、コケのような植物は、ティラコスペルムム属の一種と類似していた。この植物は茎葉を密に茂らせて、クッション状の植物体を形成して寒さに耐えているそうだ。綿毛を携えた白い花は、サウッスレア属の一種と思われ、地面に張り付くように白い柔毛を携えた葉を密生させて寒さを凌いでいるそうだ。今回、乾燥したゴビや標高4000m以上の高山を訪れたが、いずれも過酷な環境下であるにもかかわらず、植物はそれぞれの方法で環境に適応して生育しており、そこには独自の工夫が詰まっていることに感心する。

唐代、河西回廊は辺境の地へ赴く兵士との別れの地であり、王翰《おうかん》（687—726）の「涼州詞」や王維（701—761）の「陽関三畳」など多くの惜別の詩が残る。西域へ遠征する兵士たちは、植生が次第に乏しくなり、延々と続くゴビ灘を眺めて、哀愁がより一層強まったことだろう。

［注］

（1）近田文弘・清水建美（1996）『中国天山の植物』トンボ出版。

図98　4430m付近の植生（左：ナデシコ科ティラコスペルムム属の一種 *Thylacospermum* sp.，右：キク科サウッスレア属の一種 *Saussure* sp.）

図97　モレーン上に生える高山植物（キク科レオントポディウム属の一種 *Leontopodium* sp.）

おわりに

2005年以来、私たちはほとんど毎年中国への旅を続けてきた。なかでも沙漠地帯がなぜか気に入り、河西回廊を最後に中国国内にあるシルクロード3ルート（河西回廊を入れると4ルート・合計約1万5000㎞）すべてを旅することができて、現在、満ち足りた気分に浸っている。シルクロードの紀行文とチベット旅行記はそのつど月刊誌「地理」に4シリーズで連載させていただき、また、シルクロード以外（貴州省・四川省・海南省・雲南省など）の中国旅行記は、2019年に「日中友好新聞」に1年間連載してきた。旅の楽しさを定着させるため、また、自分たちの記憶が多少薄れても、その記録を読めばそのときどきの旅の楽しさがよみがえるだろうとの思いから、手分けしてそのつど旅行記を書いてきた。

これまで4回にわたってシルクロードを旅して感じたことは多いが、特に次の3点が印象的である。

①沙漠の大きさ、その変化に富む自然の様相と、そこに残る史跡が見る者に訴えること（今の史跡の姿は、自然の過酷さと古来それに立ち向かってきた人間の叡智の偉大さの双方の相克の結晶であることを知る）。

②新疆ウイグル自治区に住む諸民族の人々の人間的な魅力（その土地土地で、人間の魅力の本質と思われる多くのことを直接見、体験することができた）。

③過酷な現地を自分の目で見て、かつてこの広大無辺の大沙漠を、自分の足で足跡を残しながら歩

いて渉った過去の偉人たち（張騫や季広・法顕・班固・玄奘その他20世紀初頭のヘディンをはじめとする、東トルキスタン地域の探検隊などなど）の、今の私たちでは考えられないほどの偉業の数々、とりわけ、過酷な自然への勇敢な挑戦と実行力の偉大さ。

友人たちに「なぜ中国なの？」とか「なぜ沙漠なの？」と聞かれても、明確な答えを用意することはできない。仏教伝来を中心とした史跡の多くをこの目で見、その地を自分の足で踏むことができるからか？　あるいは日本にない沙漠地形やそこの風物・そこに住む人々を知ることができるからか？　などなど、漠とした答えはできても、どうしてもそれだけではない何かが心に残る。

「荒涼とした沙漠を、堅いナンをかじり赤ワインを飲みながら、〝焼けた鍋の底〟のような塔里木《タリム》盆地の塔克拉瑪干《タクラマカン》沙漠や、准噶尔《ジュンガル》盆地の古尔班通古特《グルパンチュンギュト》沙漠を毎日数百㎞も走り続けたあの思いに、言い知れぬノスタルジアを感じるのはなぜか？」と、いつも思う。

中国の古い悠久の歴史に抱かれての旅だからか、荒涼とした沙漠で接する人々との交わりの心地よさの故か、あるいは、現代の喧騒から逃れてそこに心の静謐を感じることができるからか？　いろいろ考えてみるのだが、どうも単純に2つや3つだけに絞った答えを求めることはできない。

もっとも、中国旅行の魅力を明確にするのがこれらの旅の目的というわけでもないから、これ以上の詮索は無粋なのかもしれない。私たちとしては、中国の沙漠地帯の旅の魅力は、今の莫とした気持ちのままでもいいとも思っている。楽しく良い思い出しか残っていないのが、一番の幸せなのだろう。

代表　今村遼平

【著者紹介】

高安 克己（たかやす かつみ）
島根大学名誉教授、理学博士
1948 年千葉県生まれ、京都大学理学研究科地質学鉱物学専攻

真下 光昭（ましも みつあき）
大原日本語学院日本語講師
1951 年群馬県生まれ、上智大学法学部法律学科卒

魯 誠寿（ろ せいじ）
（株）応用地理研究所　都市計画部長　理学博士
1973 年千葉県生まれ、日本大学大学院理工学研究科地理学専攻

神谷 振一郎（かみや しんいちろう）
（株）応用地理研究所　地理調査部 G 長
1979 年埼玉県生まれ、法政大学大学院人文科学研究科地理学専攻（修士）

長田 真宏（おさだ まさひろ）
（株）応用地理研究所　地理調査部技師
1983 年山梨県生まれ、立正大学地球環境科学部環境システム学科卒

北久保 鈴香（きたくぼ すずか）
（株）応用地理研究所　都市計画部技師補
1994 年東京都生まれ、明星大学理工学部総合理工学科環境生態学系卒

尾上 篤生（おのうえ あつお）
興亜開発（株）技術顧問、工学博士
1946 年東京都生まれ、東京工業大学大学院理工学研究科土質工学専攻（修士）

神嶋 利夫（かみしま としお）
小外水産（株）代表取締役
1947 年富山県生まれ、富山大学大学院理工学教育部博士課程地球生命環境科学専攻（博満退学）

堤　 駿介（つつみ しゅんすけ）
元日本道路公団職員
1940 年福岡県生まれ、福岡大学商学部卒

鈴木 敏之（すずき としゆき）
元茨城県職員
1947 年茨城県生まれ、中央大学土木工学科卒

籾倉 克幹（故人）（もみくら よしまさ）
元農林水産省地質官
1935 年広島県生まれ、広島大学理学部地学科卒

以上の他の旅行参加者
中家恵子、今村京子、籾倉洋子、比嘉豊次、波多野直人、竹内千恵子

【編著者紹介】

今村 遼平（いまむら りょうへい）
アジア航測（株）名誉フェロー、理学博士
1941年福岡県生まれ、熊本大学理学部地学科卒
趣味：中国文化、絵画、コーラス

中家 惠二（なかいえ けいじ）
（株）応用地理研究所代表取締役、（有）日本土壌研究所取締役
1951年岡山県生まれ、駒澤大学大学院人文科学研究科地理学専攻（修士）
趣味：旅行と写真

上野 将司（うえの しょうじ）
応用地質（株）社友、工学博士
1947年東京都生まれ、北海道大学理学部地質学鉱物学科卒
趣味：登山とスキー、鉄道旅行

書　名	**シルクロード1万5000キロを往く　下巻** **西域南道・河西回廊－仏の道とオアシスの街－**
コード	ISBN978-4-7722-4226-4 C1026
発行日	2021年10月10日　初版第1刷発行
編著者	**今村遼平・中家惠二・上野将司** Copyright ©2021 IMAMURA Ryohei, NAKAIE Keiji and UENO Shoji
発行者	株式会社古今書院　橋本寿資
印刷所	三美印刷株式会社
発行所	**（株）古今書院** 〒113-0021　東京都文京区本駒込5-16-3
電　話	03-5834-2874
FAX	03-5834-2875
URL	http://www.kokon.co.jp/
	検印省略・Printed in Japan